Das Besucherzentrum
Welterbe Regensburg

Matthias Ripp & Karl Stocker (Hrsg.)

Das Besucherzentrum Welterbe Regensburg

Vermittlungsstrategien einer
UNESCO-Welterbestadt

Birkhäuser
Basel

Inhaltsverzeichnis

„Als Gast fühle ich mich
hier positiv aufgenommen.
Ich fühle mich nicht fremd."

Mathilde H.

Vorwort

„Ich denke viel an die Zukunft, weil das der Ort ist, wo ich den Rest meines Lebens zubringen werde", so Woody Allens Worte. An die Zukunft denken meint also immer auch die Frage: In welcher Zukunft wollen wir – sowohl als Individuen als auch als Gesellschaft – leben?

Die derzeitigen Herausforderungen, vor denen wir hier in Europa, aber auch als Weltgemeinschaft stehen, zwingen uns dazu, uns mit der Zukunft intensiv auseinanderzusetzen. Aus dem „Wie wollen wir leben?" wird hier schnell eine Frage des Überlebens. Und daran anschließend: Braucht es zum guten Leben, ja zum Überleben Kultur, Kulturerbe, Kulturerbevermittlung? Ich sage hier ausdrücklich: Ja, braucht es. Denn die Idee eines gemeinsamen Erbes der Menschheit ist eine zutiefst humanistische Idee, die kulturellen, ideologischen und isolationistischen Gräben entgegenwirkt.

Ich sehe dieses Buch als Hommage an diese Idee. Vor zehn Jahren hat Regensburg mit dem Besucherzentrum Welterbe Regensburg einen Ort geschaffen, der sich ganz dem Erzählen dieser Idee widmet. Wir hatten ein großes aufmerksames Publikum in dieser Zeit, werden aber für die Zukunft neue Geschichten, neue Modelle und neue Vermittlungsstrategien entwickeln müssen. – Nicht nur für unsere Besucher*innen oder die UNESCO, nicht für bessere Plätze in nationalen oder internationalen Städterankings, sondern für eine Idee, die es wert ist.

Ich wünsche Ihnen eine spannende Entdeckungsreise durch die Vergangenheit, Gegenwart und Zukunft unserer Bemühungen, dieser Idee, im historischen Salzstadel in Regensburg ein angemessenes Zuhause zu geben.

Matthias Ripp, Karl Stocker

Einleitung

Am 28. Mai 2011 wurde das Besucherzentrum Welterbe Regensburg als eines der ersten seiner Art in Europa feierlich eröffnet. Nach einer Dekade Erfahrung ist im zehnten Jahr nach der Eröffnung gemeinsam mit der FH JOANNEUM Graz die Idee zu dieser Publikation entstanden. Der Gedanke war, keinen klassischen Jubiläumsband zu produzieren, sondern in einem schön gestalteten Buch neben einem kurzem Rückblick zum Regensburger Beispiel auch die Metaebene zu betreten und durch wissenschaftlich fundierte Fachbeiträge aktuelle Trends zu Besucherzentren und Kulturerbevermittlung generell darzustellen. Statt die Aufgaben und Projekte im Besucherzentrum nur „von innen nach außen" zu beschreiben, setzt das Buch mit den von der Fotografin Elisa Wüntscher mit großer Professionalität und künstlerischem Talent angefertigten Porträts von Besucher*innen und atmosphärisch aufgeladenen Stadteinsichten auch auf künstlerisch-kreative Akzente und Assoziationen. Die Besucher*innen – egal ob Tourist*innen aus der Ferne, Stadtbesucher*innen aus dem erweiterten Umland oder Einwohner*innen der Stadt Regensburg – und die Stadt selbst standen und stehen im Mittelpunkt des Konzepts, sowohl des Besucherzentrums als auch dieser Publikation. Daher finden sich auch über das gesamte Buch verteilt auch immer wieder herausgestellte Zitate aus den Interviews, die Elisa Wüntscher mit Besucher*innen und Bewohner*innen der Stadt zur Geschichte, Gegenwart und Zukunft von Regensburg geführt hat.

Das Buch kann einerseits als ästhetisches Projekt die Leser*innen anregen und beflügeln und gleichzeitig durch die wissenschaftlichen Beiträge das Wissen mehren. Es war ein Experiment, wie diese beiden Ansätze in einem Buch gut „verbunden" werden können. Wir als Herausgeber sind mit dem Ergebnis sehr glücklich und wünschen Ihnen viel Freude beim Lesen!

Unser großer Dank geht an alle Projektbeteiligten: An Susanne Hauer für das Projektmanagement, Daniel Fabry und Anika Kronberger von der FH JOANNEUM Graz für die Kooperation, Elisa Wüntscher für die Fotografien, Kerstin Harrer und Emma Jongsma für die Gestaltung, Tomislav Bobinec für die gestalterische Supervision, David Marold und Bettina R. Algieri vom Birkhäuser Verlag sowie Monika Göttler für das Korrekturlesen. Ohne ihr weit über das normale Maß hinausgehendes Engagement und die aus toller Team-Zusammenarbeit befruchtete Innovation wäre dieses Projekt nicht möglich gewesen. Dafür ein ganz herzliches Dankeschön!

Zur Nomenklatur: Im Buch werden sowohl die Begriffe Besuchszentrum (immer dann, wenn aktuelle oder künftige Entwicklungen kontextualisiert werden) als auch Besucherzentrum (immer dann, wenn zu vergangenen Entwicklungen im Besucherzentrum Welterbe Regensburg Bezug genommen wird) parallel verwendet. Dies ist weder einer Nachlässigkeit beim Korrekturlesen geschuldet noch soll es die Wichtigkeit der Gleichberechtigung unterminieren.

01

DAS BESUCHSZENTRUM

Pionierarbeit an der Donau – Das Besucherzentrum
Welterbe Regensburg
Susanne Hauer

Fragen an die Mitglieder des
wissenschaftlichen Beirats

Susanne Hauer

Pionierarbeit an der Donau – Das Besucherzentrum Welterbe Regensburg

„Regensburg hätte reich werden können, wenn wir in den letzten Tagen jeden, der einen Blick in das im Fertigwerden begriffene Besucherzentrum Welterbe Regensburg werfen wollte, um einen Obolus von einem Euro gebeten hätten", konstatierte der ehemalige Regensburger Oberbürgermeister Hans Schaidinger in seiner Rede zur Eröffnung des Zentrums am 28. Mai 2011. Er bezog sich damit auf die zahlreichen Anfragen nicht nur aus Medienkreisen, sondern auch aus allen Teilen der Stadtgesellschaft, die mehr über das neue Projekt im Salzstadel erfahren wollten. Kein Wunder, denn das Besucherzentrum Welterbe Regensburg sollte das erste seiner Art in ganz Deutschland werden – eine wahre Pionierleistung. Ganz Regensburg platzte damals vor Neugier. Die Stadtspitze aber blieb standhaft und es sickerten weder Details noch Bilder zu Inhalt und Konzeption des Besucherzentrums Welterbe Regensburg an die sonst oft gut informierten Kreise durch. Man trotzte dem wissensdurstigen Drängen, das – in seiner Hartnäckigkeit prinzipiell nicht regensburgtypisch – wohl dem relativ frisch verliehenen Welterbetitel aus dem Jahr 2006 geschuldet war. Und ohne das stetige Summen aus dem damals (für die Stadt) noch nicht relevanten Social-Media-Bereich hielt man den Spannungsbogen erfolgreich bis zur erlösenden Eröffnung aufrecht. Die Frage ist aber: Was passierte vorher?

1. Der Weg zum Welterbe – Welterbe werden und …

Mit dem Aachener Dom als einer von insgesamt zwölf Plätzen weltweit beginnt in Deutschland 1978 die Geschichte der UNESCO-Weltkulturerbestätten. Als die Stadt Regensburg elf Jahre später beschloss, zielgerichtet auf eine Bewerbung um die Eintragung in die Welterbeliste der UNESCO hinzuarbeiten, waren erst acht Stätten in Deutschland auf der schnell länger werdenden Liste des internationalen Welterbes eingetragen (vgl. Trapp 2006). Danach mischte die große Weltpolitik die Karten für Deutschland neu und die Kultusministerkonferenz der Länder (KMK) beschloss nach der Wiedervereinigung, vorerst nur noch Anträge zugunsten von Kandidaten aus den neuen Bundesländern einzubringen. So war das Thema „Welterbetitel" auch für Regensburg zunächst vom Tisch. In Fahrt kam der Prozess erst acht Jahre später wieder, als sich der damalige bayerische Staatsminister für Wissenschaft, Forschung und Kunst, Hans Zehetmair, öffentlich für einen erneuten Anlauf aussprachh – denn in Deutschland ist es die KMK, die beschließt , welche Stätten

[1] Blick aus dem Besuchszentrum zum Stadtteil Stadtamhof (Bilddokumentation Stadt Regensburg, Peter Ferstl). Abb. modifiziert.

[1]

Pionierarbeit an der Donau – Besucherzentrum Welterbe Regensburg

bei der UNESCO für die Aufnahme in die Welterbeliste nominiert werden. Die Kandidaten werden vorher auf einer sogenannten „Tentativliste" gesammelt. Die Welterbeaspiranten haben also durchaus einige Hürden bis zum ersehnten Titel zu überwinden (vgl. Deutsche UNESCO-Kommission e.V. & Karolin Kolhoff 2022).

Im Jahr 1999 wurde in Regensburg Klemens Unger zum neuen Kulturreferenten gewählt, der schließlich die Wiederaufnahme der Regensburger Bewerbung in die Wege leitete. Die fachliche Ausarbeitung der Bewerbung oblag dem Kunsthistoriker und Baudenkmalpfleger Dr. Eugen Trapp, der den Antrag neben dem laufenden Tagesgeschäft im Amt für Archiv und Denkmalpflege bearbeitete. Die UNESCO verschärfte indessen wegen der steigenden Anzahl an Anträgen und der zunehmenden Notwendigkeit einer Qualitätssicherung das Anforderungsprofil (vgl. Trapp 2006). Zum Vergleich: 2021 sind unter den insgesamt 1154 Stätten weltweit 51 Stätten aus Deutschland auf der Liste des UNESCO-Welterbes zu finden. Dass diese Liste nun sogar zwei Stätten mit einem Bezug zu Regensburg führt, davon konnte bei der ersten Einreichung des Antrags 2004 noch nicht einmal geträumt werden. Die UNESCO prüfte den Antrag und forderte einige Anpassungen, die umgehend eingearbeitet wurden. Im September 2005 folgte dann die mehrtägige Ortsbegehung durch einen von der UNESCO beauftragten Gutachter von ICOMOS, dem International Council on Monuments and Sites, einer internationalen Nichtregierungsorganisation für Denkmalpflege mit Sitz in Paris.. Nach diesem Besuch begann das Warten auf das Votum des Welterbekomitees. Das Komitee tagt jährlich und setzt sich aus Vertretern

[2]

der 21 Staaten zusammen, die der Welterbekonvention beigetreten sind (vgl. Deutsche UNESCO-Kommission e.V. & Karolin Kolhoff 2022). Im Juli 2006 war es dann so weit: In Vilnius (Litauen) beschloss das Komitee einstimmig, dass Regensburg in die Liste des UNESCO-Welterbes aufgenommen wird (vgl. Trapp 2006). Bereits einen Tag später ging die Stadt Regensburg den ersten Schritt in der Welterbevermittlung, indem eine Internetseite pressewirksam freigeschaltet wurde. Und im November 2007 wurde die offizielle Übergabe der Ernennungsurkunde mit einem öffentlichen Welterbefest gefeiert. Diese Vermittlungsbemühungen sind von der Welterbekonvention als Pflichtaufgabe für alle Welterbestätten definiert und stellen somit auch den Grundimpuls für eine Stätte dar, sich Gedanken um das Ob und das Wie eines Besuchszentrums zu machen. Im Fokus steht hier die Frage: Was genau wollen wir eigentlich vermitteln?

1.1 … begreifen

In der institutionalisierten Lehre steht trotz sichtbarer Tendenzen hin zum informellen Lernen[1] noch immer die Vermittlung von Fakten im Mittelpunkt. Normativ wird hier der Vermittlungsgegenstand beschrieben und die dazugehörigen Fakten, Daten und belegbaren Charakteristika als Verankerungshilfen in der Erfahrungswelt des jeweiligen Gegenübers verwendet. Es geht also um das Begreifen. Doch eine „Idee" oder gar Werte lassen sich so nur schwer bis gar nicht vermitteln. Auf die UNESCO-Welterbestätte „Altstadt Regensburg mit Stadtamhof" angewandt würde dieses normative Konzept bedeuten, dass sich die Kommunikation auf Daten und Fakten beschränken und das gebaute Erbe wie ein Ausstellungsstück im Museum beschrieben würde. Erfahrungen und Erlebnisse mit dem gebauten Erbe ließen sich auf diese Weise jedoch nicht erreichen. Die Idee eines gemeinsamen Erbes der Menschheit macht durch ihre Werteorientierung jedoch gerade einen derartigen holistischen Ansatz notwendig, denn die Welterbeidee wurde aus dem traumatischen Schrecken des Zweiten Weltkrieges geboren: Noch im Jahr 1945 wurden als direkte Reaktion auf diesen verheerenden Krieg mit dem Inkrafttreten der UN-Charta am 24. Oktober 1945 zunächst die Vereinten Nationen gegründet, am 16. November 1945 riefen die UN dann die UNESCO ins Leben. Die UNESCO, also die Organisation der Vereinten Nationen für Bildung, Wissenschaft, Kultur und Kommunikation, sollte dabei helfen, eine neue, stärkere globale Gemeinschaft zu schaffen, mit dem Ziel, den fragilen Weltfrieden künftig besser beschützen zu können. Dieser Frieden kann jedoch nur dann gelebt werden, wenn die Unterschiede zwischen den Nationen zugunsten der Gemeinsamkeiten verblassen. Gemeinsamkeiten wie das gemeinsame Erbe der Menschheit, das UNESCO-Welterbe. „Da Kriege im Geist der Menschen entstehen, muss auch der Frieden im Geist der Menschen verankert werden", so lautet die in der UNESCO-Verfassung festgeschriebene Leitidee (vgl. Deutsche UNESCO-Kommission e.V. & Karolin Kolhoff 2022).

1.2 … vermitteln

Die Leitidee gilt es über die Welterbekommunikation zu vermitteln. Für diese Zielsetzung bedarf es geeigneter Strategien, Methoden und Lernorte – ebenso Vermittlungsschwerpunkte, die die drei Gründe für den Regensburger Welterbestatus vermitteln:

Regensburg kann architektonische Schätze aufweisen, die die mittelalterliche Vergangenheit der Stadt als wichtiges Handelszentrum vor Augen führen. Die Verbindungen reichten damals von Italien und Böhmen bis nach Byzanz und Russland.

Die einzigartige Geschichte der Stadt als bevorzugter Tagungsort für Reichsversammlungen im Hochmittelalter und später als Sitz des Immerwährenden Reichstags ist durch viele gut erhaltenen Gebäude bis heute gut sichtbar und erfahrbar.

Einmalig in Regensburg ist außerdem, dass die historischen Entwicklungsstufen der mittelalterlichen Handelsstadt immer noch sehr gut nachzuvollziehen sind. Auch die Geschichte des Handels vom 11. bis zum 14. Jahrhundert wird durch das markante Stadtbild greifbar.

Das Regensburger Welterbe hat zwei Herzstücke, die durch die Steinerne Brücke miteinander verbunden sind: die Altstadt von Regensburg und der Stadtbezirk Stadtamhof. Unter der imposanten Brücke strömt Europas zweitlängster Fluss, der einst die Grenze des Römischen Reiches bildete: die Donau. Seit Juli 2021 ist der Donaulimes, also die Flußabschnitte, die einst als Militärgrenze des römischen Reiches fungierten, ebenfalls durch den Welterbetitel „geadelt". Das Welterbeensemble mit Altstadt und Stadtamhof ist 183 Hektar groß und begeistert mit über 1000 Baudenkmälern. Im Welterbe Regensburg wohnen und leben 16.000 Menschen – umgeben von einer einzigartige Atmosphäre (vgl. Trapp 2006).

[2]   Welterbefest zur Urkundenübergabe im November 2007 (Bilddokumentation Stadt Regensburg, Peter Ferstl). Abb. modifiziert.

1   Vgl. *Besuchszentren als dynamische Bildungsorte in der digital-analogen Realität* von Karl Stocker/Matthias Ripp/Michaela Stauber in diesem Band.

[3]

1.3 … kommunizieren

Die mittelalterliche Altstadt von Regensburg wurde im Zweiten Weltkrieg von Zerstörungen weitgehend verschont und ist daher heute die einzige erhaltene mittelalterliche Großstadt Deutschlands. Sie ist heute noch als vollständiger mittelalterlicher Stadtorganismus erlebbar.

Der andere Teil des Regensburger Welterbes ist Stadtamhof: Als Siedlung am nördlichen Ende der Steinernen Brücke war Stadtamhof zunächst integraler Bestandteil der Regensburger Stadtlandschaft. Als Regensburg Mitte des 13. Jahrhunderts die Reichsfreiheit erlangte, ergab sich eine politische Frontstellung zum weiterhin auf bayerischem Gebiet gelegenen Stadtamhof. Auch hier fungierte die Donau als trennendes und die Steinerne Brücke als verbindendes Element. Letztere ist eine der ersten Steinbrücken in der nachrömischen Zeit und wurde zwischen 1135 und 1146 errichtet. Sie galt aufgrund ihrer ursprünglichen Länge von ca. 350 Metern und ihrer Befestigung mit drei Türmen als „Achtes Weltwunder". Als Ensemble-Welterbestätte und den gut sichtbaren historischen Entwicklungsstufen der Stadt ist Regensburg als außerschulischer Lernort prädestiniert. Schon vor dem Welterbetitel 2006 wurde die Altstadt – neben ihren zahlreichen anderen Funktionen – auch als Bildungsort für sehr viele verschiedene Zielgruppen genutzt (vgl. Memminger 2014). So waren die spannenden Fragen im Anschluss an die Ernennung zum Welterbe deswegen vor allem: Wo wollen wir die Welterbeidee und das Welterbe Regensburg vermitteln? Braucht es dafür einen zentralen Ort oder reichen dezentrale Informationspunkte? Und: An wen richten wir uns?

[3] Der Blick auf Stadt, Salzstadel und die Steinerne Brücke (Bilddokumentation Stadt Regensburg, Susanne Hauer). Abb. modifiziert.

1.4 ... ein Herzstück bauen

Nach der Entscheidung für einen zentralen Vermittlungsort nahm 2007 die Idee Gestalt an, im historischen Salzstadel, direkt an der Donau und am Fuße der Steinernen Brücke, das Thema „UNESCO-Welterbe" in geeigneter Form aufzubereiten. Das Gebäude aus dem 17. Jahrhundert steht für die Zeit des Regensburger Salzhandels und vermittelt schon in seiner eindrucksvollen Monumentalität wichtige historische Meilensteine der Regensburger Vergangenheit. Da Flüsse immer schon die wichtigsten Verkehrswege für den Salzhandel waren, war es nur logisch, dass auch in Regensburg – die Stadt entstand am Kreuzungspunkt vorgeschichtlicher Handelswege – dieser „Wirtschaftszweig" immer mehr an Bedeutung gewinnen sollte. Bereits in der Römerzeit erfolgte der Transport über Regensburg. Das Salz wurde in der Saline Reichenhall gewonnen und gelangte über Passau nach Regensburg, von wo es dann weiter ins Schwäbische oder in die nördliche Oberpfalz verfrachtet wurde. Das Monopol des Handels lag bis ins 16. Jahrhundert bei den so genannten Salzherren. Dann aber zog die Stadt selbst die Organisation an sich und die Blütezeit der Treidelzüge (die Schiffe auf dem Wasser wurden durch Menschen oder Zugtiere gezogen) von Passau nach Regensburg, wo das Ladegut – meist noch in Fässern – ent- und umgeladen wurde, begann. Der Bau des reichsstädtischen Salzstadels (1616-1620) wurde schließlich notwendig, da die Stadt 1614 neue Speicherkapazitäten benötigte. Doch kurz nach der Fertigstellung stürzte der Stadel 1619 wegen Schwierigkeiten mit dem Fundament in seinem Mittelteil ein, da die Konstruktion der Belastung nicht gewachsen war (vgl. Fell & Huber 2011). Bei der Instandsetzung im Jahr 1620 stützte man im Untergeschoss die Unterzüge durch zusätzliche Steinpfeiler ab. Zu Beginn der 1990er-Jahre wurde der Salzstadel grundlegend saniert. Dabei wurde die historische Bausubstanz mit ihren mächtigen Holzkonstruktionen und weiten Lagerräumen beibehalten. Gleichzeitig wurde mit dem Einsatz von Glas und Metall eine moderne architektonische Formensprache gewählt. Die Entscheidung für das Denkmal als Unterbringung des geplanten Besucherzentrums Welterbe Regensburg brachte neue – vor allem bauliche – Herausforderungen mit sich. Diese Bedenken verloren aber angesichts der optimalen Lage, dank derer Sichtbeziehungen zu beiden Teilen des Regensburger Welterbes und zur Donau hergestellt werden können, an Bedeutung. Somit war der Standort gefunden.

2. Der Weg zum Besuchszentrum – die Kunst des Weglassens

Bald wurde deutlich, dass diese Aufgabe in einer der Thematik angemessenen hochwertigen Form umgesetzt werden sollte. An erster Stelle stand daher die Herausforderung, eine architektonische Lösung zu finden, die behutsam mit dem Einzeldenkmal umgeht, seine historische Funktion weiterhin ersichtlich lässt, gestiegenen Anforderungen an Brandschutz und Barrierefreiheit genügt und dabei einen attraktiven und zugleich modernen Ausstellungsraum ermöglicht. Im Jahr 2008 wurde im Rahmen einer Ausschreibung das Architekturbüro Bertron Schwarz Frey ausgewählt und mit der räumlichen Planung des Ausstellungsraums beauftragt. Die Idee des vorgestellten Entwurfs basierte auf von der Decke abgehängten Kabinetten, denen unterschiedliche thematische Aspekte des Welterbes Regensburg zugeordnet werden können. Der nur an wenigen Stellen bewusst vorgenommene Eingriff in die Bodenfläche sollte die nahezu uneingeschränkte Wahrnehmbarkeit der gesamten Raumfläche der Innenkubatur gewährleisten. Die umgesetzte Typographie samt Farbraum zeichnete sich durch Klarheit, Zurückhaltung und ein deutliches Absetzen vom historischen Baudenkmal aus (vgl. Fell & Huber 2011) – auf die Harmonie mit der wuchtigen und massiven Formensprache der vorhandenen Holzkonstruktionen wurde damals großer Wert gelegt. Die benötigten Nebenfunktionen, wie Garderobe, Schließfächer und eine mobile Theke für das Catering, wurden gemeinsam mit einem kleinen multifunktionalen Veranstaltungsraum im Untergeschoss des Gebäudes realisiert. Bedacht werden mussten auch die Gefahren eines möglichen starken Hochwassers, das eine Flutung des gesamten unteren Teils des Gebäudes zur Folge haben würde. Im Juni 2013 trat dieser Fall ein, allerdings in stark abgeschwächter Form.

[4]

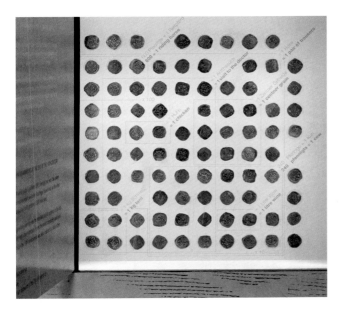

[5]

[4] Wappen auf der Burgfriedens-
     säule (Bilddokumentation Stadt
     Regensburg, Peter Ferstl).
     Abb. modifiziert.

[5] Von links oben nach rechts
     unten: Details aus der Dauer-
     ausstellung – Regensburger
     Pfennige, Statue im Diorama
     (Ansicht der Wahlenstraße)
     sowie Balkendetail und Luther-
     bibel (Bilddokumentation Stadt
     Regensburg, Peter Ferstl).
     Abb. modifiziert.

2.1 Form und Inhalt verbinden

Nach der Meisterung der architektonischen Herausforderung musste ein geeignetes wissenschaftliches Konzept erstellt werden, damit – angepasst an die Grundidee der Ausstellungsgliederung in Kabinetten – die Inhalte der Ausstellung definiert werden konnten. Auch hier wurde über eine Ausschreibung mit der FH JOANNEUM Graz eine geeignete Partnerin gefunden. Zur Begleitung und Qualitätssicherung wurde ein wissenschaftlicher Beirat gegründet, in dem unter der Leitung von Prof. Dr. Michael Fehr (Universität der Künste Berlin) neben einem freiberuflichen Kunsthistoriker auch die untere Denkmalschutzbehörde, die Regensburg Tourismus GmbH, die städtischen Museen sowie das damalige Landesmuseum Joanneum aus Graz vertreten waren. Unter der Prämisse, das Besuchszentrum solle, so die entsprechende Leistungsbeschreibung, „eine Verbindung zwischen Wissensvermittlung und Besuchserlebnis herstellen und als zentrale Informations- und Anlaufstelle interessierten Bürger*innen und Tourist*innen die Idee des Welterbes vermitteln", nahm der Beirat im Jahr 2009 seine Arbeit auf. Als unabhängiges Gremium sollte er den Planungsprozess begleiten und die am Projekt beteiligten Personen beraten. Konkret nahm der Beirat die Aufgabe wahr, die räumliche Gestaltung und das museologische Konzept für die geplante Ausstellung im Salzstadel zu überprüfen (vgl. Fell & Huber 2011).

In diesem Zusammenhang setzte sich das Gremium bei insgesamt sechs (oft ganztägigen) Treffen eingehend mit dem szenografischen Konzept, der Auswahl der Exponate sowie mit der inhaltlichen Argumentation der Ausstellung bis ins Detail auseinander. Dabei hatte das Gremium in einer ersten Phase die schwierige Aufgabe, die anfänglich unabhängig voneinander entwickelten gestalterischen und inhaltlichen Konzepte miteinander zu verbinden. Ein spezielles Augenmerk richtete sich im weiteren Verlauf der Beratungen vor allem auch auf die Frage, wie dem Besuchszentrum ein klarer und sinnvoller Platz in der vielfältigen Regensburger Museumsszene und unter den zahlreichen historischen Orten und Sehenswürdigkeiten der Stadt verschafft werden kann. Aufgrund der Beratungen ergaben sich zum Teil erhebliche Veränderungsvorschläge in Bezug auf die ursprünglichen Planungen, die vom Gestaltungs- und Autorenteam für das Besuchszentrum weitgehend angenommen wurden und in der Folge realisiert werden konnten.

„Das Kopfsteinpflaster, wenn man drüberfährt – das ist der Klang von Regensburg."

Lukas H.

2.2 Konkrete Ausstellungsaussagen

In mehreren Sitzungen erarbeitete das Team um Prof. Dr. Karl Stocker von der FH Joanneum Graz im kontinuierlichen Dialog mit dem wissenschaftlichen Beirat und dem Gestaltungsteam um Prof. Dr. Ulrich Schwarz eine Gliederung der Ausstellung in fünf thematische Abteilungen. Nahe dem Eingangsbereich wird das Thema „UNESCO-Welterbe" samt Hintergrundinformationen und Bezügen zu anderen Welterbestätten weltweit dargestellt. Als ikonographisches Element und Markenzeichen sind hier auf einem überdimensionalen Globus alle Welterbestätten verzeichnet und über interaktive Displays mehrsprachige Informationen zu allen Welterbestätten weltweit abrufbar. In einem großen Kabinett kann anhand eines komplett neu erarbeiteten interaktiven Stadtmodells die Geschichte der Stadt „Vom Römerlager zur modernen Stadt" nachvollzogen werden. In der nordöstlichen Gebäudeecke mit Blick auf die Donau wird die Stadt am Fluss thematisiert. Weitere Kabinette widmen sich dem Thema „Reichstage" und beschreiben das alltägliche städtische Leben im Vergleich zwischen dem Gestern und dem Heute. Die Ausstellungstexte wurden durchgängig in deutscher und englischer Sprache verfasst.

Die facettenreiche Geschichte der Stadt Regensburg stellt natürlich einen umfassenden Fundus an potenziellen Ausstellungsinhalten zur Verfügung. So entstand die Grundidee, bei der inhaltlichen Vermittlung einen spannenden Rundgang durch die Regensburger Geschichte zu gestalten. Im Rahmen dieses Rundgangs sollte dort, wo inhaltliche Zusammenhänge hergestellt werden können, auf die Argumente eingegangen werden, weshalb Regensburg der Welterbetitel verliehen wurde.

Die Struktur der Ausstellung sollte eine Kombination aus sehr hochwertiger klassischer Ausstellungsgestaltung, interaktiven Elementen und wenigen – aber außergewöhnlichen – Originalen sein. So bestand der nächste Schritt darin, das verfügbare Material zu sichten, Passendes auszuwählen und dabei vor allem die Kunst der didaktischen Reduktion zu verfeinern.

Nur durch eine außerordentlich gute Unterstützung zahlreicher kultureller Einrichtungen konnte diese Mischung auch tatsächlich realisiert werden. Zu den gezeigten Inhalten gehören neben zahlreichen historischen Abbildungen und Karten auch historische Filmaufnahmen und Stiche. Das wertvollste in der Ausstellung gezeigte Original ist sicherlich eine etwa zwei Meter hohe Fiale (ein aus Stein gemeißeltes gotisches Zierelement in Form eines schlanken Türmchens) des Regensburger Doms St. Peter. Interaktive Spiele, wie zum Beispiel ein Welterbequiz, laden zum Mitmachen ein. Mit Blick auf die zahlreichen unterschiedlichen Zielgruppen einigte man sich rasch auf ein Konzept, das aufgrund der ausgewählten Inhalte und Geschichten sowohl für Kinder und Jugendliche als auch für erwachsene Besucher*innen attraktiv sein sollte. Die Informationen sind zudem auf verschiedenen Vertiefungsebenen erlebbar, sodass allen Besucher*innen ein individuelles Eintauchen in die Geschichte Regensburgs ermöglicht werden kann.

Die Umsetzung des von Anfang an sehr ambitionierten Projekts konnte nur mithilfe zahlreicher Kooperationspartner und Leihgeber, ehrenamtlichen Engagements und von Firmen, die an der konkreten Ausführung beteiligt waren, realisiert werden. Die Finanzierung dieses über zwei Millionen Euro teuren Projekts wäre ohne eine Million Euro Zuschuss aus dem Bundesbauministerium über das Sonderinvestitionsprogramm „Nationale UNESCO-Welterbestätten" im Jahr 2009 sowie ohne 300.000 Euro aus dem Europäischen Fonds für Regionalentwicklung (EFRE) nicht möglich gewesen.

2.3 Welterbe als Gastgeber und Multiplikator

Das Besucherzentrum Welterbe Regensburg ist mittlerweile zu einem der wichtigsten Aushängeschilder der Stadt Regensburg geworden. Vor den „Coronajahren" 2020 und 2021 besuchten jährlich durchschnittlich 300.000 Menschen das Besuchszentrum, also ca. 800 Menschen pro Tag[2]. Oft war es dann der erste Kontakt zwischen den Gästen und der Stadt. Die Gästeankünfte in Regensburg steigerten sich seit 2015 von 553.215 auf 660.640 im Jahr 2019 (vgl. Sedlmeier & Stadt Regensburg 2020). In der Rückschau jedoch nimmt der Fokus auf die lokale Zielgruppe einen wichtigeren Stellenwert ein: Die Regensburger*innen haben das Besuchszentrum als eine willkommene Möglichkeit, die bekannte Heimat neu zu entdecken und das persönliche Erleben durch weitere Aspekte des Gewohnten zu erweitern, in ihr Selbstverständnis integriert. Mit 16 % der Gesamtbesucher*innen nehmen die ortsansässigen Gäste jedoch noch eine verhältnismäßig kleine Gruppe ein. Zum Vergleich: 10 % der Besucher*innen kommen aus dem Ausland, 43 % kommen aus anderen Städten in Bayern und 31 % aus anderen Bundesländern (vgl. Frank 2014). Für beide Zielgruppen ist die Lage des Besuchszentrums Welterbe Regensburg ideal: Regensburger*innen goutieren die zentrale Verortung in der Altstadt und für die meisten auswärtigen Gäste bietet sich von Stadtamhof über die Steinerne Brücke kommend ein einladender, einzigartiger Anblick, das Entrée zur Altstadt: der Brückturm aus dem 14. Jahrhundert und der im 17. Jahrhundert erbaute Salzstadel mit dem Besuchszentrum. Besser kann ein Informationszentrum mit grundlegender Multiplikatorenaufgabe nicht situiert werden. Bis 2021 befand sich dort auch ein Servicepunkt der Tourist Information. Ab 2022 sind an derselben Stelle nicht nur hilfreiche, persönliche Hinweise zum Regensburgerlebnis erhältlich, sondern auch umfassende Informationen und Hintergründe zu den beiden Welterbestätten „Altstadt Regensburg mit Stadtamhof" und „Donaulimes".

Doch neben der Dauerausstellung zum UNESCO-Welterbe Regensburg erfüllt das Besuchszentrum noch weitere Funktionen. Für die lokalen Zielgruppen steht im Untergeschoss eine multifunktionale Veranstaltungsfläche samt Präsentationstechnik zur Verfügung. Dort finden Vorträge oder Diskussionsrunden statt. Die Bestuhlung kann

[6]

tagsüber entfernt werden, sodass diese Fläche auch für Aktivitäten mit Schulklassen oder anderen Gruppen genutzt werden kann. Ein variables, in die Decke integriertes Ausstellungssystem steht für die Durchführung von Sonderausstellungen mit welterbeverwandten thematischen Schwerpunkten zur Verfügung. Wichtig war hier, dass ein lokaler Kommunikationsort geschaffen werden sollte, in dem Themen aus der Stadtgesellschaft aufgenommen und Kooperationen mit externen Partnern, wie Hochschulen, Schulen, Vereinen und anderen Interessensverbänden, begünstigt werden sollten. Ziel war es, den querschnittsartigen Charakter des Themas Welterbe auch in der Bandbreite seiner Aspekte darzustellen und so im Bewusstsein der Stadtgesellschaft zu verankern. So wurde es auch in dem 2011 veröffentlichten Managementplan zum Welterbe Regensburg festgelegt (vgl. Ripp, Scheffler & Stadt Regensburg 2011).

[7]

[6] Impressionen von den Welterbe-
tagen zu den Themen Kirchen,
Grün in der Stadt und „Kunst goes
Welterbe" (Bilddokumentation
Stadt Regensburg, Peter Ferstl).
Abb. modifiziert.

[7] Ebd.

2 Daten aus dem
Besucherzählsystem

3. Das Welterbe kommt an
– Verstetigung und Weiterentwicklung

Schon die Welterbefeier anlässlich der offiziellen Urkundenübergabe im November 2007 vermittelte einen guten Eindruck von der integrativen Kraft der Welterbeidee und der inhaltlichen Ausrichtung der folgenden Welterbetage, die seit 2005 in Deutschland jeweils am ersten Sonntag im Juni stattfinden: Am Tag der Urkundenübergabe wurde großer Wert darauf gelegt, das Thema „Welterbe Regensburg" für alle direkt erlebbar und konkret erfahrbar zu machen. Neben der reinen Wissensvermittlung wurden historische Handwerkstechniken gezeigt, die Hintergründe des Themenkomplexes Welterbe im direkten Gespräch erläutert und die gesamte Altstadt feierlich in Szene gesetzt. Die Botschaft dieses ersten „Welterbetages": Die Baudenkmäler, ihre Geschichte und historische Bedeutung, ihre Verweise in die Vergangenheit – all dies bildet das Rückgrat des Regensburger Welterbes. Die Menschen, die im Welterbe leben, sind diejenigen, die es lebendig machen. Regensburg ist nicht erst seit dem Welterbetitel eine der historisch reichsten Städte Europas, und doch hat die Stadt durch den Welterbestatus eine Dimension dazugewonnen. Je bewusster sich die Stadtgesellschaft des baukulturellen Erbes und dessen Einzigartigkeit ist, desto mehr wird aus der Idee „Welterbe" gelebte Identität. Dieser Prämisse ist die Stadt Regensburg in der weiteren Entwicklung treu geblieben. Das Besuchszentrum war dabei stets ein bedeutender Dreh-und Angelpunkt der Vermittlungsarbeit.

3.1 Welterbetage am Donauufer

„Wir sind Welterbe": Diese Aussage zum 10-jährigen Welterbejubiläum spiegelt wider, was das ureigene Ziel einer guten Welterbevermittlung sein sollte. Das Welterbe soll Teil der Identität einer Stadt und Teil der Lebenswirklichkeit der Bürger*innen werden. Um dies zu erreichen, besteht die Verpflichtung für jede Welterbestätte beziehungsweise für deren Management, den besonderen Charakter und außergewöhnlichen Wert des Welterbes angemessen zu vermitteln. Diese Kommunikationsaufgabe besteht für die Welterbekoordination zum einen darin, eigene Vermittlungsangebote zu schaffen. Zum anderen stellt sich die Herausforderung, Akteure wie Hochschulen, Schulen, Vereine und Fortbildungseinrichtungen untereinander zu vernetzten und das Thema „Welterbe" dort ins Bewusstsein zu rücken. Bereits an dieser Stelle wird deutlich, dass sich Welterbevermittlung in erster Linie an die Menschen vor Ort richtet und nicht die touristische Vermarktung im Mittelpunkt steht. Die Begründung hierfür ist einfach: Nicht die Gäste Regensburgs erhalten und entwickeln das Welterbe, sondern die Regensburger Stadtgesellschaft. So richten sich auch die jährlich stattfindenden Welterbetage bewusst an die Regensburger*innen und sie orientieren sich auch inhaltlich an stadtrelevanten Themen. Häufig wurden die Welterbetage im Besuchszentrum durch Ausstellungen, Vorträge und Spielaktionen begleitet – immer unter einem bestimmten Motto, das im Welterbe verankert ist und im Besuchszentrum erfahrbar bzw. im Konkreten erlebbar gemacht wurde.

3.2 Das Besuchszentrum als Kommunikationsort

Um die Zielgruppen und die Methoden noch besser aufeinander abstimmen zu können, wurde während des HERMAN-Projektes „Management of Cultural Heritage in the Central Europe Area" in den Jahren 2012 bis 2014 das COBA-Modell entwickelt und seitdem an den neuesten Kenntnisstand und an den aktuellen medialen State of the Art angepasst. Es liefert den theoretischen Hintergrund für die Entscheidung dafür, welche Kommunikationsmittel und Methoden in der Vermittlungsarbeit Anwendung finden sollten. Die individuelle Identifikation mit dem kulturellen Erbe wird im Modell als zentrales Ziel festgelegt. In den weiteren Schritten fragt das Modell zudem danach, wie wir unsere Zielgruppen definieren und wo die jeweiligen Zielgruppen nach dem Modell in ihrer Entwicklung stehen. Das Modell wurde als Kommunikationsmodell für Welterbestätten entwickelt und es bildet die Entwicklung vom puren Lernen bis zu dem Punkt ab, an dem die Inhalte selbstverständlich als ein integraler Teil der eigenen Persönlichkeit vermittelt werden können (vgl. Ripp, Laudehr & Göttler 2018).

Entwicklung	Haltung	Wissensstufen	Rolle der Rezipierenden
1. Definition	Identifizieren	Benennen	Empfänger*in
2. Bewusstsein	Sich bewusst sein	Beschreiben	Empfänger*in
3. Erkundung	Informiert sein	In Beziehung setzen	Empfänger*in Interessensvertreter*in
4. Teilnahme	Handlungsorientiert	Wissen einsetzen und kontextualisieren	Multiplikator*in Empfänger*in Interessensvertreter*in
5. Vermittlung	Kommunikationsorientiert	Ganzheitliches Expertenwissen	Multiplikator*in Empfänger*in Interessensvertreter*in Lobbyist*in

Das COBA-Modell ↗
Communication Model for **B**uilt Heritage **A**ssets

Beteiligung	Kommunikation	
	Methoden	Medienbeispiel
Audiovisuell	Präsentationen Interviews	Ausstellungen Flyer Artikel
Audiovisuell	Präsentationen Interviews	Ausstellungen Flyer Artikel
Audiovisuell, motorisch, haptisch	Diskussionen Interaktive Mediennutzung	Multimedia
Audiovisuell, motorisch, haptisch, im sozialen Kontext agierend	Reaktive Hilfsmittel Veranstaltungen Workshops Wettbewerbe Interaktive Mediennutzung	Audioguides Apps Filme
Audiovisuell, motorisch, haptisch, im sozialen Kontext agierend	Netzwerke auf Expertenebene Konferenzen Präsentationen Workshops	Audioguides Apps Filme

Übertragen auf die Vermittlung des gebauten Erbes können hier fünf Entwicklungsschritte der Interaktion mit dem jeweiligen Objekt herausgearbeitet werden:

1 Definition

Auf der ersten Ebene haben die Empfänger*innen wenig Wissen über das Kulturerbe. Sie können es bisher nur benennen und grob definieren. Der Identifikationsprozess berührt nur die soziale Identität, z. B. die Bürger*innen in ihrer Rolle als Schüler*in oder jemanden, der nur auf kognitiver Ebene angesprochen wird. Dieser Zustand des Engagements ist in „Erstkontakt"-Situationen bei der Zielgruppe weit verbreitet. Diese Zielgruppe wird mit Flyern oder Artikeln angesprochen, zudem werden vor allem audiovisuelle Aktivitäten wie Führungen durch das Besuchszentrum oder Präsentationen angeboten (vgl. Dumas 2015).

2 Bewusstsein

In der zweiten Phase steigen das Aktivitätspotenzial und die Ansprechbarkeit der Rezipient*innen. Die Motivation, mehr zu lernen, ist bereits vorhanden, passives Wissen wird aktiviert und führt zu beschreibenden Fähigkeiten. Obwohl die grundlegende Rolle unverändert bleibt, ist man auf dieser Stufe bereits in der Lage, grundlegende Informationen und Charaktereigenschaften zum jeweiligen gebauten Erbe zu erläutern. Die Medien und Methoden, die hier angewandt werden, ähneln jenen der ersten Phase, sind aber vergleichsweise komplexer.

3 Erkundung

Der nächste Schritt führt dazu, dass die Rezipient*innen eine immer aktivere Rolle einnehmen.

Die Aktionsorientierung wird zu einem wichtigen Aspekt des Engagements. Das persönliche Interesse steigt, während Informationen nicht nur empfangen, sondern aktiv gesucht werden. Diese Entwicklung ist wichtig, da sie verdeutlicht, dass an diesem Punkt auch die persönliche Identität mit einbezogen wird, sodass Informationen in einem bestimmten Kontext betrachtet und fundierte Meinungen und Standpunkte zum Kulturgut entwickelt werden können. Schritt für Schritt tritt die Wandlung zu Interessenvertreter*innen ein. Das Niveau der Beteiligung und die Kommunikationsmittel entwickeln sich ebenfalls weiter: Zusammen bilden die Methoden, Medien und angesprochenen Sinne einen ganzheitlichen Ansatz, der auf den nächsten beiden „Expert*innenebenen" erweitert und diversifiziert wird, was zu einer verstärkten „Handlungsorientierung" führt (vgl. Dumas 2015).

4 Teilnahme

Der wichtigste Unterschied dieser vierten Ebene zur vorherigen ist die Neudefinition der Rezipient*innen als Multiplikator*innen. Diese Personen sind aufgrund ihrer Kenntnisse über den funktionalen Kontext in der Lage, sich zu beteiligen und Fragen zum Kulturgut entscheidend mitzugestalten. Der Identifizierungsprozess tendiert somit zu einer ausgewogenen Identität. Auf dieser Ebene führen die fortgeschrittenen Multiplikator*innen eine neue Dimension ein: die Wirkung des Gruppenlernens und die Nachhaltigkeit der gemeinsamen Lernerfahrungen. Diese Dimension stärkt den Identifikationsprozess auf der persönlichen Ebene, auch wenn die soziale Erfahrung in einem offiziellen oder eher formalen Umfeld stattfindet.

5 Vermittlung

Die am weitesten elaborierte Ebene des COBA-Modells ist die Expert*innenebene auf der fünften Stufe. Ist diese erreicht, ist der Expertenmultiplikator nicht nur in der Lage, das Kulturgut und seine Werte sowie seine Eigenschaften und seinen Kontext zu vermitteln. Indem er „das Gut" verkörpert, fühlen sich die Expert*innen vielmehr berechtigt, Wissen an Personen aus einer anderen Ebene zu übertragen. Somit sind die Multiplikator*innen nicht mehr nur Interessenvertreter*innen, sondern Entscheidungsträger*innen für das Gut. Kurz gesagt, Lobbyist*innen. Dennoch geht es hier nicht darum, alle Bürger*innen zu Expert*innen für jedes gebaute Kulturgut zu machen. Es geht vielmehr darum, Neugier und Interesse bei allen Personen zu wecken, deren Hilfe und Unterstützung für die Entwicklung und den Erhalt des gebauten Erbes benötigt werden.

Das COBA-Modell wurde nach und nach in die verschiedenen Vermittlungsfelder der Welterbekoordination integriert, insbesondere mit Blick auf eine jüngere Zielgruppe, die durch Führungsangebote und durch die themenbezogenen Handreichungen im „Bildungsportfolio" adressiert werden. Der thematische Nukleus aller Schwerpunkte kann aber im Besucherzentrum Welterbe Regensburg verortet werden, wodurch der dortige Vermittlungsraum auch zielgerichteter genutzt werden kann.

3.3 Vom Besuchszentrum in die Stadt

Wer als Tourist*in oder als nicht in Regensburg ansässige*r Besucher*in die Welterbe-Dauerausstellung des Besucherzentrums im Salzstadel betritt, dem stechen zunächst die massiven, hölzernen Stützbalken ins Auge. Salz, so stellt man fest, ist hartnäckig, denn noch immer tritt an den Deckenbohlen kristallines Weiß an die Oberfläche.

Das zweite optisch dominierende Element ist ein blau leuchtender Globus, der Lage und Eigenheiten aller 1154 UNESCO-Welterbestätten auf der Welt erklärt und als Symbol für den einigenden Charakter eines gemeinsamen globalen Erbes steht. Die Voraussetzungen dafür sind die Einzigartigkeit, die Unversehrtheit und die Echtheit des gebauten Erbes. Die Entdeckung der Einzigartigkeit Regensburgs steht allen Besucher*innen offen – und wie intensiv diese werden soll, kann jede*r selbst bestimmen. Die Runde durch die fünf nach Themenbereichen gegliederten Kabinette kann schlaglichthaft oder umfassend gestaltet werden bzw. kann einen tiefen, allgemeinen oder punktuellen Einblick in die Geschichte und den Charakter der Stadt gewähren. Ziel ist es dabei, einen ersten Überblick zu geben und dann die Besucher*innen in die Altstadt, in die Museen und in die sogenannten „documente" zu leiten. Zunächst gilt es aber in das Leben der historischen Regensburger*innen einzutauchen, etwa in den Alltag des bayerischen Stadtamhofers, der in der freien Reichsstadt sein Gemüse verkauft, der Kaufleute Runtinger beim Schreiben von Bilanzen und dem Zählen von Pfennigen oder der neureichen Patrizier aus der Wahlenstraße während ihrer rauschenden Feste. Die mittelalterliche Handelsstadt Regensburg war eine wohlhabende Stadt und teures Pflaster. Solange der Reichtum währte, hatte man es

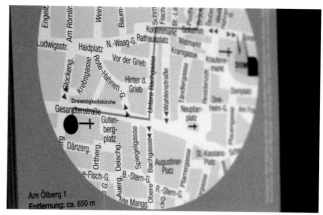

[8]

gut in der Stadt. Auch die hohe Politik samt Kaiser gab sich in Regensburg die Ehre und traf sich ab 1594 zum Reichstag im Alten Rathaus. Ab 1663 wurde die Ständeversammlung sogar bis 1803 gar nicht mehr aufgelöst und avancierte so zum sogenannten Immerwährenden Reichstag. Das Erbe dieser Zeit ist neben den Römermauern und den mittelalterlichen Straßenzügen in Gestalt der Gesandtenresidenzen und des Gesandtenfriedhofs zu sehen. Und wer sich wundert, warum das Haus Thurn und Taxis seinen Sitz im Regensburger Schloss St. Emmeram hat: Im Kabinett „Reichstag" ist die entsprechende Antwort zu finden: Die Stellvertreter des Kaisers, sogenannte Prinzipalkommissare, gehörten ab 1748 durchgehend der Familie Thurn und Taxis an. In der gesamten Ausstellung werden kleine kostenlose Stadtpläne angeboten, die den schnellsten Weg zum Historischen Museum, zum Reichstagsmuseum, zum document Keplermuseum, zum document neupfarrplatz, zum Schloss und Kreuzgang St. Emmeram, zum Dom St. Peter und zu den Regensburger Bistumsmuseen, dem Donau-Schifffahrts-Museum, zur Dreieinigkeitskirche und zum document niedermünster weisen.

[8] Kleine Wegweiser zum Mitnehmen „verlinken" die Ausstellung mit der Stadt (Bilddokumentation Stadt Regensburg, Peter Ferstl). Abb. modifiziert.

4. Das Medium ist die Botschaft

Ein besonderer Fokus wurde bei der Einrichtung des Besucherzentrums Welterbe Regensburg auf den Charakter der verwendeten Medien gelegt. Leitfragen waren hier, wie die Inhalte transportiert werden sollten. Texte, Bilder und bewegte Bilder in Form von Videos sollten sich ergänzen und den Rezipient*innen ein umfassendes Informationserlebnis bieten. Im Ergebnis setzte man 70 % der Vermittlung über Texte und Illustrationen an den Wänden, 20 % über Medieninstallationen und 10 % über die Disposition von Originalen um. Dieser Status quo wurde seit der Einrichtung 2011 stetig erweitert und soll im Folgenden medientheoretisch eingeordnet und bewertet werden (vgl. Ripp 2011).

Marshall McLuhan gilt als einer der Vordenker der Kommunikationswissenschaft. Denn bereits in den 1960er-Jahren führte er in seinem Buch „Global Village" zum einen den Ausdruck vom globalen Dorf in den Sprachgebrauch ein, zum anderen formulierte er den Gedanken, wie sich die Gesellschaft durch ununterbrochene Kommunikation und einen verstärkten Einfluss der Medien auf das soziale System verändern würde: Wir formen unsere Werkzeuge, und dann formen die Werkzeuge uns (vgl. McLuhan 1968).

Die Art und Struktur eines Mediums ist in McLuhans Theorie von zentraler Bedeutung. Weniger wichtig ist hingegen der Inhalt, der durch das Medium vermittelt wird. Das Beispiel des elektrischen Lichts soll dies verdeutlichen: Der Einsatz des Lichtes, z. B. in der Medizin, im Straßenverkehr oder auch in der Unterhaltungsindustrie, hat das Leben der Menschheit weitaus mehr beeinflusst, als ein einzelner leuchtender Werbetext jemals könnte. Außerdem ist der Inhalt eines Mediums nach McLuhan immer ein dem Medium vorangegangenes Medium. McLuhan unterscheidet zudem zwischen kalten und heißen Medien: Ein heißes Medium ist eines, das nur einen der Sinne erweitert, und zwar bis etwas „detailreich" ist. Der Konsum fordert also vom Rezipienten ein geringeres Maß an persönlicher Beteiligung. Anders bei einem kalten Medium ist, dass hier so wenig Detailreichtum geboten wird, dass der Rezipient selbst das Bild vervollständigen muss (vgl. McLuhan 1967). Mit Blick auf die Vermittlungsmedien im Besucherzentrum Welterbe Regensburg ergeben sich daraus sowohl Rückschlüsse auf die Praktikabilität der ursprünglichen Medieneinrichtung als auch Optimierungsoptionen für die zukünftige Nutzung von Medien.

[9]

4.1 Die digitale Herausforderung

Im bereits dargestellten COBA-Modell wird konstatiert, dass ein individuelles Erleben von Inhalt mit der eigenen Identifikation mit den jeweiligen Inhalten korreliert. Betrachtet man zusätzlich die von McLuhan angenommene Charakterisierung in heiße und kalte Medien, wird klar, dass sich hier innerhalb der letzten zehn Jahre ein Paradigmenwechsel vollzogen hat. Im Besucherzentrum in Regensburg werden in erster Linie die sogenannten heißen Medien verwendet, also Medienformen, die von Rezipient*innen wenig ergänzendes Engagement einfordern. Die Texte in den Themenkabinetten sind detailreich, oft illustriert und teilweise mit Hörstationen kombiniert. Videoapplikationen in Ton und Bild beleuchten an den Themenstandorten „UNESCO-Welterbe", „Stadtentwicklung" und in Form der Urbanoskope die historische Entwicklung vor der Verleihung des Welterbetitels. Dies sind insgesamt sehr umfassende, selbsterklärende und wenig Initiative einfordernde Medien. Kalte Medien stellen im Grunde nur die Originalexponate dar, aus deren Reihe insbesondere die Domfiale heraussticht. Als kaltes Medium stellt

sie sich detailarm dar und fordert das mediennutzende Subjekt dazu auf, die fehlenden Details zu ergänzen, selbst mitzumachen und sich als Rezipient*in mit allen Sinnen einzubringen.

Dieses gewünschte stärkere persönliche Engagement der Rezipient*innen kann also mit einer etwas anderen Gewichtung der verwendeten Medien signifikant verstärkt werden. Es bietet sich demnach an, vermehrt kalte Medien einzusetzen, die vom Rezipienten mehr ergänzendes Engagement verlangen. Neben den oben erwähnten Originalexponaten bieten sich hier auch unkommentierte Bilder, Karten oder Zitate an. Ob diese analog oder digital zur Verfügung gestellt werden, ist mit Blick auf das Maß der Besuchereinbindung zunächst nebensächlich. Hauptaugenmerk liegt auf der Individualisierung des Informationserlebnisses.

[9]   Das Welterbe-Kunstwerk am Donauufer (2008/09, Künstler: Alfred Böschl, Material: Bronze), wurde am 6. Juni 2009 der Öffentlichkeit übergeben (Bilddokumentation Stadt Regensburg, Peter Ferstl). Abb. modifiziert.

4.2 Wie wir die Welt sehen

Die Individualisierung des Informationserlebnisses oder der Informationserfahrung geht allerdings Hand in Hand mit einem signifikanten Verlust an Deutungshoheit, denn, wer erklärt, der interpretiert auch zugleich und wählt die Inhalte und Fakten aus. Es stellt sich also nicht nur die Frage nach den faktischen Inhalten, sondern auch die nach den dahinterliegenden Werten und Ideen. Dieser Subtext muss immer mitgedacht werden, damit ein umfassender Informationsanspruch erfüllt werden kann. Wie bereits in dem Artikel *Besucherzentren als dynamische Bildungsorte in der digital-analogen Realität* in diesem Band thematisiert wurde, unterstützt der Ansatz der Heritage Interpretation diese Zielsetzung. Aus dem angelsächsischen Raum kommend, hat sich diese Methode inzwischen im europäischen Kulturraum etabliert und wird derzeit im zunehmendem Maße, aber stets nur punktuell, an UNESCO-Welterbestätten eingesetzt.

Kulturinterpretation bezieht ihre Interpretationsphänomene (Objekte der Interpretation) aus dem gebauten Kulturerbe. Die Grundsätze, die der „Vater" der Interpretationsmethode Freeman Tilden in seiner richtungsweisenden Abhandlung für die Naturinterpretation formuliert hat, gelten auch hier. Tilden sieht die Interpretation als Bildungsarbeit, die anstelle der bloßen Vermittlung von Faktenwissen darauf abzielt, Bedeutungen und Zusammenhänge anhand von Originalgegenständen, durch unmittelbare Erfahrung und mit veranschaulichenden Mitteln zu enthüllen (vgl. Tilden 1957).

Bei der Interpretation stehen dabei folgende Grundsätze im Mittelpunkt: eine unmittelbare Beziehung zur Lebenswelt des Gegenübers, die Enthüllung von „tieferen Wahrheiten", Anregung statt Belehrung, Ganzheit statt Bruchstücken. Zentral für die Heritage Interpretation ist der Vermittler an sich. Über diese Schaltstelle wird die Interpretation entwickelt und das Phänomen mit den Betrachtern vernetzt (vgl. Tilden & Ludwig 2017). Eine Besonderheit der Interpretation ist darüber hinaus, dass sich im Rahmen des nonformalen Dialoges Werte, Haltungen und Erfahrungen bewusstmachen lassen. An dieser Stelle lässt sich wiederum der Paradigmenwechsel in der Vermittlung von Kulturerbe beobachten: Welterbe kann und darf nicht mehr um seiner selbst willen vermittelt werden, sondern muss als Querschnittsthema in den gesellschaftlichen Gesamtkontext eingebettet werden. Ein Beispiel hierfür war die Nachhaltigkeitsschnitzeljagd, die zum Welterbetag 2021 realisiert wurde. An verschiedenen Aktionspunkten im Stadtraum konnten hier ein Großteil der Sustainable Development Goals (SDG), der 17 Nachhaltigkeitszielen der Vereinten Nationen, vermittelt werden. Die Präambel der Agenda 2030 für nachhaltige Entwicklung benennt fünf Kernbotschaften, die den SDGs als handlungsleitende Prinzipien vorangestellt sind (Mensch, Planet, Wohlstand, Frieden und Partnerschaft; englisch: People, Planet, Prosperity, Peace, Partnership („5 Ps") - und die die Zusammenhänge zwischen den Zielen verdeutlichen (vgl. Wiechmann 2022).

Zudem wurden bei der Schnitzeljagd zeitgleich gesellschaftliche und soziale Werte im selben Raum wie die Kulturerbewerte vermittelt. Der analoge Raum war in diesem Beispiel das „kalte" Medium, da die Teilnehmer*innen sich die Informationen real beschaffen und mit dem konkreten Ort informell verbinden mussten.

Die Methode der Interpretation kann also hier konkrete Baudenkmäler mithilfe der entsprechenden Narrative dazu nutzen, zeitlose Prinzipien wie Nachhaltigkeit oder Gerechtigkeit zu erläutern. Besonders eindrucksvoll gelingt dies, wenn hierbei sogar noch parallele Verortungen in der Gegenwart und in der Geschichte miteinander verknüpft werden.

[10]

„Weimar ist auch Weltkulturerbe. Und ja, wir leben mittendrin. Wir wären diese kleinen Männchen, die dann in diesen Panoramen sitzen, wir sind Teil der Ausstellung."

Holger W.

5. Gelernte Lektionen

Um auf den Eingangsgedanken zurückzukommen: Eine Informationsstrategie wie bei der Etablierung des Besucherzentrums Welterbe im Jahr 2011 wäre heute nicht mehr umsetzbar. Zu stark haben sich die Kommunikationskanäle verändert, zu divers ist der Informationsfluss durch die sozialen Netzwerke geworden. Klassische Vermittlung, so wie damals als Ausgangspunkt angenommen wurde, kann nur noch Teil eines integrativen Gesamtkonzeptes sein. Die Lese- und Sehgewohnheiten, parallel auch die Aufmerksamkeitsspanne bei der Rezeption, machen zudem eine kontinuierliche Anpassungsstrategie bei den Angeboten notwendig. Die aktive Einbindung der Rezipient*innen bei der Vermittlung kann nur durch eine zielgerichtete Konzeption der Social-Media-Inhalte, der Vor-Ort-Kommunikation und der klassischen Öffentlichkeitsarbeit erreicht werden.

Des Weiteren hat die pandemische Situation 2020/2021 die Lücken im Digitalisierungsprozess offengelegt. Ansatz für die Schließung der vorhandenen Lücken ist hier die Produktion von Inhalten, die auf verschiedenen Kanälen eingesetzt werden können und die einen multimedialen, dialogbasierten Informationsfluss unterstützen.

Wer heute über Welterbe und Kulturerbevermittlung nachdenkt, stößt darüber hinaus zwangsläufig auf die großen gesamtgesellschaftlichen Zukunftsthemen: Interkulturelle Kommunikation, Integration, Klimawandel und Resilienz sind mit in Betracht zu ziehen. Kulturerbe kann hier als Katalysator und Taktgeber fungieren. Kulturelles Erbe stellt nicht nur etwas dar, das von der Stadtgesellschaft geschützt und bewahrt werden muss, sondern es ist auch eine starke Ressource für nachhaltige Stadtentwicklung (vgl. Dersch & Stadt Regensburg 2020). Jüngere Studien und Publikationen wie z. B. „Heritage counts for Europe" oder der Abschlussbericht der Habitat III Konferenz weisen eindeutig darauf hin, dass kulturelles Erbe als Ressource für nachhaltige Stadtentwicklung dienen kann. Entwicklung wird hier im Sinne von „nachhaltiger Stadtentwicklung" verstanden, die mindestens die Dimensionen Wirtschaft, Soziales und Ökologie umfasst (vgl. Deutscher Städtetag 2019). Im Rahmen der europaweiten Studie „Heritage counts for Europe" wurden positive Resultate dokumentiert, zum Beispiel die Erhöhung der Attraktivität von Städten, die Stimulation von privaten Investitionen und die Erhöhung der Attraktivität für junge Start-up-Unternehmen, um nur einige Beispiele zu nennen. Welterbe und Denkmäler wirken als Standortfaktoren, aber auch unmittelbar als Felder wirtschaftlichen Handelns positiv auf die wirtschaftliche, soziale und ökologische Entwicklung einer Stadt ein (vgl. CHCfE 2015). Der Welterbetitel an sich ist positiv besetzt und macht stolz.

Regensburg kann nun sogar mit einem zweiten Welterbetitel punkten: Im Juli 2021 wurde der entsprechende Antrag zur Erweiterung der UNESCO-Welterbestätte „Grenzen des römischen Reichs" um den römischen Donaulimes bestätigt.

Was bringt die Zukunft? Die Vermittlungsaufgabe wird sich intensivieren und die interdisziplinäre Abgrenzung zu anderen Zukunftsthemen wird durchlässiger werden müssen, denn zu drängend sind die großen Herausforderungen und zu frisch ist das Durchleben einer globalen Pandemie im kollektiven Bewusstsein verankert. Diese Impulse werden das Bewusstsein für das Thema „Welterbe" schärfen. Und vielleicht kann somit und mit einem für diese Zukunft entwickelten Besucherzentrum Welterbe Regensburg ein kleiner Beitrag zu einer positiven integrativen Entwicklung nicht nur der Regensburger Stadtgesellschaft geleistet werden – denn, wie Marshall McLuhan sagte: „There are no passengers on Spaceship Earth. We are all crew."[3]

[11]

6. Literaturverzeichnis

CHCfE Consortium (2015): Cultural heritage counts for Europe. Krakau.

Deutsche UNESCO Kommission e.V. & Karolin Kolhoff, K. K. (o. J.): Kultur und Natur. Welterbe werden. https://www.unesco.de/kultur-und-natur/welterbe/welterbe-werden (letzter Aufruf am 08.02.2022).

Deutscher Städtetag & Ripp, M. (2019): Hüter von Traditionen und Labore der Zukunft: Welterbe-Städte setzen Impulse.

Dumas, A., Hauer, S., & Ripp, M. (2013): Spielerisch lernen: Besucherzentren als junges Format der Wissensvermittlung. Erfahrungen mit dem Besucherzentrum Welterbe in Regensburg, in: Museum heute, 44, S. 51–54.

Duxbury, N., Hosagrahar, J., & Pascual, J. (2016): Why must culture be at the heart of sustainable urban development? Agenda 21 for culture [online] https://www.agenda21culture.net/sites/default/files/files/documents/en/culture_sd_cities_web.pdf (letzter Aufruf am 01.03.2022).

Fell, H., & Huber, J. (2011): Besucherzentrum Welterbe Regensburg: Eine kleine Gebrauchsanweisung, in: Der Salzstadel, 1, S. 3-7.

Frank, H. (2014): Empirische Untersuchung des Besucherverhaltens und der Besucherzufriedenheit am Beispiel des Besucherzentrums Welterbe Regensburg (unveröffentlichte Diplomarbeit), Fachhochschule für öffentliche Verwaltung und Rechtspflege in Bayern.

McLuhan, M. (1967): The Medium is the Massage. An inventory of effects. Harmondsworth: Penguin Random House.

Mcluhan, M. (1968): Die magischen Kanäle. Düsseldorf: Econ.

Memminger, J. (2014): Regensburger Geschichtskultur. Ein Bild mit vielen Facetten, in: Überall Geschichte! Der Lernort Welterbe. Facetten der Regensburger Geschichtskultur (Verhandlungen des Historischen Verein für Oberpfalz und Regensburg, Bd. 154), hg. von J. Memminger. Regensburg: Pustet, S. 7-15.

Ripp, M. (2011): UNESCO-Welterbe interaktiv erleben. Das Besucherzentrum Welterbe im Regensburger Salzstadel, in: Museum heute, 41, S. 16-19.

Ripp, M., Hauer, S., & Stadt Regensburg Welterbekoordination (2019): Communication Model for Built Heritage Assets Going from Knowing to Identification, in: Digital Heritage & Memory, S. 1-10.

Ripp, M., Laudehr, D., & Göttler, M. (2018): Bildungsportfolio-Welterbe. Welterbekoordination Stadt Regensburg.

Ripp, M., Scheffler, N., & Stadt Regensburg (2012): Welterbe Management Plan Stadt Regensburg. Regensburg: Manzsche Buchdruckerei und Verlag.

Schröter, J. (2008): Von Heiß/Kalt zu Analog/Digital: Die Automation als Grenze von McLuhans Medienanthropologie, in: McLuhan neu lesen, hg. von D. De Kerckhove. Bielefeld: transcript. S. 304-320.

Sedlmeier, A. (2020): Statistisches Jahrbuch Stadt Regensburg 2020, hg. von Stadt Regensburg. Amt für Stadtentwicklung, Regensburg.

Stadt Regensburg & Dersch, W. (2020): „Welterbe macht stark und stiftet Zukunft" - Konzept zur Stärkung Regensburgs nach der COVID-19-Krise durch das kulturelle Erbe (VO/20/16843/45). Stadt Regensburg, Welterbekoordination.

Tilden, F., & Ludwig, T. (2017): Natur- und Kulturerbe vermitteln – das Konzept der Interpretation, München: oekom.

Trapp, E. (2006): Warum Welterbe? Chronologie der Bewerbung. Der Weg zum Welterbe [online] https://www.regensburg.de/welterbe/welterbe-regensburg/warum-welterbe/chronologie-der-bewerbung (letzter Aufruf am 08.02.2022).

Wiechmann, A., & Bundesministerium für wirtschaftliche Zusammenarbeit und Entwicklung (BMZ). (o. J.): Agenda 2030. https://www.bmz.de/de/agenda-2030 (letzter Aufruf am 08.02.2022).

„Wahrscheinlich war Regensburg ursprünglich ein mittelalterliches Drei-Tages-Fest – und dann hatten die Leute keine Lust mehr, nach Hause zu gehen."

Kira G.

Dr. Wolfgang Muchitsch, Prof. Dr. phil. Peter Morsbach, Prof. Dr. em. Michael Fehr, Prof. Claudia Frey

Fragen an die Mitglieder des wissenschaftlichen Beirats[1]

Dr. Wolfgang Muchitsch

- Wolfgang Muchitsch ist wissenschaftlicher Leiter des Universalmuseums Joanneum und Präsident des Museumsbunds Österreich. Er unterstützte die Realisierung des Besucherzentrums Regensburg als Mitglied des wissenschaftlichen Beirats.

Welche gesellschaftliche Relevanz haben aus Ihrer Sicht Kultureinrichtungen wie das Besucherzentrum Welterbe Regensburg?

Als Museen und Besuchszentren hegen wir natürlich die hehre Ambition, dass wir durch unser Tun und unser Handeln die Welt positiv verändern.

Ob das jetzt die Vermittlung von Grundwerten ist, das Arbeiten an der Demokratie, an Menschlichkeit – was auch immer. Das hängt inhaltlich stark von den einzelnen Häusern und den Projekten ab. In einem Naturkundemuseum wird es um schonenden Umgang mit der Umwelt gehen, um Nachhaltigkeit, Ökologie, Klimawandel. In einem militärhistorischen Museum wie beispielsweise dem Landeszeughaus in Graz geht es darum, Friedensarbeit und Konfliktvermeidung voranzutreiben. Beim dem Querschnittsthema Welterbe haben wir die Möglichkeit, all diese Inhalte zu vermitteln.

1   Als das Besucherzentrum Welterbe als eines der ersten seiner Art konzipiert wurde, begleitete diese Arbeit ein interdisziplinärer wissenschaftlicher Beirat mit seiner Expertise.

Prof. Dr. phil. Peter Morsbach

- Peter Morsbach ist Kunsthistoriker, Publizist, Verleger und Honorarprofessor für Denkmalpflege, Kunst- und Architekturgeschichte und Theorie der Stadt an der OTH Regensburg.

Wenn Sie an den Eröffnungstag des Besucherzentrums, den 28. Mai 2011, zurückdenken, welche Emotion haben Sie vorwiegend gespürt?

Wie immer bei diesen Riesenprojekten musste man irgendwann einmal sagen: Jetzt muss es mal gut sein. Der Eröffnungstag war sehr stimmungsvoll und ich war sehr froh zu sehen, dass das Ergebnis unserer langen, gemeinsamen Bemühungen gut geworden war. Es war eine heitere und gelöste Stimmung, in die man wunderbar eintauchen konnte. Die Besucher*innen waren sehr neugierig, gut drauf, das Wetter passte (nach meiner Erinnerung) auch und wir haben viel Lob gehört. Endlich auch mal den Salzstadel so zu erleben!

Der wissenschaftliche Beirat hat ja in sich sehr stark mit der Auswahl und der Präsentation der Inhalte im Besucherzentrum gerungen. Können Sie den Prozess genauer beschreiben?

Wir bekamen vom Team aus Graz die Entwürfe, Texte und Bildvorschläge und diskutierten sehr intensiv über das Inhaltliche, haben zum Teil wirklich hart gerungen. Es war nicht so, dass wir als Kritikaster aufgetreten sind, sondern wollten den Kolleg*innen aus Graz wirklich inhaltlich und sachlich helfen. Wir hatten als Insider eben einen gewissen Vorsprung in den Fakten und den Exponaten und das fügte sich mit dem Blick von außen sehr gut zusammen. Ich erinnere mich, dass wir uns bald zusammengerauft haben und die Arbeit dann immer flüssiger und besser ging. Es war auch während der ganzen Zeit ein Prozess mit immer neuen Ideen. Mit der Ausstellungsarchitektur hatte ich persönlich weniger Berührungspunkte, aber auch das war ein spannender Prozess.

Die vielzitierte „Kunst des Weglassens" ist Teil des Konzeptes. Was haben Sie und der wissenschaftliche Beirat alles „weggelassen"?

Wir haben weggelassen, was verzichtbar war, ohne das Ganze zu mindern. Wir mussten lernen, mit den Augen der Besucher*innen zu sehen, und uns fragen, was uns interessieren würde und was nicht. Ich zitierte immer wieder Goethe: „Getretener Quark wird breit, nicht stark."

Gibt es heute neue Entwicklungen, welche den Entstehungsprozess des Besucherzentrums Welterbe in eine völlig andere Richtung lenken würden?

Freilich, an erster Stelle natürlich das neue Welterbe „Donaulimes": Hier müsste man in der Gesamtheit neue und andere Schwerpunkte setzen. Die Digitalisierung hat natürlich große Fortschritte gemacht, zum Beispiel in Bezug auf die Darstellungen von Bauwerken mit neuen Visualisierungsmöglichkeiten wie „structure for motion" und anderes.

Sind Sie zufrieden mit dem Ergebnis der Arbeit des gesamten Projektteams?

Ja, freilich. Das waren alles sehr gute Leute.

Glauben Sie an die Zukunft solcher Informationsvermittlung? Wo sehen Sie noch Chancen?

Das Konzept einer digitalisierten „Leseausstellung" in einem ruhigen Raum, weg von der Hektik des Draußen, halte ich längst nicht für überholt. Ganz im Gegenteil, Räume zu schaffen, die „stille Erinnerung" ermöglichen, ist wichtiger denn je. Der Salzstadel hat durch die ruhige Mächtigkeit seiner Architektur das Potenzial, ein solcher Ort zu sein. Das stete Dahinströmen des Flusses draußen, der sich von nichts beeindrucken lässt, trägt auch dazu bei. Man ist in einem Zeitenstrom, der die eigene Wichtigkeit geraderückt.

Dr. Michael Fehr

- Michael Fehr war von 2005 bis 2014 Professor für Kunst im Kontext an der Universität der Künste Berlin und leitete von 1987 bis 2005 das Osthaus Museum Hagen. Er ist seit 2003 geschäftsführender Vorstand des Werkbundarchiv–Museum der Dinge Berlin und arbeitet als Autor und Ausstellungsmacher im In- und Ausland zu kunst- und kulturhistorischen Themen.

Wenn Sie an den Eröffnungstag des Besucherzentrums, den 28. Mai 2011, zurückdenken, welche Emotion haben Sie vorwiegend gespürt?

Erleichterung darüber, dass am Ende alles geklappt hat.

Der wissenschaftliche Beirat hat ja in sich sehr stark mit der Auswahl und der Präsentation der Inhalte im Besucherzentrum gerungen. Können Sie den Prozess genauer beschreiben?

Dass die Gestalter*innen mit einem bestimmten Entwurf gesetzt waren, bevor im wissenschaftlichen Beirat Übereinstimmung zu Details des inhaltlichen Konzepts erzielt werden konnte, war für die Entwicklung des Besucherzentrums nicht günstig. Denn so bedeuteten Weglassungen wie Hinzufügungen in jedem Fall einen Mehraufwand bei der Realisierung des Konzepts, der im Hinblick auf das definierte finanzielle Budget ja möglichst vermieden werden sollte. Im Rückblick glaube ich, dass wir weitaus mehr Detailinformationen in die Ausstellung hätten aufnehmen können. Auch hätten wir mehr darauf achten müssen, dass der eigentümliche Charakter des Gebäudes und seine historische Funktion erfahrbar bleiben.

Gibt es heute neue Entwicklungen, welche den Entstehungsprozess des Besucherzentrums Welterbe in eine völlig andere Richtung lenken würden?

Aus meiner Sicht: Nein. Doch muss die Entwicklung des inhaltlichen und gestalterischen Konzepts Hand in Hand gehen können.

Sind Sie zufrieden mit dem Ergebnis der Arbeit des gesamten Projektteams?

Im Großen und Ganzen: Ja.

Glauben Sie an die Zukunft solcher Informationsvermittlung? Wo sehen Sie noch Chancen?

Digital-virtuelle Informationen können psychophysische Erfahrungen nicht ersetzen. Bei diesem Besucherzentrum würde ich (aus heutiger Sicht) den Stadtgrundriss zur Grundlage der Ausstellungskonzeption machen und so die Besucher*innen eine räumliche Orientierung erleben lassen, auf die sie beim Besuch der (realen) Stadt zurückgreifen können. In diese Bewegungen könnten digitale Informationen eingehängt werden. Dies könnte womöglich zu einer Intensivierung des Besuchserlebnisses führen.

Prof. Claudia Frey[2]

- Claudia Frey ist zusammen mit Aurelia Bertron und Prof. Ulrich Schwarz Inhaberin des Büros für Visuelle Kommunikation und Ausstellungsgestaltung Bertron Schwarz Frey GmbH. Seit Herbst 2010 ist sie Professorin für Gestaltung im Raum an der Fakultät Gestaltung der Hochschule für angewandte Wissenschaften Würzburg-Schweinfurt. Der Arbeitsschwerpunkt der Designerin und Ausstellungsgestalterin liegt in der szenischen Gestaltung musealer Räume.

Wenn Sie an den Eröffnungstag des Besucherzentrums, den 28. Mai 2011, zurückdenken, welche Emotion haben Sie vorwiegend gespürt?

Eine Eröffnung ist immer ein erfüllendes, positives Gefühl, begleitet von Freude, Stolz und Entspannung. Mit dem Gewinn des Wettbewerbs 2008 haben wir drei Jahre am Besucherzentrum gearbeitet. Ein bisschen Wehmut schwingt jedoch auch mit, denn nach sehr intensiven Schaffensphasen lässt man das Projekt los und übergibt es der Öffentlichkeit. Das Schöne vor allem an diesem Ausstellungsprojekt war, dass wir auch Neues über Regensburg lernen und an einem historisch bedeutenden Ort arbeiten durften – ein tolles Projekt.

Die vielzitierte „Kunst des Weglassens" ist Teil des Konzeptes. Was haben Sie und der wissenschaftliche Beirat alles „weggelassen"?

Dem Besucherzentrum kommt eine besondere Rolle zu, es ist mit seinen Themen immer in Verbindung mit den historischen Orten und Bauwerken der Stadt. Es fungiert als Portal, ermöglicht einen Blick auf die gesamte Stadt als UNESCO Welterbestätte „Regensburg mit Stadtamhof" und setzt Links zu anderen bedeutenden kulturellen Stätten und Bauwerken. Das gestalterische Konzept greift diese Leitgedanken und das inhaltliche Konzept auf, das klar auf die besonderen Aspekte der Stadtgeschichte und -kultur fokussiert. Dieser Fokus ist Kernaufgabe des Kuratierens einer Ausstellung. Die Gestaltung geht noch einen Schritt weiter und übersetzt die zentralen Themen und Aussagen in eindrückliche Blickpunkte und eine lesbare Dramaturgie im Raum. Starke Bilder und Elemente wecken das Interesse und die inhaltliche Vertiefung erfolgt auf den zweiten Schritt. So sind die Themenkabinette außen mit assoziativen Illustrationen und wenigen Zitaten gestaltet, im Inneren können Besucher*innen in die Themen eintauchen. Die Informationsvermittlung verzichtet bewusst auf lange Texte, sondern ermöglicht einen intuitiven und spielerischen Zugang über inszenierte Objekte, Hörtexte, interaktive Modelle und Medien.

2   Fragen beantwortet von Prof. Claudia Frey für das Gestalterteam Bertron Schwarz Frey (Aurelia Bertron, Prof. Ulrich Schwarz, Claudia Frey) in Kooperation mit aura architekten (Marisol-Rivas-Velasquez, Christina Schmutz).

Wie haben Sie als Gestalterin die Farbwelt des Besucherzentrums Regensburg entwickelt?

Der historische Salzstadel ist selbst Exponat, worauf die Ausstellungsgestaltung Rücksicht nehmen muss. Ziel war es, den Raum und seine ehemalige Lagerfläche im historischen Gebäude sichtbar zu halten, weshalb die Ausstellungskabinette von der Decke abgehängt wurden und so der Raum in seiner Größe erfasst bleibt. Die Anmutung der historischen Oberflächen und Materialien, wie Holz und Stein, ist durch warme Farbtöne geprägt. Um diese Wirkung eigenständig zu lassen, wurden für die Kabinette und Einbauten kontrastierende Farben gewählt: weiß, Blautöne und kühle Grautöne. Historisches Bauwerk und Ausstellungsarchitektur sprechen so beide eine klare eigene visuelle Sprache.

Gibt es heute neue Entwicklungen, welche den Entstehungsprozess des Besucherzentrums Welterbe in eine völlig andere Richtung lenken würden?

In der musealen Vermittlung stehen heute Partizipation und Co-Kreation der Besucher*innen hoch im Kurs. Eine partizipative Haltung ist bereits im Besucherzentrums multisensoriell mitgedacht. Globus und Stadtmodell sind medial interaktiv erfahrbar, Quizstationen ermöglichen eine spielerische Reflexion des Themas Welterbe. Heute würde die Anbindung des Besucherzentrum und die Kommunikation in sozialen Medien und auf digitalen Plattformen im Konzept eine größere Rolle spielen. Auch der aktive Austausch zwischen der Bevölkerung und den Tourist*innen der Stadt würde vermutlich noch stärker mitgedacht werden, z. B. mit Aktionen, die über eine Wechselausstellung hinausgehen.

Sind Sie zufrieden mit dem Ergebnis der Arbeit des gesamten Projektteams?

Wir sind insgesamt sehr zufrieden, auch wenn die Kommunikation mit den vielen Projektbeteiligten, wie z. B. der Welterbekoordination, dem wissenschaftlichen Team und Beirat und dem Städtischen Bauamt, sehr komplex und strategisch anspruchsvoll war. Hinzu kommt, dass es für den architektonischen Umbau, den raumbildenden Ausbau und die mediale Umsetzung der Ausstellung rund 40 Gewerke zu koordinieren gab – eine große Herausforderung, die durch die Projekt- und Bauleitung gut gemeistert wurde.

Glauben Sie an die Zukunft solcher Informationsvermittlung? Wo sehen Sie noch Chancen?

Diese Form der erlebnisorientierten Informationsvermittlung hat Zukunft. Eine studentische Gruppe, die 2019 das Besucherzentrum besuchte, war sichtlich angetan und inspiriert vom Ausstellungsraum und den vielschichtigen Informations- und Aktionsmedien. Technologisch gesehen sind die elektronischen Medien oft schneller veraltet als klassische analoge Medien und müssen neu justiert werden. Insofern ist es gut, einen Medienmix zu haben, der alle Sinne anspricht. Nicht zuletzt hat auch der Lockdown in der Pandemie gezeigt, wie wichtig reale physische Räume, sensorische und haptische Erlebnisse für die Wissensvermittlung sind. Genauso wie Museen ist das Besucherzentrum ein Begegnungsort für Austausch und Interaktion im Kontext des Welterbes.

„Es ist so etwas manchmal auch Melancholisches, was hin und wieder auch laut wird und wild wird, weil Regensburg so viele Gesichter hat, so viele Facetten. Du hast die verschiedensten Jahreszeiten, du gehst im Winter vor lauter Nebel unter und hast im Sommer das Gefühl, in Italien zu hocken. Die Stadt ist einfach so vielseitig."

Martina K.

02

VISUELLES ESSAY VON REGENSBURG

Eine Hand voller Steine

Elisa Wüntscher

Elisa Wüntscher

Eine Hand voller Steine

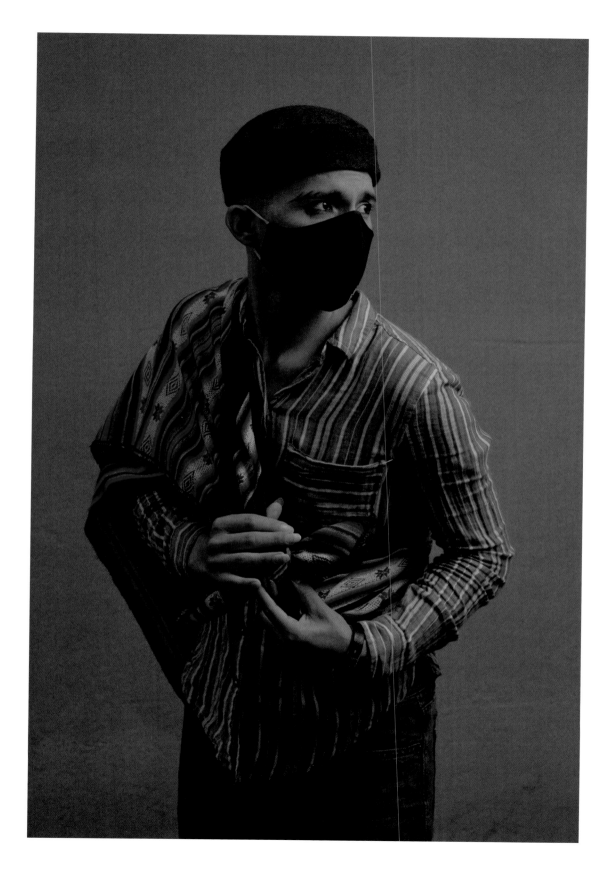

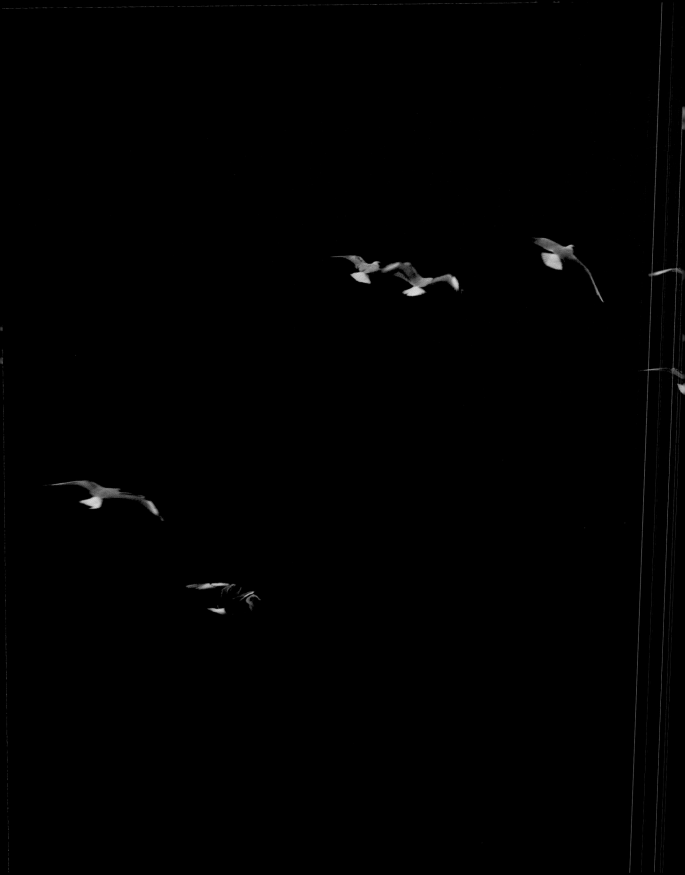

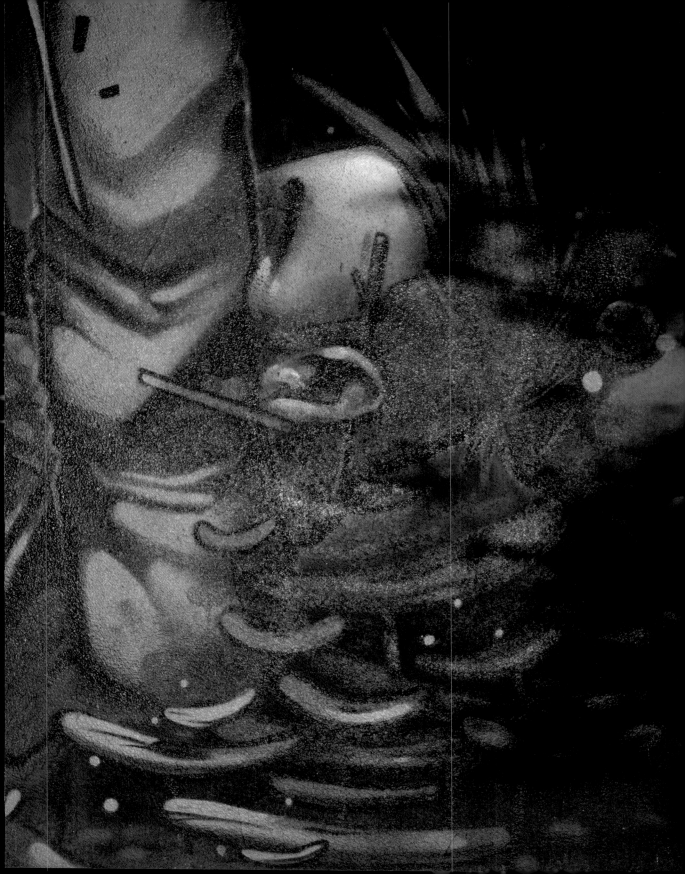

Statement der Künstlerin

„Das Besucherzentrum unterscheidet sich zum Museum, indem die Stadt selbst das Exponat ist", sagte Michael Fehr bei unserer Besichtigung im August 2021. In meiner Arbeit habe ich mich also mit dem Gedanken, die Stadt als ein Exponat zu verstehen, auseinandergesetzt, wodurch sie noch unnahbarer und inszenierter erscheint. Wir, die Besucher*innen, sehen in Regensburg die Geschichten, die wir sehen wollen oder die uns durch eine Führung oder durch geschichtliche Informationen vorgelegt werden. Wir sprechen vom italienischen Flair der schmalen Gassen, der unglaublich alten Römermauer und dem mittelalterlichen Stadtkern. Ich habe mich jedoch gefragt, was neben oder hinter diesen Zuordnungen von Orten steht, denn schlussendlich ist mein Blick doch auch immer subjektiv und daher schreibe ich der Geschichte, die ich mit meinen Fotografien über Regensburg erzähle, keine Wahrheit zu. Vielmehr formen sie eine eigene neue Realität, die nur in den Bildern und deren Kombination existiert. Die Bildserie von Regensburg ist daher nicht als eine Nacherzählung der historischen Geschichte zu verstehen. Im Gegenteil – sie zeigt eine sehr subjektive Interpretation von Beobachtungen und Auseinandersetzungen mit der Stadt. Ich bediene mich im Prozess des Fotografierens zwar dieser Orte, die real existieren, doch transformiere und übersetze ich sie. Die Bilder zeigen keine Dokumentationen von Orten, sondern Schauplätze, Kulissen und Inszenierungen. Die Portraits der Menschen zeigen Schauspieler*innen einer Geschichte aus Bildern. Nicht wer diese Menschen und was diese Orte sind, ist für diese Geschichte von Relevanz, sondern wie sie abgebildet wurden und welche Bedeutung sie damit annehmen können. Die Arbeit bewegt sich somit auf einem schmalen Grat zwischen Inszenierung und Echtheit, Phantasie und Realität. Statt Wahrheit zeige ich eine persönlich geprägte Bildwelt!

Während meines Besuches befand ich mich immer wieder im Zwiespalt – diese Stadt ist Heimat und Kulisse zugleich. Sie formt einen Ort, wo alltägliches Leben auf ein historisches Freilichtmuseum trifft. Der Boden ist meist perfekt gekehrt, die Graffiti an den Stromkästen übermalt – doch zugleich funkeln die Scherben am Sonntag in der Früh am Neupfarrplatz von den ausgetrunkenen Flaschen des Vorabends. Während man durch die Gassen streicht, beschleicht einen das Gefühl, sich in einer Inszenierung zu bewegen.

Ich frage mich, was hier überhaupt „echt" ist. Die Bilder stellen Fragen, inwieweit wir inszenieren, was an uns, an unserer Mimik und Gestik „echt" und was inszeniert ist und ob wir dies überhaupt voneinander trennen können. Ich frage mich weiters, wie weit Inszenierung geht, beispielsweise wie wir uns kleiden, wie wir bauen, wie wir Schaufenster gestalten, wie wir lachen, wie wir uns gegenseitig etwas vorspielen. Das Leben in einer Kulisse prägt für mich die Stadt Regensburg und doch findet sich immer wieder Alltägliches, womöglich Ungewolltes, welches sich in den Details der Stadt verirrt. Es reibt sich mit diesem perfekten Bild, dem Exponat „Welterbe". Die Reibung zischen Inszenierung und Alltäglichem und wie sich diese beiden Wahrnehmungsräume gegenseitig ergänzen, wird innerhalb der Arbeit in den Fokus gesetzt. Die Bilder stellen Fragen über unsere Werte und Bedeutungen, die wir vererbt bekommen haben.

Hier trifft Bewegung auf Stillstand. Unmengen an Tourist*innen ziehen vorbei, die nur kurz verweilen. Der Strom an Menschen fließt genauso wie die Donau durch die Stadt. Aber die Gebäude bleiben, das Welterbe steht. Diese Steine liegen in unseren Händen.

„Bei den vielen Kirchen, die es da ringsum gibt, ist das Bimmeln der Glocken der Klang der Stadt. Aber auch das Flussrauschen."

Rosalie J.

03

DIE ZUKUNFT

Matthias Ripp, Karl Stocker, Michaela Stauber

Besuchszentren als dynamische Bildungsorte in der digital-analogen Realität[1]

1. Historisches und Entstehung

Die Anfänge des Konzepts zu Besuchszentren liegen in den USA, wo in den 1880er-Jahren in Verbindung mit den zu dieser Zeit entstehenden Nationalparks Besuchszentren als Vermittlungsorte insbesondere für Gruppen eröffnet wurden (vgl. Frost & Hall 2009). Besonders in den 1950er- und 1960er-Jahren erfreuten sie sich in den USA dann zunehmender Beliebtheit. Eine Rolle spielte dabei einerseits die „Mission 66", ein zwischen 1956 und 1966 laufendes Förderprogramm der US-Regierung, in dessen Rahmen die Infrastruktur in den Nationalparks verbessert und mit dem auf steigende Besuchszahlen reagiert werden sollte (vgl. Mackintosh 1986, S. 1-5). Es ist andererseits kein Zufall, dass 1957 – und damit in etwa gleichzeitig zum Start der ersten Besuchszentren – auch Freeman Tilden sein heute wieder vielfach zu Rate gezogenes Buch „Interpreting our Heritage" veröffentlichte. Im Vordergrund seines Konzepts „heritage interpretation" stehen dabei die folgenden Prinzipien (vgl. Tilden 2007):

- Jede Interpretation, die das Gezeigte oder Beschriebene nicht in einer wie auch immer gearteten Weise mit der Persönlichkeit oder Erfahrung der Besucher*innen in Verbindung bringt, ist steril.
- Die Information als solche ist nicht gleichzusetzen mit der Interpretation. Zwar ist eine Interpretation eine Offenbarung, die auf Informationen basiert, jedoch handelt es sich um zwei völlig unterschiedliche Aspekte. Trotzdem enthalten alle Interpretationen immer auch Informationen.
- Die Interpretation ist eine Kunst, die viele Künste vereint, ganz unabhängig davon, ob es sich um wissenschaftliche, historische oder architektonische Materialien handelt. Jede Kunst ist in gewissem Maße vermittelbar.
- Das Hauptziel der Interpretation ist nicht die Belehrung, sondern die Provokation.
- Die Interpretation muss darauf abzielen, ein Ganzes und nicht nur einen Teilaspekt darzustellen, und sie muss sich dementsprechend an den ganzen Menschen richten.
- Eine an Kinder (bis zum Alter von zwölf Jahren) gerichtete Interpretation sollte keine Verwässerung der Darstellung sein, die für Erwachsene gedacht ist, sondern einem grundlegend anderen Ansatz folgen. Um die bestmögliche Wirkung zu erzielen, ist daher ein separates, auf Kinder zugeschnittenes Programm erforderlich.

[1]

[1]   Great Smoky Mountains
National Park Visitor Center,
Tennessee, USA. Innenansicht
(Fotograf: Stilfehler). Abb.
modifiziert.

1   Mit Unterstützung von
Kevin Atuma.

Für diese Art der Vermittlung, die sehr viel stärker auf Dialog und vor allem die Rolle der „Interpret*innen" oder Guides setzte, wurden auch neue Orte notwendig, in denen diese Vermittlung – geschützt z. B. vor Wetterwidrigkeiten – stattfinden konnte. Da Besuche in den Nationalparks oft in Gruppen (Schulklassen, Pfadfinder etc.) stattfanden, gab es auch eine Reihe von praktischen Notwendigkeiten, denen sowohl die Lage als auch die Ausgestaltung der ersten Besuchszentren, engl. „visitor centres", Rechnung trugen (vgl. Schuett, Le & Hollenhorst 2010). So war zum Beispiel das Stillen der menschlichen Grundbedürfnisse (Essen, Trinken, geschützter trockener Raum, Toiletten) von Anfang an ein wichtiges Kriterium beim Design dieser Zentren (vgl. Gramann 2002, S. 23). Sie dienten zudem als Treffpunkt und oft als Ausgangspunkt für Besuche in den Nationalparks, zumal sie wichtige Hintergrundinformationen lieferten (vgl. Mackintosh 1986, S. 49). Daher wurden sie in der Regel in einem Nationalpark oder in dessen unmittelbarer Nähe errichtet[2] (vgl. Allaback 2000, S. 28). Die Raumstruktur war deutlich auf Gruppen ausgerichtet, während Medien und Objekte zur Vermittlung oft eher in einem äußerst geringen Umfang eingesetzt wurden.

Der Startpunkt für die ersten Besuchszentren in den USA war eine zunehmende Popularität der Nationalparks und gleichzeitig die neuartige Vermittlung von Inhalten durch das Konzept bzw. die Methode zur „heritage interpretation". Viele dieser Gründe, die zum Entstehen der ersten Besuchszentren beitrugen, sind dabei nach wie vor von Bedeutung.

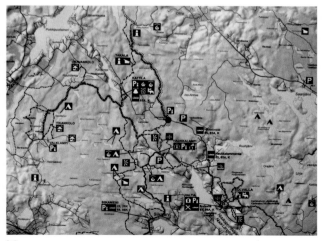

[2]

[3]

Heute sind Besuchszentren als Vermittlungsinstrumente auf allen Kontinenten zu finden, wie etwa eine Suche nach dem Schlagwort „visitor centre" in Google Maps veranschaulicht. Sowohl für Südostasien (vgl. Google 2021A) als auch für Zentralamerika (vgl. Google 2021B) – um nur zwei Beispiele zu nennen – listet der Kartendienst Dutzende von Besuchszentren auf. Mittlerweile haben auch kommerzielle Unternehmen das Besuchszentrum als Marketing- und Verkaufsinstrument für sich entdeckt. Als Beispiel soll dazu die Dr. Oetker Welt kurz vorgestellt werden. Neben individuellen Rundgängen können dort Führungen, spezielle Familienprogramme, Angebote für Schulklassen sowie eine „Tour der 5 Sinne" gebucht werden. Am Ende des – im Übrigen kostenpflichtigen – Besuchs besteht die Möglichkeit, in einem Shop einzukaufen. Darüber hinaus ist eine Kleinkunstbühne in die Dr. Oetker Welt integriert. Auch die sozialen Medien werden bespielt: Auf YouTube wurde im April 2020 die Serie „BackGround Stories" gestartet, mit der Einblicke hinter die Kulissen der Dr. Oetker Welt gegeben werden (vgl. Dr. Oetker 2021). Im Zentrum dieser „corporate visitor centers" (vgl. Danilov 1992) stehen neben der Vermittlung von Daten zur Unternehmensgeschichte natürlich vor allem die „Story" der Marke sowie das Erlebbarmachen derselben.

„Ich war absolut überrascht, wie viele Welterbestätten es gibt. Ich hätte niemals gedacht, dass es so viele sind."

Lars M.

[2] Karte des Nuuksio-Nationalpark in Finnland (Odd Wellies, flickr.com). Abb. modifiziert.

[3] Grand Canyon National Park Visitor Center, Arizona, USA, Informationsschalter (Grand Canyon National Park, flickr.com). Abb. modifiziert.

2 Abbildung 2

[4]

Neben den von kommerziellen Interessen geprägten Besuchszentren von Unternehmen haben sich etwa seit den 1980er-Jahren zudem vermehrt öffentliche Besuchszentren, z. B. in Verbindung mit UNESCO-Welterbestätten, als Vermittlungs- und Bildungsorte etabliert. Außer dieser Differenzierung lassen sich darüber hinaus einige Trends identifizieren, die sich seit den ersten „visitor centres" in den USA in den 1950er-Jahren herausgebildet haben:

A. Während die ersten „visitor centres" überwiegend Gruppen in den Fokus nahmen, sind Besuchszentren heute häufig auf Einzelbesucher*innen und Gruppen ausgerichtet. Durch den zunehmenden Medieneinsatz und die dadurch teilweise beschränkten Interaktionsmöglichkeiten stehen die Einzelbesucher*innen immer mehr im Mittelpunkt.

B. Die Rolle der Vermittler*innen hat in ihrer Bedeutung abgenommen, während die Rolle von Medien und (teilweise) reproduzierten Objekten zur Vermittlung stark an Bedeutung gewonnen hat.

C. Damit einhergehend erfolgte eine erhebliche Professionalisierung der Besuchszentren, was sich an den Entwicklungen mit Blick auf die Größe, die Baubudgets, die verwendeten Medien, das Design etc. ablesen lässt.

Gleichgeblieben sind hingegen die wichtige Rolle der Grundbedürfnisse, die Nähe zum Ort bzw. dem Unternehmen sowie der häufig „vorbereitende" Charakter für einen direkt im Anschluss stattfindenden Besuch der betreffenden Einrichtung.

[4] Grand Canyon National Park Visitor Center, Arizona, USA. Panoramabild vom Innenraum (Grand Canyon National Park, flickr.com). Abb. modifiziert.

2. Typologie

Mit der zunehmenden Verbreitung haben sich auch verschiedene Typen von Besuchszentren herausgebildet. Sie sind allerdings weder vollständig trennscharf differenzierbar noch als in ihrer Reinform vorkommende Typen zu verstehen (vgl. Ripp 2019a). Zum besseren Verständnis sind in der nachfolgenden Tabelle auch Vermittlungs- und Beteiligungsinstitutionen dargestellt, die zwar nicht als Besuchszentren bezeichnet werden, die jedoch auch z. B. mit der Bewahrung und der Vermittlung von sowie der Beteiligung an Kultur und kulturellem Erbe in Verbindung stehen.

↗

Typ	Natur- Besuchszentrum	Kommerzielles Besuchs-zentrum	Kulturerbe-Besuchszentrum
Inhalt	Hintergrundinformationen zum Naturraum, Spezies, Habitat, Schutz und Bedrohung	Informationen zur Geschichte des Produkts sowie Qualitäten und Vorteile (Marketing)	Darstellung verschiedener historischer Aspekte und Narrative einer Kulturerbestätte
Motivation der Besucher*innen	Hintergrundinformationen zur Stätte	Informationen zur Marke und zu deren Hintergründen, Unterhaltung, Kaufberatung	Hintergrundinformationen zur Stätte
Verhältnis Medieneinsatz zu persönlicher Vermittlung	Mittel	Hoch	Hoch
Lage	Direkt an der Naturerbestätte	In der Regel an einem Unternehmenssitz	Direkt an der Kulturerbestätte
Mission/Auftrag	Schutz, Vermittlung	Marketing, Verkauf, Öffentlichkeitsarbeit	Vermittlung
Art der Besucher*innen	Besucher*innen von Naturerbestätten, Tourist*innen	Kund*innen	Besucher*innen von Kulturerbestätten, Tourist*innen, Einwohner*innen
Zusätzliche Services	Toiletten, Café, Shop, Raum für Schulklassen/Gruppen Spezielle Angebote für Gruppen, Medien	Toiletten, Café, Shop	Toiletten, Café, Shop, Raum für Schulklassen/Gruppen Spezielle Angebote für Gruppen, Medien
Beispiel	Nationalparkhaus Bayerischer Wald[3]	Dr. Oetker Welt[4]	Besucherzentrum Welterbe Regensburg[5]

Museum	Archive	Event-Sonderausstellungen	Beteiligungsorte
Schutz und Aufbewahrung von Kunst und Kulturgutobjekten sowie deren Vermittlung an Besucher*innen	Schutz und Aufbewahrung von schriftlichem Kulturgut, zunehmend auch Vermittlung	Thematisch fokussierte Inhalte	Darstellung von wechselnden Planungsthemen und deren Darstellung als Grundlage für Beteiligung
Informationen zu spezifischen Inhalten	Recherche, Informationssuche	Unterhaltung, Informationen zu spezifischen Themen	Informationen zu Planungs- und Bauprojekten, Äußerung, Darstellung von Bedürfnissen und Änderungswünschen
Mittel	Gering	Mittel	Mittel
Unabhängig	Unabhängig	An Orten mit potenziell hoher Frequentierung	Zentrale Lage oder temporär an Orten, wo Veränderung geplant ist
Sammlung, Schutz, Aufbewahrung, Erschließung, Vermittlung	Schutz, Aufbewahrung, Erschließung, zunehmend auch Vermittlung	Vermittlung	Vermittlung, Beteiligung
Kunst-/Kulturinteressierte	Kunst-/Kulturinteressierte	Tourist*innen, Einheimische	Einheimische, Betroffene
Toiletten, Café, Shop, Raum für Schulklassen/Gruppen Spezielle Angebote für Gruppen, Medien	Toiletten	Toiletten, Café, Shop	Toiletten
Deutsches Museum München[6]	Brandenburgisches Landeshauptarchiv[7]	Tutanchamun-Ausstellung, Baden-Württemberg[8]	Planungswerkstatt München[9]

3   Nationalparkverwaltung Bayerischer Wald, 2021

4   Dr. Oetker, 2021

5   Stadt Regensburg, 2021

6   Deutsches Museum, 2021

7   BLHA, 2021

8   Semmel Concert Entertainment GmbH, 2021

9   Kultur und Spielraum, 2021

3. Das Besucher*innenerlebnis im Besuchszentrum und wie es sich von dem in Museen unterscheidet

Besuchszentren weisen inhaltlich und praktisch immer eine starke Verbindung zu Natur- oder Kulturerbestätten auf (bzw. im Falle von kommerziellen Besuchszentren von Unternehmensstandorten), wovon auch ihre Lage zeugt: Sie befinden sich meist in unmittelbarer Nähe der Orte, die als Natur- oder Kulturerbe ausgezeichnet wurden. In der Regel erfolgt nach dem Aufsuchen des Besuchszentrums der Besuch der dazugehörigen Stätte. Daher sind Besuchszentren oft so konzipiert, dass der Besuch in relativ kurzer Zeit stattfinden kann[10]. Eine Befragung im Besuchszentrum in Regensburg ergab, dass die meisten Besucher*innen weniger als eine Stunde dort verbracht hatten (vgl. Frank 2014, S. 20, XLII). Im Vordergrund stehen die Erlangung eines Überblicks über die Stätte sowie die Vermittlung ausgewählter Phänomene oder Narrative. Genau dies ist die wichtigste Motivation von Besucher*innen, ein Besuchszentrum aufzusuchen – vom Stillen der Grundbedürfnisse (wie etwa eine Toilette) oder dem Wunsch nach Auskunft zu weiterführenden Angeboten oder praktischen Fragen einmal

abgesehen. Detaillierte und erschöpfende Darstellungen sind – wenn überhaupt – in Form zusätzlicher Vertiefungsebenen zu finden. Im Besucherzentrum Welterbe Regensburg finden sich solche Detailinformationen zu ausgewählten Themen unter dem Titel „Zoom" (s. Abb. unten). Konsequenterweise kommt daher vor allem Übersichtsmedien wie Karten, Plänen, Luftaufnahmen usw. eine bedeutende Rolle zu. Die Erfahrung aus dem Besucherzentrum Welterbe Regensburg hat allerdings gezeigt, dass es durchaus einen kleinen Teil der Besucher*innen gibt, der sich länger (etwa 2 Stunden) im Besuchszentrum aufhält und die überwiegende Zahl der Medien- und Vermittlungsangebote auch ausführlich nutzt. Im Gegensatz zu Museen verfügen Besuchszentren über keine Sammlung, weshalb die Besucher*innen in ihnen kaum auf Originalobjekte stoßen. Stattdessen werden Modelle und technisch-mediale Anwendungen eingesetzt, um Inhalte zu vermitteln (vgl. Ripp, Runnel & Stauber 2021). Eine Ausnahme bilden dabei kommerzielle Besuchszentren, bei denen die eigentliche Stätte, also das Werk oder die Fabrik, in der Regel nicht besucht werden kann. Diese Zentren sind daher oft wesentlich opulenter ausgestattet und ihr Besuch erfordert in der Folge auch mehr Zeit.[11]

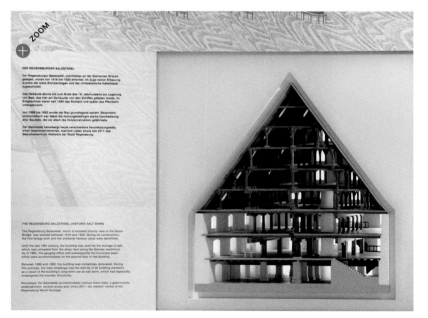

[5]

[5] Vertiefende Informationen zum Regensburger Salzstadel im Besucherzentrum Welterbe Regensburg (Bilddokumentation Stadt Regensburg, Peter Ferstl). Abb. modifiziert.

10 Zentrum Welterbe Bamberg, 2021; Nationalpark Harz, 2021; Prehistoric Rock Art Trails, 2021.

11 BMW Group, 2021; Mercedes-Benz, 2021; Cadbury, 2021.

4. Narrative in Besuchszentren und Methoden zu deren Vermittlung

Dass das Medium „Ausstellung" – egal ob in Museen, Sonderausstellungen oder Besuchszentren – so attraktiv ist, liegt darin begründet, dass die Vermittlung von Inhalten über eine gelungene Kooperation mit Gestalter*innen so umsetzbar ist, dass damit – im optimalen Fall – eine neue Qualität der Kommunikation und Imagination entstehen kann. Auf der Basis eines wissenschaftlich fundierten, klar erkennbaren Konzepts werden hierbei die gestalterischen Elemente dann nicht zu dekorativem Beiwerk degradiert, sondern ihre ästhetische Kommunikationsfähigkeit wird adäquat genutzt. „Im Idealfall handelt sich dabei um so etwas wie den Verdichtungsprozess einer Poesie" (Stocker & Thümmel 2012, S. 48).

Das Wichtigste bei allen Projekten sind jedenfalls immer die Geschichten, die es zu erzählen gilt. Das beste Ausstellungsdesign kann nicht darüber hinweghelfen, wenn es nichts zum Erzählen gibt. Dieses Erzählen bezeichnet man neudeutsch als „Storytelling". Dabei handelt es sich um eine „Technik, die durch die bewusste Gestaltung der Erzählung (,Story') und des erzählenden Aktes (,Telling') Inhalte narrativ vermittelt" (Kramper 2017, S. 105).

Ein zentraler Bestandteil des Storytellings ist wie angeführt die Erzählung mit ihrer Botschaft. Diese sollte emotionale Anknüpfungspunkte und eine Antwort auf die Frage bieten, warum und wieso eine Geschichte überhaupt erzählt wird. Noch immer zählen dabei die Akteure, Ereignisabfolgen sowie zeitliche und örtliche Rahmen als klassische Elemente der Erzählung. Die Auswahl dieser Elemente und ihr Arrangement bestimmen dann die Botschaft, den Kern der Erzählung. Die Vermittlung der Inhalte erfolgt dabei implizit (vgl. Kramper 2017, S. 105).

Ein weiterer wichtiger Bestandteil des Storytellings ist der Akt des Erzählens. Er beschreibt die Form der Ansprache an das Publikum. Und schließlich geht es beim Storytelling auch darum, einen Spannungsbogen zu erzeugen. Dabei werden im Publikum Erwartungshaltungen aufgebaut, die im Verlauf der Erzählung aufgegriffen und erfüllt werden sollten (vgl. Kramper 2017, S. 105f.).

Um den Besucher*innen Narrative und „Stories"
zu vermitteln oder, noch besser, sie an diesen Narrativen zu beteiligen, können verschiedene Methoden
– sowohl analog als auch digital – eingesetzt werden.
Die Tabelle auf der folgenden Seite gibt einen kurzen
Überblick über ausgewählte Methoden im Besucherzentrum Welterbe Regensburg.

Da Besuchszentren oft eine heterogene Gruppe
an Besucher*innen anziehen, ist es sinnvoll, Methoden mit unterschiedlicher Tiefe und Anwendungs-
dauer zu variieren. Das Ansprechen unterschiedlicher Sinne und eine Mischung aus analogen und
digitalen Methoden kommt dieser Diversität des
Publikums zudem entgegen. Während einige vielleicht schon über erhebliches Vorwissen verfügen,
gehen andere möglicherweise völlig unbedarft in
den Besuch hinein. Ein gutes Besuchszentrum sollte
daher versuchen, beiden Gruppen und den vielen da-
zwischenliegenden Zielgruppen gerecht zu werden
(vgl. Ripp & Hauer 2017).

[6]

[7]   [8]   [9]

Name	Urbanoskop	Interaktives Stadtmodell	Hörstation: Stadt der Reichstage
Single-/Multi-User*innen	Single	Multi	Single
Konzeptioneller Rahmen	Vermittlung historischer Sachverhalte durch historische Filmdarstellungen	Vermittlung der Stadtgeschichte und -morphologie über drei Informationsebenen: 1. physisches Stadtmodell 2. Lichtprojektion 3. audiovisuelle Kurzfilme	Animation des Diorama durch Licht und gleichzeitige Audiospur
Sinne	visuell akustisch	visuell akustisch haptisch	visuell akustisch
Interaktionslevel	medium linear	hoch selbstgewählt (Stadtentwicklungsthemen/Zeiträume können selbst ausgewählt und gesteuert werden)	hoch selbstgewählt (Audio-Files und entsprechende Animationen können selbst ausgewählt werden)

[6]   Urbanoskop im Besucherzentrum Welterbe Regensburg (Bilddokumentation Stadt Regensburg, Peter Ferstl). Abb. modifiziert.

[7]   Nutzung des Urbanoskops im Besucherzentrum Welterbe Regensburg (Bilddokumentation Stadt Regensburg, Peter Ferstl). Abb. modifiziert.

[8]   Besucher*innen am interaktiven Stadtmodell im Besucherzentrum Welterbe Regensburg (Bilddokumentation Stadt Regensburg, Peter Ferstl). Abb. modifiziert.

[9]   Nutzung einer Hörstation im Besucherzentrum Welterbe Regensburg (Bilddokumentation Stadt Regensburg, Peter Ferstl). Abb. modifiziert.

„Da saßen wir beim ‚Hans im Glück' und haben gegessen. Es war super voll, der ganze Platz war super voll. Und da lief auf einmal eine ganze Gruppe in Ganzkörpertierkostümen vorbei. Die sind einfach so durch die Stadt gelaufen – es war so abgefahren. Ich habe so gar nicht damit gerechnet, es hat so gar nicht ins Stadtbild gepasst. Aber das ist eben auch Regensburg. Klasse! "

Brigitte W.

[10]

[11]

[10] Interaktives Stadtmodell im Be-
sucherzentrum Welterbe
Regensburg (Stadt Regensburg,
Peter Ferstl). Abb. modifiziert.

[11] Hörstationen im Besucherzentrum
Welterbe Regensburg (Stadt
Regensburg, Peter Ferstl).
Abb. modifiziert.

5. Emotionen und Überraschung als Erfolgsfaktoren

Nach dem bereits Ausgeführten wird klar, dass gutes Design einer Ausstellung allein nicht ausreicht, um eine erfolgreiche Ausstellung oder ein erfolgreiches Besuchszentrum zu erhalten. Vielmehr geht es bei der Konzeption von Ausstellungen und Besuchszentren vorrangig darum, vorgegebene Denkmuster aufzubrechen, neue Sichtweisen zu entwickeln, interessante Erkenntnisse zu präsentieren, Erwartungshaltungen nicht zu erfüllen, Dinge neu zu kontextualisieren, mit einem Wort: querzudenken (vgl. Stocker & Thümmel 2012, S. 50). Oder, wie es der französische Soziologe und Philosoph Jean Baudrillard formulierte: "Since the world drives to a delirious state of things, we must drive to a delirious point of view" (Baudrillard 1992, S. 7).

Besonders wichtig ist es in diesem Kontext, immer wieder „die spezifischen Möglichkeiten der Übersetzung eines Themenkomplexes in den Raum und in einen durch die Bewegung der BesucherInnen zur Verfügung gestellten Zeitbogen" (Stocker & Thümmel 2012, 48) auszuloten.

„Es geht um eine Erzählung, die – im freien Schwadronieren oder auf einem klar vorgegebenen Weg – ergangen wird, die es auch nicht sehr interessierten BesucherInnen ermöglicht, das Ganze zu erfassen und sich zu orientieren und die gleichzeitig auch SpezialistInnen neue Aspekte und unerwartete Perspektiven eröffnet. Das Ausstellungsobjekt wird hierbei als Teil der visuellen Erzählung in eine Gesamtkomposition integriert, die im Idealfall Vieles anschaulich darstellt aber auch Denkräume freilässt. Ausstellungen sind dabei – nicht nur, aber doch meist – in erster Linie Orte der visuellen Kommunikation, die vergleichbar einem Film das assoziative Fortschreiten implementieren können."
(Stocker & Thümmel 2012, S. 48)

Die reale Umsetzung einer Ausstellung in einen dreidimensionalen Raum ist etwas völlig anderes, als sie nur zu erdenken und zu visualisieren.

„Dieser Moment des Erschaffens, das Staunen, wenn plötzlich etwas fertiggestellt wurde, das lange Zeit davor erdacht wurde, lässt die viele Mühe, die hier investiert wurde, rasch vergessen. Aber auch die gemeinsame Arbeit, das gemeinsame Zweifeln und das gemeinsame Lachen sind wichtige Bestandteile dieses Schöpfungsprozesses. Und schlussendlich fasziniert immer wieder, wie breit das Spektrum der gestalterischen Möglichkeiten im Grunde ist, vom Erschaffen hochkomplexer Immersionserlebnisse bis hin zu ästhetisierten, cool distanzierten Präsentationen und – leider viel zu selten – auch zu ironischen Zugängen und dem Einfließen lassen von Humor in die Präsentation. Erst die sich immer wieder neu auftuenden Horizonte machen das Medium Ausstellung so faszinierend – für das Produktionsteam ebenso wie für die BesucherInnen."
(Stocker & Thümmel 2012, S. 51)

[12] Mitmachangebot für Kinder beim Welterbetag 2018 in Regensburg (Bilddokumentation Stadt Regensburg, Peter Ferstl). Abb. modifiziert.

[12]

6. Transformation von Besuchszentren aus der analogen Welt in die analog-digitale Realität

Auch wenn eine zumindest hilfsweise Typologie nützlich ist, um die Unterschiede einzelner Einrichtungen zu verstehen und natürlich auch bei deren Konzeption zu beachten, so können wir doch gleichzeitig beobachten, dass die Grenzen zwischen diesen immer durchlässiger werden. Gleichzeitig hat unser digitales Leben mittlerweile so massiv Einzug in unser analoges Leben gehalten, dass immer mehr von der einen digital-analogen Realität statt von zwei Welten gesprochen wird (vgl. Coyne, Padilla-Walker & Howard 2013). Unser Alltag ist nicht mehr entweder von analogen oder digitalen Tätigkeiten geprägt, sondern wir erleben immer häufiger beide zusammen oder sogar gleichzeitig. Wir hören digitale Podcasts, während wir spazieren gehen, oder wir nutzen Google Maps oder Komoot bei der Wanderung. Unser analoges Erleben wird unterbrochen durch Fotoaufnahmen, die wir sofort in den digitalen Raum laden, damit unser digitaler Zwilling in den sozialen Medien umgehend auch dort diese Erfahrungen teilen kann. Ideen oder Aufgaben, die uns begegnen, halten wir umgehend mit digitalen Notizbüchern wie Evernote fest und lassen sie uns von diesen digitalen Tools zu einem späteren Zeitpunkt wieder vorlegen.

[13]

[14]

Unsere unterschiedlichen Erfahrungswelten sind längst zu einer Welt verschmolzen und wir switchen mit zunehmend hoher Intensität zwischen analog und digital (vgl. Zillinger 2020). Für Besuchszentren heißt dies, dass es nicht mehr entweder den analogen Besuch vor Ort gibt oder den digitalen Besuch im Internet, sondern zunehmend beides und oft auch gleichzeitig.

Gute digitale Tools und Medien müssen daher nicht als separate Projekte konzipiert sein, sondern vielmehr in die ganze „Customer Journey" integriert sein und dabei die unterschiedlichen Digitalkulturen und -kontexte unterschiedlicher Zielgruppen berücksichtigen. Sie dienen als Erweiterung der analogen Angebote bzw. des analogen Besuchs und ermöglichen eine individuelle Abstimmung auf die Bedürfnisse und Interessen einzelner Besucher*innen (vgl. Fendius, Haak & Probst 2021). Gute Beispiele sind z. B. die App „ASK Brooklyn Museum" (s. Infobox rechts) oder der Einsatz von Augmented Reality im Isabella Stewart Gardner Museum in Boston, MA. Gestohlene Kunstwerke wurden dort mittels modernster Technik wieder sichtbar gemacht – zumindest auf dem Bildschirm (vgl. Cuseum o. J.).

Neben dem Einzug des Digitalen ist gleichzeitig der verstärkte Wunsch nach Beteiligung und Teilhabe im Ausstellungs- und Museumsbereich ein Megatrend (vgl. Best 2012). Viele Museen ringen um Lösungen, wie diese Teilhabe gut umgesetzt werden kann. Sowohl die Integration digitaler Möglichkeiten als auch die Erweiterung der Angebote hin zu echter Teilhabe münden nicht nur in einen Bedarf nach neuen Formaten und Instrumenten, sondern eben auch in einen Bedarf nach ganz anderen Qualifikationen, Fähigkeiten und Fertigkeiten der im Museum Beschäftigten. Sind in den Museen Skills zum Thema Kuratieren, Archivieren und Erschließen von Objekten gefragt, dann sind in Besuchszentren überwiegend Vermittlungsfähigkeiten gefordert. Auf der Ebene der persönlichen Fähigkeiten gehören dazu sicherlich neben Empathie auch eine sehr gute Kommunikationsfähigkeit, interkulturelle Kompetenzen sowie Offenheit und Kontaktfreudigkeit (vgl. Ripp 2021). Durch die Ausbreitung der digitalen Welt hinein in unseren Alltag kommen jetzt auch digitale Skills hinzu. Gute digitale Anwendungen in diesem Bereich sind in unsere analog-digitale Lebenswelt integriert und eröffnen z. B. auch Möglichkeiten zur Teilhabe.

Die Bedeutung von „Customer Journey"

Gute Anwendungen sind im Zusammenhang mit der kompletten „Customer Journey" gedacht und bieten weit mehr als die bloße Übertragung von analogem Content in den digitalen Raum. Ein Beispiel dafür ist die App „ASK Brooklyn Museum". In einem Chat können die Museumsbesucher*innen während ihres Aufenthalts Fragen zu den Exponaten, zur Ausstellung, zur Sammlung etc. stellen. Diese werden von Mitarbeiter*innen des Museums (Kunsthistorikern*innen oder Museumspädagog*innen) zeitnah beantwortet (vgl. Devine 2019, S. 341). Dabei kommt es zu einem Dialog, da die Expert*innen zur tieferen Auseinandersetzung mit den Exponaten anregen. Durch diese Kommunikation erhalten die Kurator*innen ein Gespür für die Interessen und Wahrnehmungen der Besucher*innen. Erwähnenswert ist außerdem, dass das Angebot von verschiedenen Altersgruppen genutzt wird – so das Ergebnis einer Untersuchung in der Anfangsphase der App-Nutzung. Zudem ist die Anwendung ressourcenschonend, da die privaten Endgeräte des Publikums genutzt werden und keine zusätzliche Infrastruktur geschaffen werden muss (vgl. Burges 2015, S. 2f.).

[13] Mitmachangebot beim Welterbetag 2013 in Regensburg (Bilddokumentation Stadt Regensburg, Peter Ferstl). Abb. modifiziert.

[14] Screenshot der App „ASK Brooklyn Museum" vom 27.09.2021 im Apple App Store (Stadt Regensburg, Peter Ferstl). Abb. modifiziert.

„Der Klang der Stadt – das ist eine Art Gemurmel. Nicht so ein aufgeregtes Kreischen, sondern so ein entspanntes ‚He'. Es ist schön, hier miteinander zu sitzen. Ich liebe es, diese Atmosphäre – auch wenn ich da eigentlich nicht dabeisitze."

Barbara Z.

7. Resümee und Ausblick

Die Grenzen zwischen Besuchszentren und Museen waren nie völlig trennscharf auszumachen, doch heute werden sie zunehmend verwischt. Digitale Angebote, die Partizipation der Besucher*innen sind Trends, die in beiden Institutionen Einzug halten. Besuchszentren mit ihrer größeren Flexibilität (aufgrund des fehlenden wissenschaftlichen Apparats) sind vielleicht sogar etwas besser geeignet, um neue Trends und Tools auszuprobieren. Techniken wie „Design-Thinking" und „Rapid-Prototyping" können helfen, Dinge zu testen, ohne einen aufwendigen und langen Planungsweg beschreiten zu müssen, um dennoch die Akzeptanz bei Besucher*innen zu erhöhen. Um „gute" Besuchszentren zu realisieren, zu betreiben und auch an die aktuellen Anforderungen anzupassen, sind eine Reihe von Prinzipien hilfreich:

A. Gute Besuchszentren sind in der Regel das Ergebnis von Teamarbeit. Je diverser das Team dabei ist und je mehr unterschiedliche kulturelle Kontexte vertreten sind, desto besser wird in der Regel das Ergebnis. Ausstellungskonzeption ist somit eine „postheroische Praxis, die nicht von einzelnen Genies dominiert wird, sondern aus der Kooperation in vielfältig gemischten Teams besteht" (Designing Design Education 2021, S. 254, und Ripp 2019b).

B. Bei digitalen Tools sollte nicht dem Paradigma des technisch Machbaren gefolgt werden, sondern der Mehrwert für die Besucher*innen und die Integration in bestehende Konzepte und Narrative im Vordergrund stehen. Weniger ist hier manchmal mehr.

C. Der menschliche Faktor ist auch in Besuchszentren der allerwichtigste. Nichts ist berührender und bleibt mehr in Erinnerung als ein intensives Gespräch mit einem versierten Guide.

D. Trotz aller Beteiligungsformate und digitalen Tools bleiben doch kraftvolle Narrative, die ansprechend dargestellt werden, das Rückgrat eines guten Besuchszentrums.

E. Ein gut gemachtes Besuchszentrum liegt im Spannungsfeld zwischen guten Narrativen und genug Raum für persönliche Interpretationen und Interaktionen.

F. Das Abholen der Besucher*innen dort, wo sie gerade in ihrer Lebenswelt stehen, und daran anknüpfend das Erzählen historischer Narrative sind Merkmale eines guten Konzepts.

G. Für die Gestalter*innen ist „die persönliche Fähigkeit zum empathiegeleiteten Verständnis, kritischen Hinterfragen und Querdenken komplexer Sachverhalte" unbedingt notwendig. „Dadurch entsteht eine Verbindung aus Denken und Machen in einem Regelkreislauf" (Designing Design Education 2021, S. 253).

H. Im optimalen Fall entstehen dann Projekte, die die Besucher*innen zum Staunen bringen. Der/Die Gestalter*in wird dann zum „Spurenleger und macht den Ausstellungsbesucher zum Spurenleser, der dann die Spuren wie ein Kriminalist rekonstruieren muss. Der Gestalter inszeniert die Objekte so spannungsvoll in den Raum, dass sie vom Besucher wieder sinnvoll verknüpft werden" (Reinhardt & Teufel 2000, S. 30).

I. In diesem Fall sei auch Walter Benjamin erwähnt, der feststellte, dass „die Masse" nicht belehrt werden will. Wissen kann mithilfe eines „kleinen Choques" aufgenommen werden, der das „Erlebte im Innern festnagelt". Und, so Benjamin weiter: „verdummend würde jede Anschauung (= Ausstellung) wirken, der das Moment der Überraschung fehlte" (Benjamin zit. n. Reinhardt, Teufel 2000, S. 31).

Abschließend sollen Uwe J. Reinhardt und Philipp Teufel zitiert werden, denn was sie für die Museen festgestellt haben, ist durchaus ebenso für Besuchszentren gültig. Demnach stünde ein „alarmierender Paradigmenwechsel für das Museum nicht an", denn „alles, was analysiert und gesagt werden musste, ist offenbar schon lange Konsens – jetzt gilt es, das Wissen und Handwerkszeug neu anzuwenden". Nach Reinhardt und Teufel liegt „die Folie für die großen Weltentwürfe und die kleinen Wirkungen […] hier. Immersive und effektive Wissensräume sind sozusagen in der Inszenierung gemischter Realität denkbar". So wie das Museum kann auch das Besuchszentrum „für Menschen Räume schaffen, in denen sie sich selbst finden können. Und zwar im ganz konkreten, realen Sinne, wie auch als transzendente Erfahrung" (Reinhardt & Teufel 2020, S. 7).

8. Literaturverzeichnis

Allaback, S. (2000): Mission 66 visitor centers: The history of a building type, Washington D. C.: U. S. Government Printing Office.

Baudrillard, J. (1992): Transparenz des Bösen. Ein Essay über extreme Phänomene, Berlin: Merve.

Best, K. (2012): Making museum tours better: understanding what a guided tour really is and what a tour guide really does, in: Museum Management and Curatorship, 27, S. 35-52.

BMW Group (2021): BMW-Welt. https://www.bmw-welt.com/de.html (letzter Aufruf am 11.01.2022).

Brandenburgisches Landeshauptarchiv (2021): Brandenburgisches Landeshauptarchiv. https://blha.brandenburg.de (letzter Aufruf am 11.01.2022).

Burges, S. (2015): Engaging with Visitors, When Visitors have Superpowers: Testing the „ASK Brooklyn Museum" App, in: Sequitur, 2/1, S. 1-4. https://www.bu.edu/sequitur/files/2015/12/Burges_App.pdf (letzter Aufruf am 11.01.2022).

Cadbury (2021): Cadbury World. https://www.cadburyworld.co.uk/en (letzter Aufruf am 11.01.2022).

Coyne, S.M., Padilla-Walker, L.M., & Howard, E. (2013): Emerging in a Digital World, in: Emerging Adulthood, 1, S. 125-137.

Cuseum (o. J.): Hacking the Heist. https://www.hackingtheheist.com/ (letzter Aufruf am 11.01.2022).

Danilov, V.J. (1992): A Planning Guide for Corporate Museums, Galleries, and Visitor Centers, New York: Greenwood Press.

Deutsches Museum (2021): Besuch. https://www.deutsches-museum.de/museumsinsel/besuch (letzter Aufruf am 11.01.2022).

Designing Design Education (2021): Weissbuch zur Zukunft der Designlehre, hg. von IF Design Foundation, Stuttgart: avedition.

Devine, S. (2019): Engagement at the Brooklyn Museum: A Case Study of Use Rate and Lessons Learned, in: Museums and Digital Culture, hg. von T. Giannini & J.P. Bowen, Cham: Springer, S. 331-350.

Dr. Oetker (2021): Dr. Oetker Welt. https://www.oetker.de/dr-oetker-welt/startseite (letzter Aufruf am 11.01.2022).

Fendius, K., Haak, C., & Probst, B. (2021): Visitor Journeys neu gedacht, in: Transformation. Strategien und Ideen zur Digitalisierung im Kulturbereich, hg. von H.-J. Czech, K. Kümpel & R. Müller, Bielefeld: transcript, S. 105-112.

Frank, H. (2014): Empirische Untersuchung des Besucherverhaltens und der Besucherzufriedenheit am Beispiel des Besucherzentrums Welterbe Regensburg (unveröffentlichte Diplomarbeit), Fachhochschule für öffentliche Verwaltung und Rechtspflege in Bayern.

Frost, W., & Hall C. M. (2009): Tourism and National Parks: International perspectives on development, histories and change, Abingdon: Routledge.

Google (2021a): Google Maps Suchergebnisse für „visitor centre" in Südostasien. https://www.google.com/maps/search/visitor+centre/@8.1759511,105.4716852,5z/data=!4m2!2m1!6e1 (letzter Aufruf am 11.01.2022).

Google (2021b): Google Maps Suchergebnisse für „visitor centre" in Zentralamerika. https://www.google.com/maps/search/visitor+centre/@15.1215132,-87.84155,6.16z/data=!4m2!2m1!6e1 (letzter Aufruf am 11.01.2022).

Gramann, J. H. (2002): Trends in demographics and information technology affecting visitor center use: Focus group report, NPS Social Science Program.

Kultur und Spielraum (2021): Kultur und Spielraum. https://kulturundspielraum.de (letzter Aufruf am 11.01.2022).

Mackintosh, B. (1986): Interpretation in the National Park Service: A historical perspective, Washington D. C.: History Division, National Park Service, Department of the Interior.

Mercedes-Benz (2021): Mercedes-Benz Museum Stuttgart. https://www.mercedes-benz.com/en/classic/museum/ (letzter Aufruf am 11.01.2022).

Nationalparkverwaltung Bayerischer Wald (2021): Nationalpark Bayerischer Wald. https://www.nationalpark-bayerischer-wald.bayern.de/ (letzter Aufruf am 11.01.2022).

Nationalpark Harz (2021): Nationalpark-Besucherzentrum TorfHaus. https://www.torfhaus.info/torfhaus/de/2_besucherzentrum/torfhaus_ausstellung/ (letzter Aufruf am 11.01.2022).

Prehistoric Rock Art Trails (2021): Altamira Museum. https://www.prehistour.eu/carp-guide/altamira-museum/ (letzter Aufruf am 11.01.2022).

Reinhardt, U. J., & Teufel, P. (2010): Neue Ausstellungsgestaltung 02, Stuttgart: avedition.

Reinhardt, U. J., & Teufel, P. (2020): Neue Ausstellungsgestaltung 03, Stuttgart: avedition.

Ripp, M. (2019a): Museum versus visitor centre. Similarities and differences between the two institutions in connection with UNESCO World Heritage, in: German Commission for UNESCO: A Guide for World Heritage Information Centres, hg. von K. Manz, N. Flora & C. Brincks-Murmann, Bonn, S. 18-20.

Ripp, M. (2019b): Success factors in establishing information and visitor centres – experiences from the UNESCO World Heritage site "Old town of Regensburg with Stadtamhof", in: German Commission for UNESCO: A Guide for World Heritage Information Centres, hg. von K. Manz, N. Flora & C. Brincks-Murmann, Bonn, S. 37-38.

Ripp, M. (2021): Site Managers for Urban Heritage - Competencies, Roles, Skills and Characteristics, in: World Heritage, Place Marketing and Sustainable Tourism – Towards integrative approaches in Heritage Management, hg. von K. Luger & M. Ripp, Innsbruck: Studienverlag, S. 87-106.

Ripp, M., & Hauer, S. (2017): Communication Model for Built Heritage Assets Going from Knowing to Identification, in: Built Heritage, 1/4, S. 1-10.

Semmel Concert Entertainment GmbH (2021): Tutanchamun – Sein Grab und die Schätze. https://www.tut-ausstellung.com (letzter Aufruf am 11.01.2022).

Schuett, M.A., Le, L., & Hollenhorst, S.J. (2010): Who visits the U.S. National Parks? An analysis of park visitors and visitations: 1990 – 2008, in: World Leisure Journal, 52, S. 200-210.

Stadt Regensburg (2021): Welterbe. https://www.regensburg.de/welterbe/besucherzentrum (letzter Aufruf am 11.01.2022).

Stocker, K., & Thümmel, E. (2012): Das Ping Pong-Prinzip, in: Inszenierung und neue Medien: 10 Jahre checkpointmedia: Konzepte, Wege, Visionen, hg. von V. Widrich, S. Reiter & S. Unger, Wien/New York: Springer, S. 46-87.

Tilden, F. (2007): Interpreting our heritage, in: The University of North Carolina Press, S. 18.

Zentrum Welterbe Bamberg (2021): Das Besuchszentrum. https://welterbe.bamberg.de/de/besuchszentrum (letzter Aufruf am 11.01.2022).

Zillinger, M. (2020): Hybrid tourist information search German tourists' combination of digital and analogue information channels, in: Tourism and Hospitality Research, 20/4, S. 510-515.

„Viele Kirchen mit Uhren.
Das ist in Regensburg
sehr auffallend."

Joaquín G.

Pille Runnel, Matthias Ripp, Michaela Stauber

Besuchszentren und Museen: Brüder und Schwestern – aus derselben Familie, aber mit unterschiedlichen Persönlichkeiten

▪ In den letzten Jahrzehnten sind Besuchszentren entstanden, in denen kulturelles Erbe vermittelt wird. Da sich Besuchszentren zu vielseitigen Einrichtungen entwickelt haben, in denen eine unabhängige Interpretation des Natur- oder Kulturerbes und die Vermittlung von Wissen angeboten wird, wurde die Grenze zwischen Besuchszentrum und Museum zunehmend verwischt. In diesem Beitrag werden zwei Fallbeispiele miteinander verglichen: das Besuchszentrum Regensburg und das Estnische Nationalmuseum. Aus Sicht der Autor*innen hängt die Verwischung der Grenzen zwischen Museum und Besuchszentrum mit dem sogenannten Social Turn in der Museumslandschaft zusammen. Betrachtet man beide Einrichtungsformen anhand der Visitor Journey, dann lassen sich einige Gemeinsamkeiten erkennen sowie Möglichkeiten für gegenseitiges Lernen ableiten.

1. Untersuchung der Aufgaben von Museen und Besuchszentren

In den letzten Jahrzehnten ist eine neue Generation von Besuchszentren entstanden, in denen kulturelles Erbe vermittelt wird und die sich zu immer komplexeren Einrichtungen gewandelt haben, was die Grenze zwischen Besuchszentrum und Museum zunehmend verwischt. Die Aufgabe eines Besuchszentrums besteht darin, den Besuch einer Natur- oder Kulturerbestätte zu unterstützen, indem Informationen bereitgestellt, das Bewusstsein für die Stätte geschärft und sowohl Tourist*innen als auch die lokale Bevölkerung willkommen geheißen werden (vgl. UNESCO Regional Bureau for Science and Culture in Europe 2020, S. 4). Zugleich ist man auch in Museen bestrebt, sich die Vielfalt der

Aufgaben und Ziele, die ein Museum bisher von anderen Kulturerbeeinrichtungen unterschieden haben, zu eigen zu machen. Auch in der derzeit gängigen Definition des Museumsbegriffs wird die Einrichtung in erster Linie in Zusammenhang mit ihrer Aufgabe im Dienste der Gesellschaft verstanden.

Museen und Besuchszentren sind in drei Schlüsselbereichen tätig – kulturell, wirtschaftlich und gesellschaftlich – und übernehmen als Einrichtungen drei Schlüsselaufgaben: eine kulturelle, eine öffentliche und eine wirtschaftliche (vgl. Pruulmann-Vengerfeldt & Runnel 2014, siehe Abb. 1). Die Übernahme von Verantwortung für die Vermittlung des Kulturerbes und für die Bildung, während die Einrichtungen gleichzeitig auf einem offenen Markt um die Freizeitgestaltung der

Besucher*innen konkurrieren, ist dabei unumgänglich, wenn gute Leistungen erbracht werden sollen. Die damit verbundenen Aufgaben, Verantwortlichkeiten und Bedürfnisse, die sich aus den verschiedenen Bereichen ergeben, stehen dabei oft im Widerspruch zueinander.

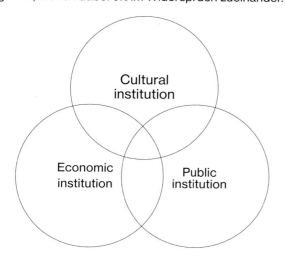

[1]

Die Ähnlichkeiten zwischen Museen und Besuchszentren hängen mit dem sogenannten Social Turn in der Museumslandschaft zusammen. Damit die Einrichtungen weiterhin relevant bleiben und von den wirtschaftlichen Möglichkeiten profitieren können, geht es bei der Ausrichtung auf Besucher*innen nicht nur um die Qualität der Dienstleistungen, sondern auch um Offenheit für Vielfalt, Debatten und die Beschleunigung des kulturellen Wandels. Auf diese Weise werden die Aufgaben und die Möglichkeiten von Museen und Besuchszentren über ihre primäre Rolle als Dienstleister in einem bestimmten Bereich hinaus erweitert – in den Bereich des Kulturtourismus.

Die Hervorhebung der sozialen Aspekte von Museumseinrichtungen hat bereits seit den 1960er-Jahren an Bedeutung gewonnen. In einem bahnbrechenden Werk stellt Duncan Cameron (1968) einen Ansatz vor, der Museen nicht als Sammlungen von Artefakten versteht, sondern vielmehr als Orte der Wissensvermittlung betrachtet. In einer späteren Arbeit (1971) fordert Cameron die Museen dazu auf, sich der Gesellschaft zu öffnen und zu Orten für öffentliche Debatten zu werden. Doch trotz des Social Turns bleiben die Fragen nach der Relevanz von Museen und ihrer Aufgaben unbeantwortet. Michael Fehr spricht von einer „Krise des Museums", die

sich aus konzeptionellen Herausforderungen ergibt, und betont zugleich den Trend hin zu einer Anpassung an die unterschiedlichen Bedürfnisse der Besucher*innen (persönliches Gespräch mit Michael Fehr, am 17. August 2021 in Regensburg). Diese Krise offenbart sich in den Schwierigkeiten bei der Anziehung von Besucher*innen oder in „konventionellen" Ausstellungskonzepten, die zwar in moderner Architektur präsentiert werden, die aber trotz ihrer hervorragenden Präsentation und Szenografie vom übergeordneten Anspruch des Museums und/oder den spezifischen Zusammenhängen abgekoppelt zu sein scheinen. Für Fehr ist die Entwicklung von musealen Konzepten, die eine moderne Architektursprache und einen modernen architektonischen Ausdruck aufgreifen und widerspiegeln, eine der wichtigsten Herausforderungen, denen sich Museen ausgesetzt sehen (ebd.). Aus einem anderen Blickwinkel betrachtet, besteht die größte Herausforderung wohl darin, dass Museen auf eine sich ständig verändernde Gesellschaft reagieren müssen (vgl. Gheorghilaş et al. 2017, S. 69 und 71) und ihre Vielfalt durch die Integration verschiedener Perspektiven oder die Einbeziehung von Menschen unterschiedlicher Nationalitäten, sozialer Hintergründe, Altersgruppen etc. steigern müssen (Lorch 2018). Ein „modernes Museum" sollte mit der Alltagsrealität seiner Besucher*innen verbunden sein und so zu einem Ort der Begegnung, der Kommunikation und des Dialogs avancieren (vgl. Lücke & Zündorf 2018, S. 118; Gheorghilaş et al. 2017, S. 65 und 71).

Der Social Turn in der Museumslandschaft und die wachsende Bedeutung einer auf die Besucher*innen ausgerichteten Entscheidungsfindung, die eine Anpassung an die Erwartungen und Bedürfnisse der Menschen mit sich bringt, haben die noch nicht abgeschlossene Neudefinition des Museumsbegriffs geprägt. Jette Sandahl, Vorsitzende des Ständigen Ausschusses für Museumsdefinition des Internationalen Museumsrats (ICOM), zufolge reicht es nicht mehr aus, lediglich „öffentlich zugänglich" zu sein, so wie es die alte Definition vorsieht (vgl. Sandahl 2019, S. 8), da Museen mit verschiedenen gesellschaftlichen Bereichen verbunden sind. In den laufenden Debatten zur Neudefinition wurde betont, dass Museen auf allgemeine, weitreichende gesellschaftliche Themen wie Klimawandel,

[1]   Schlüsselbereiche eines zeitgenössischen Museums (Quelle: Pruulmann-Vengerfeldt & Runnel 2014, S. 41). Abb. modifiziert

Menschenrechte, soziale Gerechtigkeit, Ungleichheit und Migration eingehen sollten. Museen müssen daher inklusiver werden und diese Themen nicht nur in ihrer Definition anführen, sondern auch in ihrer täglichen Arbeit darstellen (vgl. Sandahl 2019, S. 5-6). Sie müssen den Dialog, die Augenhöhe mit der Öffentlichkeit und die Partizipation betonen, die sich allesamt auf den Erwerb, die Erhaltung, die Beforschung, die Kommunikation und die Ausstellungen auswirken (vgl. Sandahl 2019, S. 9).

Obwohl angeführt wird, dass sich der primäre Ausgangspunkt für die besucherorientierte Entwicklung von Museen und Kulturerbeorganisationen – einschließlich der Besuchszentren – aus dem Social Turn ergibt, wird die Notwendigkeit, so viele Menschen wie möglich zu erreichen, für die Museen zusätzlich durch wirtschaftlichen Druck verstärkt. Während Investitionen in Museen durch regionale, nationale oder europäische Finanzierungsprogramme unterstützt werden, ist dies bei den laufenden Kosten (Personal, wirtschaftliche Kosten und Entwicklung von Dienstleistungen) häufig nicht der Fall, sodass sie gezwungen sind, einen Großteil ihrer Dienstleistungen zu monetarisieren. Gleichzeitig müssen sie diesen Sachverhalt mit ihrer Verantwortung als öffentliche Einrichtung in Einklang bringen.

Im Folgenden wird am Beispiel zweier Einrichtungen – einem Museum und einem Kulturerbezentrum – untersucht, ob und wie sich diese Organisationen auf die Herausforderungen eingestellt haben, die sich aus den externen Zusammenhängen ergeben.

2. Anmerkungen zur Methodik

Die Autor*innen dieses Beitrags sind sowohl in der Praxis als auch in der wissenschaftlichen Forschung im Bereich des Kulturerbes und der Museen tätig. Ihr praktischer und theoretischer Bezug zu diesem Bereich erschwert die analytische Reflexion, da Wahrnehmungen, die sich aus der Arbeit in einer bestimmten Organisation ergeben, mit weiter gefassten Erfahrungen verschmelzen, die auf diesem Gebiet gemacht wurden. Dieses Kapitel fußt daher auf Autoethnographie, wobei eines der Hauptargumente für das Verfassen dieses Beitrags darin bestand, einen Dialog mit Vertreter*innen in diesen Bereichen anzuregen. Ziel ist es, die Bereiche miteinander zu vergleichen, die in Texten aus Wissenschaft und Praxis zur Kulturerbeforschung und Museologie oft getrennt voneinander behandelt werden. Dieser dialogische Ansatz kann für die Leser*innen ungewöhnlich wirken, da Aussagen und Verallgemeinerungen angeführt werden, von denen man erwarten könnte, dass sie eingehender analysiert würden, die aber aufgrund des begrenzten Umfangs dieses Artikels, der keinen Anspruch auf Vollständigkeit erheben kann, nicht ausführlicher behandelt werden. Daher sollte dieser Text vielmehr als ein erster Versuch betrachtet werden, das zu entschlüsseln, was in der Praxis in diesem Bereich wahrgenommen werden kann, was jedoch noch nicht immer systematisch angegangen wird und daher weitere Diskussion und Zusammenarbeit erfordert.

Man geht in die Stadt rein und sieht – von der Altstadt her beleuchtet – den Dom herausstechen, und man denkt sich: Wow! Das ist ein Bild von Ruhe und Frieden – so wie er einfach dasteht. Und ich weiß dann auch immer: Da bin ich gerne! Da fühle ich mich wohl.

Christoph B.

3. Vorstellung der beiden Fallbeispiele

Um die Gemeinsamkeiten und Unterschiede zwischen Besuchszentren und Museen sowie die Art und Weise, auf die der Social Turn in beiden Einrichtungsformen Einzug gehalten hat und als Grundlage für gegenseitiges Lernen und Zusammenarbeit dienen könnte, genauer zu beleuchten, werden im Folgenden die „Heimateinrichtungen" der Autor*innen untersucht, nämlich: das Besucherzentrum Welterbe Regensburg und das Estnische Nationalmuseum. ↗

Besucherzentrum Welterbe Regensburg

- Die Geschichte des Besucherzentrums Welterbe Regensburg beginnt im Jahr 2006, als die Regensburger Altstadt mit Stadtamhof in die Welterbeliste der UNESCO aufgenommen wurde. Fünf Jahre später, im Mai 2011, wurde das Besuchszentrum als eines der ersten Welterbe-Besuchszentren in Europa eingeweiht.

Besuchszentrum – warum?

Neben der Bereitstellung von Informationen über das UNESCO-Welterbeprogramm und die Regensburger Altstadt mit Stadtamhof sowie der damit verbundenen Förderung der Wertschätzung dieses Erbes sollte das Zentrum eine erste Anlaufstelle sein und eine direkte Kommunikation ermöglichen. Es sollte sowohl Menschen aus der Region als auch Tourist*innen und andere Besucher*innen jeder Altersgruppe ansprechen.

Besuchszentrum – wie?

Standort

Um diese Ziele zu erreichen, wurde das Zentrum an einem markanten und gut frequentierten Ort in Regensburg in der Nähe der Steinernen Brücke eingerichtet. Der 400 Jahre alte Salzstadel – das Gebäude, in dem das Besuchszentrum untergebracht ist – schafft eine besondere Atmosphäre und macht deutlich, warum Regensburg den Titel Welterbestadt verdient.

[2]

Team

Aufgrund der Komplexität und des integrierten Ansatzes des Projekts wurde ein interdisziplinärer wissenschaftlicher Beirat einberufen. Seine Mitglieder waren Expert*innen aus den Bereichen Geschichte, Kunstgeschichte, Szenografie, Informationsdesign und Tourismus. Sie brachten unterschiedliche Blickwinkel ein und wurden mit der Ausarbeitung des wissenschaftlichen Inhalts beauftragt. Das Mandat des Beirates

[2] Besucherzentrum Welterbe Regensburg Außenansicht (Bilddokumentation Stadt Regensburg, Peter Ferstl). Abb. modifiziert.
[3] Vortrag im Besucherzentrum Welterbe Regensburg (Bilddokumentation Stadt Regensburg, Peter Ferstl). Abb. modifiziert.
[4] Kleine Wegweiser zum Mitnehmen „verlinken" die Ausstellung mit der Stadt (Bilddokumentation Stadt Regensburg, Peter Ferstl). Abb. modifiziert.

endete mit der Einweihung des Besuchszentrums. Das Zentrum verfügt somit über kein festangestelltes wissenschaftliches Personal, was es von einem Museum unterscheidet. Andere Aufgaben wie die Besetzung der Information oder die Durchführung des Bildungsprogramms wurden ebenfalls ausgelagert.

[3]

[4]

Aktivitäten

Einerseits gibt es eine Dauerausstellung, in der neben einigen Originalobjekten vor allem kurze Texte, Modelle und multimediale Anwendungen einen kurzen Überblick über die Geschichte der Stadt und des UNESCO-Welterbes geben. Sie verweist zudem auf Museen oder andere Orte in der Stadt, an denen interessierte Besucher*innen weitere Informationen zu bestimmten Themen erhalten können. Andererseits bietet das Besuchszentrum genügend Platz für Sonderausstellungen, Vorträge, Veranstaltungen etc. Betrieben wird es von der Abteilung für Welterbekoordination der Stadt Regensburg.

Fakten und Zahlen

Planungszeitraum	2008 bis 2011
Kosten bis 2011	2.125.000 €
Jährliche Kosten seit 2011	250.000 €
Öffnungszeiten	Täglich von 11 bis 16 Uhr, im Sommer bis 19 Uhr
Eintrittspreis	kostenlos
Anzahl der Besucher*innen	300.000/Jahr
Sprachen	Englisch & Deutsch

Entwicklung des Publikums

Das Besuchszentrum arbeitet eng mit der Presse und den Medien sowie mit der Pressestelle der Stadt Regensburg zusammen, um ein breites Publikum anzusprechen. Die Website, Flyer und verschiedene Arten von Aktivitäten wie Veranstaltungen (z. B. der Welterbetag) und Vorträge sowie Einladungen an und der Dialog mit Studierenden, Architekt*innen, Fachleuten oder der allgemeinen Öffentlichkeit spielen nicht nur eine wichtige Rolle, um Aufmerksamkeit zu erregen (vgl. Boom & Batrla 2010, S. 7 und 11), sondern auch, wenn es darum geht, das Publikum an sich zu binden. In einer empirischen Studie aus dem Jahr 2014 wurden das Verhalten und die Bedürfnisse von Besucher*innen ermittelt (vgl. Frank 2014). Im Jahr 2020 begann die Abteilung für Welterbekoordination der Stadt Regensburg damit, Neuigkeiten und Aktivitäten in den sozialen Medien zu veröffentlichen, mit dem Ziel, ein jüngeres Publikum zu erreichen.

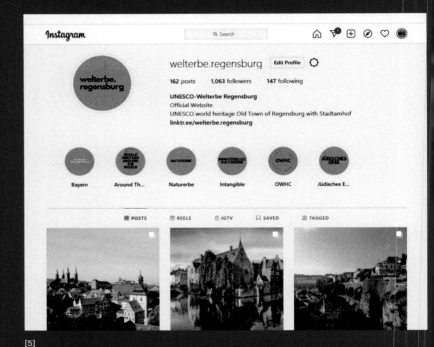

[5]

Partizipation

Während des Entwurfs- und Planungsprozesses wurden die Einwohner*innen von Regensburg über das Besuchszentrum informiert, waren aber nicht an seiner Entwicklung beteiligt (vgl. Boom & Batrla 2010, S. 14). Viele partizipative Projekte werden mittlerweile im oder mit dem Besuchszentrum durchgeführt, wie z. B. gemeinsame Ausstellungen, Schulprojekte oder Aktivitäten im Rahmen des jährlichen Welterbetages (vgl. Ripp 2019).

Interaktion

Der Interaktion kommt im Besuchszentrum eine zentrale Rolle zu. Es gibt verschiedene interaktive Stationen, darunter ein Quiz, ein Spiel zum historischen Aufwandgesetz, mehrere Touchscreens zur Erkundung der verschiedenen Welterbestätten oder ein interaktives Modell von Regensburg, das mehrere Videos zur Stadtgeschichte beinhaltet. Diese Installationen sorgen für Abwechslung und einen abwechslungsreichen Besuch (vgl. Dumas et al. 2013, S. 8).

[6]

[7]

[5] Screenshot Instagram-Account „welterbe.regensburg" vom 21.09.2021 (Michaela Stauber, Stadt Regensburg). Abb. modifiziert.

[6] Besucher*innen am interaktiven Stadtmodell im Besucherzentrum Welterbe Regensburg (Bilddo-kumentation Stadt Regensburg, Peter Ferstl). Abb. modifiziert.

[7] Welterbe-Globus im Besucher-zentrum Welterbe Regensburg (Bilddokumentation Stadt Regensburg, Peter Ferstl). Abb. modifiziert.

Estnisches Nationalmuseum

▪ Das Estnische Nationalmuseum (ENM) ist das größte Museum Estlands. Es widmet sich der Ethnografie und dem Alltagsleben der Menschen in Estland und der finno-ugrischen Völker.

Museum – warum?

Das ENM wurde 1909 mit dem Ziel gegründet, das materielle und immaterielle Kulturerbe zu erhalten, auszustellen und zu beforschen. Seit dem Umzug in seine neuen Räumlichkeiten im Jahr 2016 werden auf 6.000 Quadratmetern Dauer- und Wechselausstellungen gezeigt. Neben seiner Hauptaufgabe als Kulturerbeeinrichtung hat sich das Museum zu einem modernen Konferenzzentrum und Veranstaltungsort entwickelt, in dem jährlich mehr als 600 Veranstaltungen stattfinden. Zudem bietet es ein vielfältiges Bildungsprogramm sowohl für Schulen als auch für das lebenslange Lernen.

Museum – wie?

Fakten und Zahlen

Gründung	1909 (Neubau 2016)
Budget (2021)	11,9 Mio. €
Öffnungszeiten	Mittwoch bis Sonntag. 10 bis 18 Uhr. Gesonderte Öffnungszeiten für Abendveranstaltungen
Eintrittspreis	Regulär 14 €
Anzahl der Besucher*innen (2021)	98.000
Sprachen	Estnisch, Englisch, Russisch Dauerausstellung in 7 Sprachen

Standort

Das Museum liegt am Rande der zweitgrößten Stadt Estlands, Tartu. Dort befand es sich bis zum Zweiten Weltkrieg, wurde dann aber bei Luftangriffen zerstört. Nach dem Krieg wurde auf dem Gelände der größte sowjetische Militärflughafen an der Westgrenze des Landes errichtet. Im Jahr 2016 wurde an diesem Ort schließlich ein eigens dafür konzipierter Museumsneubau eröffnet.

Team

Die rund 150 ständigen Mitarbeiter*innen des Museums decken verschiedene Funktionen innerhalb des Museums ab, von der wissenschaftlichen Forschung über die Kurator*innentätigkeit und die Museumspädagogik bis hin zu dienstleistungsbezogenen Aufgaben wie Produktion, Veranstaltungsmanagement, Mitarbeit im Museumsshop oder Service im Restaurant.

Aktivitäten

Im Jahr 2021 begrüßte das Museum 98.000 Besucher*innen. Es gibt zwei Dauerausstellungen. Die Ausstellung zu Estland „Begegnungen", setzt sich aus 12 Unterausstellungen zusammen und behandelt die verschiedensten Themen – von der Archäologie bis zu neuesten Innovationen, wobei der Schwerpunkt auf dem Alltagsleben liegt. Sie verfolgt dabei einen dialogischen, offenen Ansatz, mit dem Ziel, die Erfahrungen und Erinnerungen der Menschen zu verstehen. Die Dauerausstellung „Echo des Urals" ist eine auf Sammlungen basierende, aber immersive Ausstellung zum materiellen und immateriellen Erbe der finno-ugrischen Völker.

Publikumsentwicklung

Laut einer Besucherstudie (vgl. Möller et al. 2018) haben die estnischen Museen ein positives Image. Sie bieten die Möglichkeit, neue Kenntnisse und Erfahrungen zu sammeln und stellen eine angenehme Form der Freizeitgestaltung dar. Die Befragten äußerten sich jedoch kritischer mit Blick auf die Kommunikations- und Informationsaktivitäten der Museen (vgl. ebd.). Das ENM wendet sich über herkömmliche Kanäle und soziale Medien an ein breites Besucherspektrum. Es führt Kommunikationsmaßnahmen durch, um bestimmte Besuchergruppen anzusprechen, deren Besuche mit besonderen Interessen verbunden sind. Aber auch Nichtbesucher*innen, die sich zwar für Museen interessieren, sie aber nicht aktiv besuchen, sollen angesprochen werden, um ihre Bedürfnisse zu erfragen und um die Hindernisse zu ermitteln, denen sie begegnen.

Partizipation

Das ENM verfolgt einen publikumszentrierten Ansatz. Obwohl die Öffentlichkeit nicht in die Entwicklung des Neubaus einbezogen wurde, gibt es Formate und Maßnahmen, mit denen die Partizipation an der eigentlichen Arbeit des Museums sichergestellt werden soll. Die Ausstellung „Begegnungen" basiert auf einem dialogischen Ansatz, der das Verständnis für unterschiedliche Lebenserfahrungen und ergebnisoffene Interpretationen historischer Ereignisse begünstigen soll. Es gibt Möglichkeiten der Zusammenarbeit und des Mitwirkens, die vom gemeinsamen Erstellen von Sammlungen bis zur gemeinsamen Erarbeitung von Ausstellungen in einem eigens dafür vorgesehenen Museumsraum, der DIY (Do-it-yourself)-Ausstellungshalle, reichen.

Interaktion

Die Interaktivität der Multimediaobjekte und der Installationen in den Dauerausstellungen wurde mit Blick darauf entwickelt, die Einbindung des Publikums auf verschiedenen Ebenen zu begünstigen. Die Interaktivität reicht dabei von der technischen Interaktion über Geräte, die es den Besucher*innen ermöglichen, ihr Erlebnis zu personalisieren, bis hin zur Mitgestaltung spezifischer Ausstellungsstücke auf der Grundlage persönlicher Erinnerungen und Kreativität.

4. Unterschiede und Gemeinsamkeiten

Nachdem die beiden Fallbeispiele vorgestellt wurden, soll im Folgenden der allgemeinen Frage nach den Unterschieden und Gemeinsamkeiten zwischen Museen und Besuchszentren nachgegangen werden. Beim Vergleich der beiden Einrichtungsformen sieht man sich mit der Herausforderung konfrontiert, ein „sich bewegendes Ziel" treffen zu wollen, da das Verständnis und die Grenzen ihrer Definitionen dynamisch sind und sich stetig weiterentwickeln. Die Autor*innen haben Dimensionen ausgemacht, die einen Vergleich in Bezug auf Betätigungsfeld, Ziele, Inhalt, Besuchserlebnis und Standort ermöglichen. Allerdings lässt sich eine Einrichtung nicht immer eindeutig auf einige wenige Kategorien reduzieren, denn manchmal bezeichnen sich Einrichtungen mit dem Charakter eines Besuchszentrums als Museum und umgekehrt. Das zeitgenössische Museum erscheint als ein komplexes hybrides Konstrukt, das zwischen seinen Sammlungen, seinem Publikum und seinen Forschungsteams oder – allgemeiner gesprochen – seinen Nutzer*innen hin- und hergerissen ist (vgl. Brown & Mairesse 2018, S. 536). Das Gleiche gilt für die Besuchszentren, die sich trotz ihrer Anfänge als einfache Anlaufstellen für Besucher*innen mittlerweile zu komplexen und an einen Ort gebundenen Kultureinrichtungen entwickelt haben.

1 Es handelt sich hierbei um eine nicht autorisierte deutsche Übersetzung der Museumsdefinition des ICOM Weltverbandes. Vgl. ICOM Deutschland (2020). Die Museumsdefinition, https://icomdeutschland.de/de/nachrichten/147-museumsdefinition.html [zuletzt aufgerufen am 02.02.2022].

Betätigungsfeld und Inhalt

Ausführungen	Besuchszentrum	Museum
Definition und Aufgaben	Ein Besuchszentrum steht in der Regel in einem direkten Zusammenhang mit einer Kultur- oder Naturerbestätte, wie z. B. einem Nationalpark, und ist direkt mit einer bestimmten Sehenswürdigkeit oder der unmittelbaren Umgebung verbunden. Es vermittelt Tourist*innen und Einwohner*innen zumeist einen allgemeinen Überblick über die jeweilige Stätte und dient als Ausgangspunkt für Führungen oder selbstorganisierte Besichtigungen. Ein Besuchszentrum ist eine öffentlich zugängliche Einrichtung mit Ausstellungscharakter im Sinne einer eigenständigen Präsentation von Informationen zu einem bestimmten Thema oder einem bestimmten Themenkomplex, in diesem Fall zur Natur- oder Kulturerbestätte. Die Informationen werden mithilfe einer integrierten Dauerausstellung vermittelt.	Das Museum ist „[...] eine dauerhafte Einrichtung, die keinen Gewinn erzielen will, öffentlich zugänglich ist und im Dienst der Gesellschaft und deren Entwicklung steht. Sie erwirbt, bewahrt, beforscht, präsentiert und vermittelt das materielle und immaterielle Erbe der Menschheit und deren Umwelt zum Zweck von Studien, der Bildung und des Genusses"[1] (Museumsdefinition). Das Betätigungsfeld eines Museums wird traditionell durch seine Sammlungsbestände und deren Wert für die Gegenwart und die Zukunft definiert und leitet sich aus dem Auftrag des Museums ab. Dabei variiert es zwischen den Einrichtungen und reicht von allgemeinen Konzepten bis hin zu spezifischeren Ansätzen.
Präsentation des Inhalts	Erfolgt selektiv, stark reduziert und auf der Grundlage von Fallbeispielen. Inhalte werden hauptsächlich über digitale Technologien vermittelt. Zudem werden Modelle, technische Installationen und Originalobjekte ausgestellt, die von Museen und anderen Kulturerbeeinrichtungen ausgeliehen wurden.	Die Präsentation des Inhalts ist hier umfassend und repräsentativ. Es erfolgt eine Ausstellung von Originalobjekten aus den Sammlungen des Museums oder anderer Museen und Kulturerbeeinrichtungen mithilfe von Multimedia- und Digitaltools sowie von Exponaten zum Anfassen.
Kommunikationsstile	Schnelles Verständnis, kurze Texte und Medien, interaktive Elemente, keine oder nur begrenzte Möglichkeiten zur Vertiefung.	Das Angebot reicht hier von kurzen und leicht zugänglichen Ausstellungstexten bis hin zu Möglichkeiten für eine Vertiefung.
Wissenschaftliche Forschung	Wissenschaftliche Beiträge werden für die Entwicklung des zugrunde liegenden Konzepts sowie für besondere Anlässe (Präsentationen, Sonderausstellungen, Führungen) herangezogen. Darüberhinausgehende wissenschaftliche Tätigkeiten sind vorübergehend und gelegentlich.	Dauerhafte wissenschaftliche Tätigkeiten gehören in der Regel zu den Aufgaben eines Museums, einschließlich Sammlungsbeforschung, sammlungsbezogener wissenschaftlicher sowie kuratorischer Forschung.
Zeitlichkeit	Die Dauerhaftigkeit der Einrichtung oder ihrer Inhalte ist kein zentrales Element bei der Definition von Besucher*innezentren.	Obwohl die Dauerhaftigkeit der Einrichtung oder der beherbergten Sammlungen früher für das Verständnis eines Museums von zentraler Bedeutung war, wird sie heute oft nicht mehr als wesentliches Merkmal angesehen.

Publikum

Ausführungen	Besuchszentrum	Museum
Zielgruppen	Tourist*innen, Einwohner*innen, Fachpublikum	Je nach Art und Größe des Museums richtet sich das Angebot an allgemein interessierte Zielgruppen bzw. an Zielgruppen mit einem besonderen Interessengebiet.
Motivation der Besucher*innen	Ein Besuchszentrum ist mehr eine Eingangspforte für die Besichtigung der Natur- oder Kulturerbestätte als das Hauptziel einer Reise. An diesem Ort erwarten die Besucher*innen einen Überblick und Informationen über die Kultur- oder Naturerbestätte, ihre Struktur und ihren Charakter als Teil der allgemeinen Besichtigung. Es können Sonderausstellungen veranstaltet werden.	Museen sind in der Regel eigenständige Ziele eines Besuchs. Zu den häufigsten Gründen für einen Museumsbesuch zählen Freizeitaktivitäten oder die Möglichkeit, Zeit mit Familie und Freund*innen zu verbringen, sowie andere Gründe, die vornehmlich mit der Erholung verbunden sind. Weitere mögliche Beweggründe sind persönliche Neugier, die Entdeckung von Unbekanntem oder das Interesse daran, sich Kenntnisse über das spezielle Thema des jeweiligen Museums anzueignen.
Visitor Journey	Dient als Eingangspforte zur eigentlichen Stätte, obwohl die Stätte an sich auch vor und/ oder nach dem Besuch des Besucher*innezentrums besichtigt werden kann. Der Besuch im Besuchszentrum erfolgt recht spontan (vgl. Frank 2014, S. 20).	Museumsbesuche sind in der Regel geplant und das Ziel ist es, sich mit dem Inhalt des Museums zu beschäftigen. Weitere Einrichtungen außerhalb des Museums könnten zudem von Interesse sein.

Ausstattung und Standort

Ausführungen	Besuchszentrum	Museum
Standort	Möglichst nahe am Hauptstrom der Besucher*innen, möglichst nahe an der Natur- oder Kulturerbestätte.	Kann als eigenständige Einrichtung fungieren oder mit einem bestimmten Ort verbunden sein (z. B. Stadtmuseum).
Integration des Standorts	Der Fokus liegt auf der Integration der Einrichtung in die physische Natur- und Kulturerbstätte und dessen Umwelt.	Ein Museum kann mit seiner unmittelbaren Umgebung verbunden sein oder als eigenständige Einrichtung fungieren. Der Social Turn in der Museumslandschaft geht einher mit einer stärkeren strukturellen Integration in die Gemeinschaft, die Gesellschaft und die unmittelbare Umgebung.
Dauer des Besuchs	Die Dauer variiert, meistens handelt es sich um einen eher kurzen Besuch in Vorbereitung zur Besichtigung der Natur- oder Kulturerbestätte.	Die Dauer hängt vom Grad der Einbindung und dem Hintergrund des Besuchs ab und reicht von kurzen Rundgängen bis hin zu ausführlichen, umfassenden Erkundungen.
Bedeutung der Einrichtungen für die Stillung der Grundbedürfnisse	Seine Bedeutung dahingehen ist sehr groß, denn die Besuchszentren haben sich von Einrichtungen, in denen man seine Grundbedürfnisse stillt und sich informiert, zu eigenständigen Kultureinrichtungen gewandelt.	Die Bedeutung der Qualität von „persönlichen Annehmlichkeiten" als Elemente, die das Besuchserlebnis prägen, wird immer größer.
Eintrittspreise und Zusatzleistungen	Touristeninformation, Shop, Café. Der Eintritt ist in der Regel frei.	Kulturelle und öffentliche Veranstaltungen, Museumsshop, Café. Ein Eingangsbereich kann einen eigens gestalteten informativen oder gefühlsbetonten „Service-Raum" bilden. In der Regel besteht eine Kombination aus kostenpflichtigen Diensten/Inhalten und freiem Zugang.

Einige der Unterschiede betreffen das wahrgenommene Format der jeweiligen Institution. So ist die Präsentation bestimmter Themen in den Besuchszentren relativ oberflächlich und zeichnet sich durch kürzere Texte, fehlende Originalobjekte und den Rückgriff auf Modelle und Medieninstallationen aus. Die Besuchszentren befinden sich neben oder in der Natur- oder Kulturerbestätte, inmitten der Besuchsströme, weshalb der Ort eher spontan besucht wird. Die Ausstellungen sind dementsprechend so konzipiert, dass sie kurze Besuche ermöglichen, die in der Regel als Einführung in den Besuch der eigentlichen Stätte dienen.

Museen sind weniger von ihrem unmittelbaren Standort abhängig, auch wenn eine leichte Erreichbarkeit von Vorteil ist. Da Museen sowohl für gelegentliche als auch für vertiefte, eigenständige Besuche genutzt werden, sind in der Regel auch die Ausstellungen oder das Veranstaltungsprogramm des Museums entsprechend gestaltet. Während sowohl Museen als auch Besuchszentren zunehmend ein breites Spektrum an Besucher Diensten anbieten (z. B. Einrichtungen für die Stillung der Grundbedürfnisse, Shops und Cafés), bieten Besuchszentren häufig auch allgemeinere touristische Informationen über die Region und andere Sehenswürdigkeiten, wohingegen diese Informationen in einem Museum nicht unbedingt verfügbar sind.

Trotz einiger dieser unmittelbaren Unterschiede, die von den Besucher*innen wahrgenommen und im obigen Vergleich dargestellt wurden, ist nicht immer eindeutig, zu welcher Kategorie eine Einrichtung gehört – ihr Betätigungsfeld, ihre Definition und ihre Aufgaben sind sehr ähnlich.

Bei der Beschreibung einiger der offensichtlichsten Gemeinsamkeiten und Unterschiede auf konzeptioneller Ebene ist zu berücksichtigen, dass Museen – die auf eine längere institutionelle Geschichte zurückblicken – nicht einheitlich wahrgenommen werden. Das Betätigungsfeld und die Zielsetzung von Museen wurden vor Kurzem im Zusammenhang mit der Ausarbeitung einer neuen Museumsdefinition erörtert. In ihrer Analyse zur Arbeit der ICOM-Arbeitsgruppen zur Neudefinition stellen Brown und Mairesse (2018, S. 526) fest, dass wir „in einer fragmentierten, ungleichen Welt tätig sind, in der sich das Konzept des ‚Museums' von einer Einrichtung zur anderen, von einem Land zum anderen, von einer Kultur zur anderen und von einer Sprache zur anderen erheblich, manchmal sogar vollständig unterscheidet". Laut einer aktuellen britischen Studie mit dem Titel „Mapping Museums 1960-2020" (vgl. Candlin et al. 2020, S. 9) ging man davon aus, dass Museen über eine ständige Sammlung verfügen, Artefakte ausstellen, regelmäßig für die Öffentlichkeit zugänglich sein und einen bestimmten Raum einnehmen müssen. Die letztgenannte Bedingung sollte dazu dienen, Museen von Ausstellungen in den Fluren oder Empfangsräumen öffentlicher Gebäude zu unterscheiden. Die Studie zeigte jedoch, dass der Aspekt der „Dauerhaftigkeit", wie er in der ICOM-Definition von 2007 als Schlüsselkriterium für ein Museum vorgeschlagen wird, nicht immer zutrifft. Darüber hinaus wurde in der Debatte zur neuen Museumsdefinition deutlich, dass die Dauerhaftigkeit, die als Hauptmerkmal von Museen und Sammlungen angesehen wird, bei der Definition einer Museumseinrichtung infrage gestellt wird (vgl. Brown & Mairesse 2018, S. 527). Die Dauerhaftigkeit war bisher kein konzeptionell relevantes Merkmal, wenn es darum ging, das Betätigungsfeld und die Ziele von Besucher*innezentren zu analysieren.

Der Unterschied zwischen Besuchszentren und Museen ist in ihrem Betätigungsfeld noch immer deutlich zu erkennen. Das Betätigungsfeld eines Museums wird in der Regel durch seine Sammlungsbestände und deren Wert für die Gegenwart und die Zukunft – seine Widerstandskraft als kulturelles Erbe – definiert. In einem Besuchszentrum erhalten die ausgestellten Objekte und Artefakte ihre Bedeutung und ihren Wert nicht über ihren Status als kulturelles Erbe, sondern vielmehr durch ihre Fähigkeit, zur Kommunikation und Beteiligung anzuregen.

5. Was die beiden Geschwister voneinander lernen können

Ein einschlägiges Modell, das dabei hilft, Museen und Besuchszentren von einem besucher*innenzentrierten Ansatz heraus zu betrachten, ist das Modell der „Visitor Journey", also des „Besuchererlebnisses" (vgl. Lane, LiveTourism 2007, S. 248f., Abb. 2), das für die Tourismusbranche entwickelt wurde. Das Modell ermöglicht es, Museen und Besuchszentren im Zusammenhang mit den Bedürfnissen, Interessen und Erfahrungen der Besucher*innen zu betrachten, anstatt die Besucher*innen in Zusammenhang mit der Natur- oder Kulturerbeorganisation zu sehen.

Das Modell legt nahe, dass ein Besuch in einer Natur- oder Kulturerbeeinrichtung aus mehr besteht als dem bloßen Gang durch ein Gebäude und dem Besuch einer Ausstellung. Vielmehr beginnt die Visitor Journey bereits vor der Ankunft in der Einrichtung und endet nicht mit dem Verlassen derselben. Dieser Ansatz wirkt sich nicht nur auf die Ausgestaltung der verschiedenen Etappen der Visitor Journey selbst aus, sondern auch auf die Einbindung der Besucher*innen insgesamt. In der Praxis bedeutet dies eine ständige Wachsamkeit mit Blick auf die Belange der Besucher*innen. Museen und Besuchszentren sollten sich in die Besucher*innen hineinversetzen und auf ihre Erfahrungen, Bedürfnisse und Verbesserungsvorschläge eingehen. Die Kommunikation sollte sich zudem auf die Zeit vor und nach dem Besuch erstrecken. Museen und Besuchszentren profitieren von der Erkenntnis, dass die Ausstellung nicht der einzige Kontaktpunkt mit den Besucher*innen ist. Andere Dienstleistungen wie Öffentlichkeitsarbeit, Interpretation des kulturellen Erbes, Ticketverkauf und Leitsysteme müssen daher gut durchdacht geplant und auf das Publikum zugeschnitten sein. Beim Aufbau derartiger Beziehungen ist es selbstverständlich, dass digitale und analoge (Online- und Vor-Ort-) Kommunikation miteinander verknüpft werden sollten und dass Natur- oder Kulturerbeeinrichtungen auf verschiedenen Onlineplattformen präsent sein müssen, um zur Visitor Journey beizutragen. Diese Präsenz kann vom Hinweisen auf bevorstehende Ausstellungen bis hin zum Einholen von Feedback nach dem Besuch reichen, etwa wenn Besucher*innen Fotos von ihrem Besuch posten und ihre Erfahrungen mitteilen (vgl. z. B. Ho Wu et al. 2016).

The VisitorJourney©

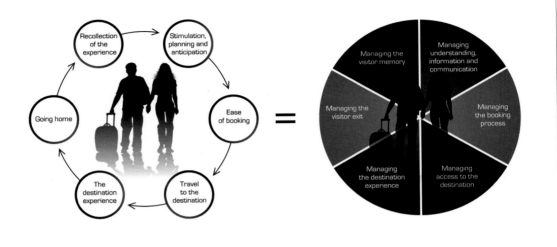

[8]

Obwohl das Modell der Visitor Journey die Gestaltung der Besuchereinbindung sowohl in Museen als auch in Besucher*innezentren beschreibt und unterstützt, wird im Folgenden aufgezeigt, dass beide in bestimmten Phasen der Visitor Journey ihre eigenen Stärken haben und dass das Lernen aus dem Wissen, den Erfahrungen und der Herangehensweise der einen Einrichtungsform der anderen durchaus zugutekommen kann.

[8]   Visitor Journey (Quelle: Lane, LiveTourism 2007, S. 250).

5.1 Was man von Besuchszentren lernen kann

Die Expertise von Besuchszentren besteht darin, den Zugang zum (eigentlichen) Reiseziel auszugestalten. Bei der Ankunft der Besucher*innen bilden Besuchszentren die Eingangspforte für den Besuch. Sie sind sowohl eine Eintrittspforte für das Natur- oder Kulturerbe als auch ein Ausstellungsbereich, der in der Regel nicht getrennt von der Stätte besucht wird. Im Vergleich dazu bilden Museen ein Ziel an sich. Sie haben daher Methoden entwickelt, mit der ihre Komplexität bewältigt werden kann, beispielsweise über die Trennung von Eingangsbereichen (Lobbys, Foyers), Servicebereichen (Shops, Cafés, Veranstaltungsräume) und Ausstellungen, was jedoch nicht zwangsläufig besucherorientiert ist. Obwohl zeitgenössische Museen sowohl als Vor-Ort- als auch als Onlineeinrichtungen fungieren, folgt die Konzeption ihrer Lobbys (d. h. der Zugang zum Zielort) oft immer noch dem herkömmlichen Modell, demzufolge die Lobby als wichtiger, symbolischer physischer Zugang in den Vordergrund gestellt wird (vgl. z. B. Parry et al. 2018). Besuchszentren sind zwar Dreh- und Ausgangspunkte für den Besuch eines weitergefassten Gebiets, haben jedoch gelernt, als eigenständige Ziele zu fungieren. In Besuchszentren ist die Ausgestaltung des Zugangs zum Reiseziel, d. h. die Bereitstellung von Informationen, die Einführung in die Dienstleistungen und die Gestaltung des Eingangsbereichs, konzeptionell stärker auf die Besucher*innen und ihre wahrgenommenen Erfahrungen und Motivationen ausgerichtet.

So öffnet sich die Lobby des ENM, das 2016 seinen Neubau eingeweiht hat, zu einer großen Freifläche, die neben weiteren Einrichtungen wie Shops, dem Informationsschalter, einem multifunktionalen öffentlichen Raum und Lobbywänden für wechselnde Kunstausstellungen ein Drittel des gesamten Gebäudes einnimmt und so den Charakter der Institution maßgeblich bestimmt. Für die ankommenden Besucher*innen ist das ENM ein öffentlicher Kulturraum, der potenziell eine Vielzahl von Dienstleistungen anbieten kann, die jedoch nicht unbedingt mit den traditionellen Vorstellungen von einem Museum verbunden sind. Kommen die Besucher*innen während einer der Veranstaltungen, die das Museum regelmäßig durchführt an, treffen sie möglicherweise zunächst auf eine Konferenz, eine Messe für Katastrophenmedizin, eine Bühne für ein bevorstehendes Konzert oder Theaterstück oder einen nationalen Malwettbewerb für Grundschulen und andere Veranstaltungen. Für Museumsbesucher*innen, die Dauer- oder Wechselausstellungen besuchen wollen, ist dies eine Herausforderung und eine Ablenkung in einer entscheidenden Phase des Besuchs. Das Museum muss daher zusätzliche Anstrengungen unternehmen, um ihnen einen reibungslosen Ablauf zu gewährleisten. Aufgrund der vielen Aufgaben und Funktionen, die das ENM gleichzeitig wahrnimmt, ist es für das Museum eine Herausforderung, das Erlebnis vor Ort auszugestalten, was zu Verwirrung bei den Besucher*innen führen kann.

Das 2011 eröffnete Besucherzentrum Welterbe Regensburg dient als Ausgangspunkt für das Gesamterlebnis der Welterbestätte Regensburger Altstadt mit Stadtamhof. Dem Besuchszentrum gelingt es in mehrfacher Hinsicht, das Erlebnis am Reiseziel auszugestalten. Erstens besteht ein klarer räumlicher Zusammenhang mit der Stätte, da es sehr leicht zu erreichen ist und in der Nähe von touristisch frequentierten Orten liegt – neben einem der meistbesuchten Kulturerbewahrzeichen, der historischen Steinernen Brücke im Zentrum der Stadt. Der allgemeine Ansatz bei der Gestaltung des Besuchszentrums war ein ganzheitlicher: Ziel war es, einen Überblick über die Kulturerbestätte zu geben, indem man sich auf die Zusammenhänge zwischen den Objekten und den interessantesten Phänomenen konzentrierte, anstatt zu tief in Spezialthemen einzutauchen (vgl. Ripp & Hauer 2019). Das Ergebnis ist eine kompakte Einrichtung, in der sich die Besucher*innen mit einer reduzierten Anzahl von Narrativen auseinandersetzen können, die das Rückgrat des Besuchszentrums bilden. Die Maxime „Weniger ist mehr" bildete den Leitgedanken bei der Gestaltung. Das Informationsangebot wurde daher auf wenige Themen beschränkt, was den Besucher*innen einen Überblick über die wichtigsten Konzepte ermöglicht. Den Rückmeldungen zufolge wird dieser reduzierte Ansatz von den Besucher*innen positiv bewertet. Um die Neugier zu wecken und um die Motivation der Besucher*innen während des Besuchs aufrechtzuerhalten, wurde eine Vielzahl von Methoden eingesetzt, mit denen die unterschiedlichen Sinne angesprochen werden.

In „Museum Thresholds" stellen Parry et al. (2018, vvi) fest, dass Museumsfoyers im Zentrum der Diskussionen über die Einrichtungen selbst, ihre Philosophie und ihre Mission stehen. Der Gedanke eines einzigen

Zugangs zu einer Natur- oder Kulturerbeeinrichtung ist jedoch nicht immer zutreffend, insbesondere im Zusammenhang mit Besuchszentren, da sie nur einen Teil des umfassenden Erlebnisses der Besucher*innen beim Besuch einer Welterbestätte ausmachen. Die Besucher*innen können ihre Reise an verschiedenen Ausgangspunkten beginnen und müssen nicht unbedingt alle Stationen durchlaufen. Um als Eingangspforte zu dienen, muss das Besuchszentrum also ein ortsspezifisches und zugleich komplexes Gebilde sein, das auf alle Bedürfnisse und Wahrnehmungen der Besucher*innen gleichzeitig eingehen kann. Dies sollte auch das Ziel der großen zeitgenössischen Museen sein, die sich an der herkömmlichen, aufwendigen und linearen Gestaltung eines Besuchsangebots orientieren, der zufolge die verschiedenen Dienstleistungen – auch in Bezug auf die räumliche Gestaltung – getrennt zu halten sind und die manchmal nur langsam mit der Notwendigkeit von Integration Schritt halten, z. B. bei der Einbeziehung von Vor-Ort- und Onlineangeboten.

5.2 Was man von Museen lernen kann

Eine der Stärken von Museen ist ihre Expertise, wenn es darum geht, bereitzustellende Informationen und Kommunikation zu verstehen und auszugestalten. Neben der in eine Richtung erfolgenden Information der Besucher*innen ist die Kommunikation im weiteren Sinne ein wechselseitiger Prozess, bei dem die Einbindung der Besucher*innen auch ihre aktive Beteiligung beinhalten kann, etwa bei der Zusammenarbeit und Mitgestaltung durch Besucher*innen.

Die Einbindung der Besucher*innen dient den Bedürfnissen des Publikums, wie im Modell der Visitor Journey beschrieben wird, beispielsweise beim Umgang mit ihrem Feedback nach einem Besuch. Sie erfüllt jedoch auch Bedürfnisse, die über das Modell der Visitor Journey hinausgehen, wie z. B. die Rolle als gesellschaftliche Einrichtungen und öffentliche Orte, an denen sich Bekannte und Fremde treffen können – sei es, dass sie einfach nur sicher aneinander vorbeigehen oder dass sie miteinander ins Gespräch kommen und Ideen und Meinungen austauschen. Dies kann durch die räumliche Gestaltung und über die Durchführung von Aktivitäten und Veranstaltungen begünstigt werden. Im Falle der Museen gehen diese Überlegungen über die Bedürfnisse der Besucher*innen hinaus, die das Museum bereits betreten

haben (entweder physisch oder anderweitig), und sie erfordern stattdessen, dass die Einrichtung sich mit Nichtbesucher*innen auseinandersetzt und ihnen entgegenkommt. Dies wird derzeit von Besuchszentren oft nicht berücksichtigt, da sie eher in das Paradigma der touristischen Dienstleistungen eingebettet sind und weniger im öffentlichen, gesellschaftlichen Bereich als Einrichtungen des kollektiven Gedächtnisses fungieren. Diese vorherrschenden Aufgaben könnten bei der Anwendung des Modells der Visitor Journey anerkannt und berücksichtigt werden. Aufgrund ihrer sozialen Funktion müssen zeitgenössische Museen, anders als Besuchszentren, 24 Stunden am Tag zugänglich sein. Museen sind immer „online" und es wird versucht, dies über Angebote in verschiedenen Phasen der Visitor Journey zu adressieren.

Abgesehen von diesen besucher*innenzentrierten Überlegungen und mit Blick auf die Theorie wurde das Partizipationskonzept (vgl. Runnel et al. 2014) im politischen Bereich entwickelt und später auf verschiedene Bereiche, einschließlich der Kultur, ausgeweitet (vgl. Pruulmann-Vengerfeldt & Runnel. 2014). Während das demokratische bzw. theoretische Verständnis von Partizipation, das in der Politikwissenschaft verwurzelt ist, immer noch vorherrscht, wird der Begriff „Partizipation" im kulturellen Bereich mit einer Vielzahl unterschiedlicher Aufgaben verbunden. In den Sozial- und Politikwissenschaften bezieht sich der Begriff „auf Demokratisierungsprozesse und zielt darauf ab, die Distanz zwischen Staat und Bürger zu minimieren, das Vertrauen der Öffentlichkeit in formale Institutionen zu stärken, das Interesse der Bürger an öffentlichen Angelegenheiten zu stärken und die Überzeugung zu fördern, dass ihr Handeln zu den gewünschten Veränderungen führen kann" (vgl. Poławski 2014, zitiert in Jagodzińska 2017, S. 79). Im Zusammenhang mit Kultureinrichtungen bildet die Einbindung des (potenziellen) Publikums den Kern der Partizipation. In „The Participatory Museum" (2010) schlägt Nina Simon vor, dass der Ausgangspunkt für das Verständnis der Museumspartizipation darin besteht, zu ergründen, welche Funktion die Partizipation unterstützt. Sie unterscheidet bekanntermaßen vier Arten von Partizipationsmöglichkeiten: Contribution, Collaboration, Co-Kreation und Hosting (vgl. ebd.). Diese Ansätze unterscheiden sich darin, inwieweit die Einrichtung die Kontrolle über die verschiedenen Tätigkeitsfelder hat: In einigen Fällen ist die Aufgabe des Museums wichtiger, in anderen weniger, sodass die Kontrolle mehr beim Publikum liegt. Auf diese Weise könnte man argumentieren, dass die traditionellen Aufgaben des Museums nicht verschwunden sind. Vielmehr hat die Partizipation der Besucher*innen zu einer Verlagerung von sammlungszentrierten hin zu besucher*innenzentrierten Museen beigetragen. Dies ist auch einer der Gründe, warum sich Museen und Besuchszentren immer mehr angleichen.

Es ist auch wichtig zu berücksichtigen, dass im Gegensatz zu früheren partizipatorischen Aktivitäten in Museen – wie dem gemeinsamen Erstellen von Sammlungen oder der Interpretation von Sammlungen – partizipatorische Initiativen heute mit Bildungsarbeit und öffentlichen Programmen einhergehen. Häufig werden partizipative Herangehensweisen, sowohl in Form von kurz- als auch langfristiger Einbindung, von den Bildungsabteilungen oder der Museumspädagogik der Natur- oder Kulturerbeinstitutionen durchgeführt. Die primären Schnittstellen für die Kommunikation mit Besucher*innen in Museen, einschließlich der partizipatorischen Aktivitäten, sind Ausstellungen und Displays, d. h. die Museumsinhalte.

Das ENM hat seine inhaltsbezogenen Dienstleistungen mit dem Umzug in sein erstes eigens errichtetes Museumsgebäude im Jahr 2016 und der Eröffnung der neuen Dauerausstellungen grundlegend überarbeitet. Die Ausstellung integriert die analoge und die digitale Ebene in einer Weise, die dem Digitalen eine gleichberechtigte Rolle zuweist und es über eine bloße zusätzliche Informationsebene hinaus erweitert. Das Museum baut derzeit seine Onlineebene aus: Zusätzlich zu seiner regulären Webpräsenz auf der Website und über die sozialen Medien hat es eine Plattform namens „Take a Museum Home with You" ins Leben gerufen. Dieses Angebot ermöglicht es den Besucher*innen, ihre selbst kuratierten Ausstellungsinhalte auch zu Hause abzurufen – nach ihrem Besuch, als Vorbereitung auf einen nächsten Besuch oder als eigenständiges Erlebnis. Als zweite strategische Ausrichtung entwickelt das Museum Aktivitäten, Tools und Formate für die Beteiligung des Publikums, wie z. B. regelmäßige Programme, die von der Bildungsabteilung angeboten werden. Dazu gehören auch verschiedene Initiativen zur Beteiligung des Publikums an den Sammlungen und eine eigene DIY-Ausstellungshalle. Die DIY-Ausstellungshalle befindet sich innerhalb der Dauerausstellung und zeigt Ausstellungsprojekte, die vom Publikum (Gruppen, Gemeinschaften und Kurator*innen) kuratiert werden, wobei das Publikum jedoch nicht aus Museumsfachleuten oder Personen mit vorheriger Museumserfahrung besteht. Das Ausstellungsprogramm der DIY-Ausstellungshalle wird per öffentlicher Abstimmung festgelegt.

Die Beteiligung der Öffentlichkeit im Zusammenhang mit Besuchszentren kann eine große Herausforderung darstellen, die damit beginnt, dass die
Mitarbeiter*innen über die erforderlichen Fähigkeiten
und die Motivation verfügen müssen, mit den Besucher*innen zu interagieren, oder dass sie über die
finanziellen und institutionellen Ressourcen verfügen
müssen, damit die technischen Voraussetzungen für
die Partizipation des Publikums geschaffen werden
können. Während unter Partizipation manchmal nur
die Möglichkeit verstanden wird, Informationen zu
erhalten, kann sie auch die Form annehmen, dass
Besucher*innen sich selbst äußern, indem sie Feedback hinterlassen oder selbst etwas produzieren.
Im obersten Stockwerk des Haus der Europäischen
Geschichte in Brüssel können Besucher*innen beispielsweise ihren Geburtsort eingeben, der dann
auf einer großen Karte angezeigt wird. Es gibt viele
weitere Beispiele, in denen Partizipation eine größere Wirkung entfalten kann (vgl. Ripp & Hauer 2017,
Göttler & Ripp 2017).

6. Zusammenfassung

Betrachten wir Museen und Besuchszentren als „Brüder und Schwestern", ist die wichtigste Erkenntnis dieses Artikels, dass eine Familie stark ist, wenn alle Familienmitglieder „zusammenarbeiten". Zwar wurde die Diskussion darauf beschränkt, wie beide Einrichtungen das Erlebnis des Publikums ausgestalten, indem alle Phasen der Visitor Journey untersucht wurden, jedoch sollte die Zusammenarbeit darüber hinausgehen, da die Grenzen zwischen Besuchszentren und Museen alles andere als trennscharf gezogen werden können. Einige allgemeine Trends können dabei für beide Einrichtungsformen ausgemacht werden. Während Besuchszentren eher an einen bestimmten Ort, nämlich die Natur- oder Kulturerbestätte, gebunden sind, sind Museen in Bezug auf ihren Standort viel flexibler. Ihnen gemeinsam ist die Notwendigkeit, sich an veränderte Rahmenbedingungen und ein sich wandelndes Umfeld anzupassen und sich umzustrukturieren, z. B. den Übergang von einer analogen zu einer digitalen analogen Welt zu vollziehen, der mit einer Vielzahl digitaler Tools einhergeht.

In einigen Debattenbeiträgen wurden Besuchszentren als große Konkurrenz zu bestehenden Museen angesehen. Berücksichtigt man jedoch ihre unterschiedlichen Ziele und Betätigungsfelder, verfügen sie über ein umfassendes Potenzial für Zusammenarbeit und Wissenstransfer.

Der erste mögliche Bereich betrifft die Art und Weise, wie die Besucher*innen in den Einrichtungen eingebunden werden. Dies wurde veranschaulicht, indem die verschiedenen Phasen des Modells zur Visitor Journey herausgestellt wurden, wobei festgestellt werden kann, dass Besuchszentren eine gute Eingangspforte zu einem Natur- oder Kulturerbe darstellen, da sie offen und einladend gestaltet sind und keine potenziellen Hindernisse für den Besuch einer derartigen Stätte darstellen. Museen hingegen stützen sich nach wie vor auf eine Vielzahl von Ansätzen und Erwartungen in Bezug auf die Einstiegspunkte in die Visitor Journey. Auch wenn sich

dies aufgrund der vielen Funktionen, die sie als Hüter des kulturellen Erbes, für die Interpretation und das Angebot von Inhalten zu erfüllen haben, nicht ändern wird, können sie doch möglicherweise von Besuchszentren lernen, in denen die Konzeption des Raums als Mittel zur Einbindung der Besucher*innen im Mittelpunkt steht. Im Gegensatz dazu haben Museen langjährige Erfahrung darin gesammelt, alle Besucher*innen anzusprechen – von interessierten und hoch motivierten Besucher*innen vor Ort bis hin zu Nichtbesucher*innen, die sich von einer kulturellen Teilhabe abwenden. Einige Erfolgsgeschichten zeigen, dass Museen durchaus in der Lage sind, bestimmte Gruppen anzusprechen, indem sie zunächst feststellen, ob der ausbleibende Besuch mit wirtschaftlichen oder physischen Barrieren zusammenhängt (Kosten für den Besuch, Zugang zum Ort) oder ob er in erster Linie kulturell bedingt ist (identitätsbezogen, z. B. das Gefühl, in der jeweiligen Einrichtung des kollektiven Gedächtnisses nicht vertreten zu sein). Im Anschluss daran wurden Instrumente entwickelt, wie z. B. Kampagnen, mit dem Ziel, Beiträge zu den Sammlungen zu leisten, an einer bestimmten Gruppe oder an Bildungsaktivitäten teilzunehmen bzw. Ausstellungsbesuche zu erleichtern. Besuchszentren als Einrichtungen, die in erster Linie im touristischen Bereich angesiedelt sind, könnten die Einbeziehung des Publikums ausweiten, indem sie von Museen lernen, die auch als gesellschaftliche Räume dienen.

Zudem gibt es weitere Bereiche für Zusammenarbeit und Austausch. Gut besuchte Besuchszentren könnten zum Beispiel eine Ausstellung in einem bestimmten Museum „bewerben". Gemeinsame Ausstellungen, die in einem Besuchszentrum beginnen, könnten dazu beitragen, Besucher*innen anschließend in die Museen zu bringen. Die gemeinsame Entwicklung spezifischer, integrierter Narrative ist ein weiterer möglicherweise fruchtbarer Bereich der Zusammenarbeit. Beide Einrichtungen müssen sich auf die Bedürfnisse der Besucher*innen und neue kulturelle Hintergründe einstellen. Die Erwartungen der Besucher*innen an die Interaktion und Kommunikation untereinander wirken sich auf die Gestaltung und den Betrieb von Besuchszentren und Museen aus.

7. Literaturverzeichnis

Ahmad, S., Abbas, M. Y., Yusof, W. Z. M., & Taib, M. Z. M. (2015): Adapting museum visitors as participants benefits their learning experience?, in: Procedia – Social and Behavioral Sciences, 168, S. 156-170.

Barnes, P., & McPherson, G. (2019): Co-creating, co-producing and connecting: Museum practice today, in: Curator: The Museum Journal, 62/2, S. 257-267.

Boom, S., & Batrla, L. (2010): URBACT II: Analytical case study. Visitor Centre World Heritage Regensburg. https://urbact.eu/sites/default/files/import/corporate/pdf/Regensburg_case_study.pdf (letzter Aufruf am 01.03.2022).

Brown, K., & Mairesse, F. (2018): The definition of the museum through its social role, in: Curator: The Museum Journal, 61/4, S. 525-539. https://doi.org/10.1111/cura.12276

Cameron, D. (1968): A Viewpoint: the museum as a communication system and implications for museum education, in: Curator, 11/1, S. 33-40.

Cameron, D. (1971): The Museum, a Temple or a Forum, in: Curator, 14, S. 11–24.

Candlin, F., Larkin, J., Ballatore, A., & Poulovassilis, A. (2020): Mapping museums 1960-2020: a report on the data. Birkbeck, University of London, London, UK. http://eprints.bbk.ac.uk/31702/ (letzter Aufruf am 21.01.2022).

Deutscher Museumsbund e. V. & ICOM-Deutschland (2006): Standards für Museen. Kassel/Berlin. https://www.museumsbund.de/wp-content/uploads/2017/03/standards-fuer-museen-2006-1.pdf (letzter Aufruf am 21.01.2022).

Dumas, A., Hauer, S., Ripp, M., & Lukat, A. (2013): Learning and having fun: Visitor centers imparting knowledge using a new format – Experience from the World Heritage Visitor Center in Regensburg. https://www.researchgate.net/publication/303005044_Dumas_Astrid_Hauer_Susanne_Ripp_Matthias_Lukat_Andrew_Translation2014_Learning_and_Having_Fun_Visitor_Centers_Imparting_Knowledge_Using_a_New_Format_--Experience_from_the_World_Heritage_Visitor_Center (letzter Aufruf am 21.01.2022).

Faber Castell (2021): Besucherzentrum und Shop. https://www.faber-castell.de/corporate/faber-castell-erleben/visitor-centre-shop (letzter Aufruf am 03.09.2021).

Frank, H. (2014): Empirische Untersuchung des Besucherverhaltens und der Besucherzufriedenheit am Beispiel des Besucherzentrums Welterbe Regensburg (unveröffentlichte Abschlussarbeit), Fachhochschule für öffentliche Verwaltung und Rechtspflege in Bayern.

Gheorghilaș, A., Dumbrăveanu, D., Tudoricu, A., & Crăciun, A. (2017): The challenges of the 21st-century museum: Dealing with sophisticated visitors in a sophisticated world, in: International Journal of Scientific Management and Tourism, 3-4, S. 61-73.

Göttler, M., & Ripp, M. (2017): Community involvement in heritage management guidebook. Regensburg: City of Regensburg & Organization of World Heritage Cities. http://openarchive.icomos.org/id/eprint/1812/1/FINAL_OWHC%20Guidebook%202017.pdf (letzter Aufruf am 21.01.2022).

Ho Wu, J., Karam, M. B., & Quigley, J. R. (2016): Enhancing Museum Victoria's visitor journey (unveröffentlichte Bachelorarbeit). Worcester Polytechnic Institute. https://web.wpi.edu/Pubs/E-project/Available/E-project-050216-185457/unrestricted/Enhancing_Museum_Victoria_Visitor_Journey.pdf (letzter Aufruf am 21.01.2022).

ICOM (2007): Museum definition. https://icom.museum/en/resources/standards-guidelines/museum-definition/ (letzter Aufruf am 01.09.2021).

ICOM (2021): Consultations. Museum definition and code of ethics. https://icom.museum/en/news/icom-define-consultation-2-what-should-be-part-of-the-new-museum-definition/ (letzter Aufruf am 22.09.2021).

ICOM Deutschland (2020): Die Museumsdefinition. https://icom-deutschland.de/de/nachrichten/147-museumsdefinition.html (letzter Aufruf am 02.02.2022).

Jagodzińska, K. (2017): From a visitor to participant. Strategies for participation in museums, in: Zarządzanie w Kulturze, 18/1, S. 75-93.

Kloster Weltenburg (o. J.): Besucherzentrum im Felsenkeller. https://www.kloster-weltenburg.de/kloster-kirche/besucherzentrum/ (letzter Aufruf am 23.08.2021).

Kommunikationsteam Z museum4punkt0 (2021): Museumsreise. Zusammenspiel von analogen und digitalen Erlebnissen. https://www.museum4punkt0.de/museumsreise-zusammenspiel-von-analogen-und-digitalen-erlebnissen/ (letzter Aufruf am 23.08.2021).

Lam, B., Carobbio, S., & Qin, S. F. (2013): A strategic co-creation framework for European design museums, in: International Conference of the International Association of Societies of Design Research, http://design-cu.jp/iasdr2013/papers/1127-1b.pdf (letzter Aufruf am 22.02.2021).

Lane, M. (2007): The visitor journey: the new road to success, in: International Journal of Contemporary Hospitality Management, 19/3, S. 248-254.

Lorch, C. (2018, 6. Februar): Agenten einer neuen Zeit. Süddeutsche Zeitung, S. 10.

Lücke, M., & Zündorf, I. (2018): Einführung in die Public History. Göttingen: Vandenhoeck & Ruprecht.

Mandel, B. (2021): Strategisches Audience Development als Motor für Veränderungsprozesse soziokultureller Einrichtungen. https://www.soziokultur-change.de/leitfaeden/audience_development (letzter Aufruf am 26.08.2021).

Möller, G, Runnel, P., Põldaas, M. (2018): Muuseumide ja raamatukogude külastajate ja mittekülastajate uuring [Museum and library visitors and non-visitors survey]. Eesti Kultuuriministeerium: Eesti Vabariigi kultuuriministeerium. https://www.kul.ee/sites/kulminn/files/muuseumide_ja_raamatukogude_kulastajate_ja_mittekulastajate_uuringu_lopparuanne_0.pdf (letzter Aufruf am 20.01.2022).

Museum Ritter (o. J.): Besucherzentrum Ritter Sport. https://www.museum-ritter.de/de/inhalt/museum/ritter-sport-besucherzentrum.html (letzter Aufruf am 03.09.2021).

Parry, R., Page, R., Moseley, A. (2018): Museum Thresholds. The Design and Media of Arrival. London & New York: Routledge.

Piontek, A. (2017): Museum und Partizipation. Bielefeld: transcript.

Pruulmann-Vengerfeldt, P., & Runnel, P. (2014): When the museum becomes the message for participating audiences, in: Democratising the museum: Reflections on participatory technologies, hg. von P. Runnel & P. Pruulmann-Vengerfeldt. Frankfurt am Main: Peter Lang, S. 35-54.

Ripp, M. (2018): Museum versus visitor centre. Similarities and differences between the two institutions in connection with UNESCO World Heritage, in: Communicating world heritage. A guide for world heritage information centres, hg. von German Commission for UNESCO, Bonn: S. 18-20. https://www.unesco.de/sites/default/files/2019-03/A%20Guide%20for%20World%20Heritage%20Information%20Centres_DUK.pdf (letzter Aufruf am 01.03.2022).

Ripp, M. (2019): Heritage visitor centres as a tool for interpretation and participation. https://www.linkedin.com/pulse/heritage-visitor-centers-tool-interpretation-matthias-ripp (letzter Aufruf am 20.09.2021).

Ripp, M., & Hauer, S. (2017): Communication model for built heritage assets going from knowing to identification, in: Built Heritage, 1/4, S. 1-10.

Ripp, M. & Hauer, S. (2018): Success factors in establishing information and visitor centres – Experiences from the UNESCO World Heritage site "Old town of Regensburg with Stadtamhof", in: Communicating World Heritage. A Guide for World Heritage Information Centres, hg. von German Commission for UNESCO, Bonn: S. 37-39. https://www.unesco.de/sites/default/files/2019-03/A%20Guide%20for%20World%20Heritage%20Information%20Centres_DUK.pdf (letzter Aufruf am 01.03.2022).

Robert Koch-Institut (2021): Das Museum im Robert Koch-Institut. https://www.rki.de/DE/Content/Institut/Museum_Kunst/museum.html (letzter Aufruf am 20.08.2021).

Runnel, P., Lepik, K., & Pruulmann-Vengerfeldt, P. (2014): Visitors, users, audiences: Conceptualising people in the museum, in: Democratising the museum: Reflections on participatory technologies, hg. von P. Runnel & P. Pruulmann-Vengerfeldt. Frankfurt am Main: Peter Lang, S. 219-240.

Sandahl, J. (2019): The museum definition as the backbone of ICOM, in: Museum International, 71/1-2, vi-9.

Simon, N. (2010): The Participatory Museum. Santa Cruz, CA: Museum.

Schwarze, T. (2020): Mit Co-Creation und Partizipation auf dem Weg zum digitalen Museum, in: Kultur in Interaktion. Co-Creation im Kultursektor, hg. von C. Holst. Wiesbaden: Springer Gabler, S. 75-86.

UNESCO Regional Bureau for Science and Culture in Europe (2020): The role of visitor centres in UNESCO designated sites. N. p. https://www.unesco.de/sites/default/files/2020-04/role_of_visisitors_centres_in%20_unesco_designated_sites_2020.pdf (letzter Aufruf am 21.01.2022).

Zollverein (o. J.): Besucherzentrum Ruhr. https://www.zollverein.de/besuch-planen/ruhr-visitorcenter-essen/ (letzter Aufruf am 03.09.2021).

„Wir sind da reingelaufen und da war eine offene Tür. Und wir waren im Besucherzentrum."

Amalia und Helmut U.

Vanessa Kleinitz

Spital digital – Anschauliche Geschichtsvermittlung zwischen Nutzer*innenanspruch und Didaktik

1. Einleitung

Bei dem vorliegenden Beitrag handelt es sich um einen komprimierten Ausschnitt einer Masterarbeit, die im Wintersemester 2020/2021 im Rahmen des Studiengangs „Public History und Kulturvermittlung" an der Universität Regensburg verfasst wurde (Kleinitz 2021). Grundlegendes Ziel war hierbei, ein Konzept für eine 3D-Webanwendung zu erstellen, die anhand einer Rekonstruktion des spätmittelalterlichen St. Katharinenspitals Regensburg interaktiv dessen Geschichte vermittelt. Dafür wurden Themen spätmittelalterlicher Spitalgeschichte mit Fragen nach deren didaktischen Vermittlung für ein Laienpublikum und mit Aspekten der nutzer*innenzentrierten digitalen Gestaltung (u. a.

Nielsen 2020) kombiniert. Dieser kurze Ausschnitt kann folglich als konkretes Anwendungsbeispiel verstanden werden, das, dem begrenzten Platz dieser Seiten geschuldet, einerseits praktische Anwendungsoptionen von 3D-Modellen für die Geschichtsvermittlung aufzeigt, andererseits für ein gewinnbringendes Potenzial der Verschränkung von geschichtsdidaktischen mit nutzer*innenzentrierten Methoden plädiert. Anwendungen dieser Art stellen dabei im Rahmen der Geschichts- oder Kulturerbevermittlung eine wertvolle Ergänzung zu Institutionen wie Museen oder Besucher*innenzentren dar. Sie können dabei eigenständig im Web oder in Form einer App rezipiert werden oder als Bestandteil von Ausstellungen und anderen dezidierten Vermittlungssituationen Verwendung finden.

[1]

Nr.	Gebäude	Nr.	Gebäude
1	Infirmerie	11	Brauerei
2	Schöne Pforte	12	Badestube
3	Katharinenkirche	13	Spitalanger
4	Refektorium	14	Mühlkanal
5	Heiliggeistkapelle	15	Antwerch
6	Krondorf	16	Donau
7	Getreidekasten	17	Steinerne Brücke
8	Johanneskirche	18	Mittelturm
9	Friedhof	19	Nordturm
10	Stallungen	20	Spitalläden

[1] Die von ArcTron erstellte 3D-Re-
konstruktion des St. Katharinenspitals um 1300 (3D-Modell von
© ArcTron). Abb. modifiziert.

2. Zielsetzung und Vorgehensweise

Grundlage für die konzipierte Anwendung ist eine bereits vorhandene 3D-Rekonstruktion des St. Katharinenspitals Regensburg um 1300, die von *ArcTron 3D Vermessungstechnik & Softwareentwicklung GmbH* erstellt wurde (Abb. 1). Diese Rekonstruktion sollte in Form einer webbasierten Anwendung um weitere Informationen zu den einzelnen Gebäuden und den alltagsgeschichtlichen Kontext erweitert werden. Das Endprodukt stellt folglich ein Konzept für eine interaktive 3D-Rekonstruktion dar, bei der durch Interaktion mit den einzelnen Gebäuden durch die Nutzenden Informationen in Form von Texten, Abbildungen o. Ä. vermittelt werden. Konkretes Ziel war es dabei, eine nicht nur unter geschichtsdidaktischen Kriterien für das historische Lernen wertvolle Anwendung zu konzipieren, sondern auch auf eine nutzer*innenzentrierte Gestaltung zu achten, um eine einfache und intuitive Bedienung der Anwendung zu gewährleisten. Das von ArcTron erstellte 3D-Modell sollte hierbei um zwei Informationsebenen in Form einer webbasierten Anwendung mit Interaktionsmöglichkeiten erweitert werden: 1) Zusatzinformationen zu den jeweiligen Gebäuden sowie 2) alltags- und sozialgeschichtliche Aspekte. Demgemäß soll es zwei Ansichtsmodi der 3D-Rekonstruktion geben: Modus 1 umfasst dabei das Spital als „Baukomplex und Institution" und zeigt in der Rekonstruktion folglich die mit diesem Thema verknüpften Informationseinheiten an den Gebäuden an, Modus 2 wiederum beinhaltet das Spital als „Lebenswelt und Alltagsort" und stellt in dessen Rahmen die damit korrelierenden Informationseinheiten an den Gebäuden der Rekonstruktion dar. Durch die Kontextualisierung mit sozial- und alltagsgeschichtlichen Aspekten soll das Bild des Spitals also um die mittelalterliche Lebenswelt um 1300 erweitert werden. Zwischen den beiden Ansichtsmodi kann jederzeit gewechselt werden, darüber hinaus sind sie durch eine Hypertextstruktur miteinander verbunden (Abb. 2). So ist es möglich, entweder in der linearen Reihenfolge der beiden Themenkomplexe „Baukomplex und Institution" (linker Pfad) sowie „Lebenswelt und Alltagsort" (rechter Pfad) zu verbleiben oder die beiden Themenkomplexe im Wechsel zu rezipieren und so einen individuellen Pfad durch die Anwendung zu kreieren (Wechsel vom linken Pfad auf den rechten Pfad durch den mittleren Pfad und umgekehrt).

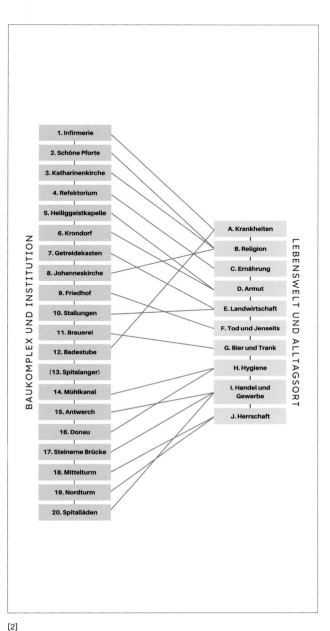

BAUKOMPLEX UND INSTITUTION

1. Infirmerie
2. Schöne Pforte
3. Katharinenkirche
4. Refektorium
5. Heiliggeistkapelle
6. Krondorf
7. Getreidekasten
8. Johanneskirche
9. Friedhof
10. Stallungen
11. Brauerei
12. Badestube
(13. Spitalanger)
14. Mühlkanal
15. Antwerch
16. Donau
17. Steinerne Brücke
18. Mittelturm
19. Nordturm
20. Spitalläden

LEBENSWELT UND ALLTAGSORT

A. Krankheiten
B. Religion
C. Ernährung
D. Armut
E. Landwirtschaft
F. Tod und Jenseits
G. Bier und Trank
H. Hygiene
I. Handel und Gewerbe
J. Herrschaft

[2]

Der Konzipierung der praktischen Umsetzung der 3D-Webanwendung wurde sich grundsätzlich aus drei Blinkwinkeln genähert: 1) Ein methodisch-theoretischer Rückgriff auf geschichtsdidaktische Grundsätze, 2) die nutzer*innenzentrierte Gestaltung insbesondere in Form von Usability Engineering und 3) die mediävistische geschichtswissenschaftliche Beschäftigung mit dem Katharinenspital und der spätmittelalterlichen Lebenswelt als empirischer Hintergrund der Themen, die in der Anwendung vermittelt werden sollen. Auf Grundlage dieser drei Blickwinkel erfolgte somit einerseits die Strukturierung und der Aufbau der Anwendung sowie das visuelle Design, das dabei auf nutzer*innenzentrierte Gestaltung achtet. Andererseits wurden auf Basis der geschichtswissenschaftlich gesammelten Materialien die Vermittlungsinhalte erschlossen, die dabei zu dem jeweiligen Gebäude bzw. Themenkomplex zugehörigen Texte und Abbildungen umfassen. Diese wurden geschichtsdidaktisch aufbereitet und unterfüttert. Die Anwendung insgesamt ist dabei vor allem an regionalhistorisch interessierte Erwachsene adressiert, die wenig bis gar kein Vorwissen aufweisen müssen.

[2] Die Informationseinheiten des Modus „Baukomplex und Institution" und ihre jeweiligen Pendants im Modus „Lebenswelt und Alltagsort" sowie deren hypertextuelle Verlinkung. Die Informationseinheit „Spitalanger" wird dabei ausgeklammert, da diese Informationen in der Informationseinheit „Antwerch" Verwendung finden (eigene Darstellung). Abb. modifiziert.

3. Didaktische Grundlegung – Historisches Lernen im Kontext von 3D-Rekonstruktionen

Laut Jörn Rüsen sind für die Geschichtsdidaktik als „Wissenschaft vom historischen Lernen" (Rüsen 2008, S. 73) folgende Begriffe grundlegend: das *Geschichtsbewusstsein*, die *Geschichtskultur* und das *Historische Lernen.* Da die zu konzipierende Anwendung einerseits Historisches Lernen ermöglichen möchte, andererseits aber auch eine geschichtskulturelle Präsentation und Verarbeitung von Geschichte ist, ist es folglich zunächst notwendig, sich mit eben jenen Aspekten theoretisch auseinanderzusetzen. Da es sich bei diesen Aspekten um einen dynamischen Diskurs mit langer Traditionen innerhalb der Geschichtsdidaktik handelt, haben sich zu den einzelnen Begriffen verschiedene Modelle und Ansätze herausgebildet. Angesichts des begrenzten Platzes, des praxisorientierten und exemplarischen Charakters dieses Aufsatzes und auch um etwaige Leser*innen nicht mit methodischen Debatten zu langweilen, sollen diese drei Grundbegriffe hier nur in aller Kürze definiert werden. Bei diesen Definitionen handelt es sich um die allen Modellen und Ansätzen zugrunde liegenden Termini, die sich innerhalb des Diskurses herauskristallisieren lassen.

Die Basis des Historischen Lernens ist das *Geschichtsbewusstsein*. Dieses umfasst in seiner grundlegenden und allgemeinen Definition „das Insgesamt der unterschiedlichen Vorstellungen von und Einstellungen zur Vergangenheit" (Jeismann 1977, S. 13). Folglich befasst sich das Geschichtsbewusstsein mit jeglichen Vergangenheitsauseinandersetzungen auf individueller wie kollektiver Ebene. Im Fokus steht dabei nicht die bloße Aneignung von Wissen, sondern vielmehr die grundlegende Auseinandersetzung mit Geschichte (vgl. Pandel 2017, S. 131). Beeinflusst wird das Geschichtsbewusstsein von der Bildung in Schule und Hochschule, aber auch durch lebensweltliche Erfahrungen wie die Erzählungen anderer oder historische Bezüge des Alltags beispielsweise in Medien (vgl. Pandel 1993, S. 726f.). Geschichtsbewusstsein ist folglich als mentaler, meist individueller Prozess der Auseinandersetzung mit Vergangenheit zu verstehen.

Während das individuelle Geschichtsbewusstsein ein vorwiegend mentaler Vorgang und somit schwer greifbar ist, bezeichnet die *Geschichtskultur* die „praktisch wirksame Artikulation von Geschichtsbewusstsein im Leben einer Gesellschaft" (Rüsen 1994, S. 5). Die Geschichtskultur ist im Gegensatz zum Geschichtsbewusstsein ein zwingend kollektives Vergangenheitskonstrukt und „der durch Geschichtsbewusstsein entscheidend geprägte Teil der Kultur" (Rüsen 1988, 11). Geschichtskultur wird folglich durch das Geschichtsbewusstsein beeinflusst (und andersherum) und ist die praktische, objektivierende und kollektive Komponente des Geschichtsbewusstseins.

Das *Historische Lernen* wiederum wird als Bewusstseinsvorgang verstanden, in dessen Rahmen Vergangenheit angeeignet und gedeutet wird. Bei der Auseinandersetzung mit Vergangenheit bilden sich historische Vorstellungen und Bilder (und damit Geschichtsbewusstsein). Das Historische Lernen hat es hierbei zum Ziel, jene Vorstellungsbilder *(historische Imagination)* hervorzurufen oder zu revidieren (vgl. Lücke & Zündorf 2018, S. 38; Rüsen 1997, 58; Rüsen 2008, S. 61). Historisches Lernen ist also die Herausbildung oder auch Veränderung von Geschichtsbewusstsein, das darüber hinaus durch Kontakt mit Geschichtskultur ausgelöst werden kann (vgl. Schwabe 2012, S. 51).

Das Historische Lernen findet dabei stets medial vermittelt statt, da ein direkter Zugang zur Vergangenheit nicht (mehr) möglich ist und somit zwangsläufig über Medien (ob Quelle oder Darstellung, ob digital oder analog) erfolgen muss (vgl. Bersen et al. 2012, S. 16; Bernsen & König 2015, S. 198; Lücke & Zündorf 2018,

[3] Eigenschaften und Potenziale Historischen Lernens mit digitalen Medien (eigene Darstellung). Abb. modifiziert.

S. 90). Essenziell ist dabei die Annahme, dass Medien sowohl die Rolle von Trägern als auch von Mittlern relevanter Informationen einnehmen (vgl. Bernsen et al. 2012, S. 16). In welcher Art und Weise diese Medien vorliegen, spielt beim Prozess des Historischen Lernens zunächst keine Rolle – es macht also keinen Unterschied, ob z. B. ein Bild in ausgedruckter Form oder mittels eines Tablets digital vorliegt (vgl. Pallaske 2015, S. 143; Baumgärtner 2019, S. 228). Innerhalb der unterschiedlichen Medien und Darstellungsmöglichkeiten gibt es jedoch „spezifische Ausdrucksformen [und] Fokussierungen", die für Divergenzen im Prozess des Historischen Lernens sorgen (Danker & Schwabe 2017, S. 8) – digitale Medien z. B. erzeugen dann eine Art und Weise zu lernen, die „analog" nicht möglich wäre (vgl. Pallaske 2015, S. 141). So können die digitale Bearbeitung beispielsweise einer Quelle mit Zusatzinformationen mittels Links oder exklusiv digitale Angebote wie virtuelle Rundgänge durch dreidimensionale Modelle einen differenten Lernprozess ermöglichen (vgl. Baumgärtner 2019, S. 229). Digitale Medien dienen hier also als Werkzeuge zur Initiation oder als Instrumente zur Unterstützung von Geschichtslernen; ihre Beschaffenheit begünstigt dabei individuelles und selbstgesteuertes Lernen (vgl. Pallaske 2015, S. 136).

Digitale Medien generell können in verschiedenen Formen auftreten, verschiedene Medien – wie z. B. Text, Bild, Ton – miteinander kombinieren oder ein und denselben Sachverhalt auf verschiedenen Arten ausgeben – wie z. B. Sprache oder Komplexität (vgl. Cohen & Rosenzweig 2005, S. 5; Grellert 2009, S. 133; Dornik 2004, S. 213; Grellert 2007, S. 204). Diese flexible Multimedialität fördert eine Verschiebung von traditionellen, vor allem textbasierten Lernkontexten hin zu einem verstärkt audio-visuellen Geschichtslernen (vgl. Pallaske 2015, S. 137). Besonders visuell geprägtes Lernen hat in diesem Fall eine große Auswirkung auf historische Imagination und Geschichtsbewusstsein (vgl. ebd., S. 137/143). Darüber hinaus können historische Quellen unterschiedlicher Art kombiniert und in Kontext gesetzt werden (vgl. Schwabe 2012, S. 133). Virtuelle 3D-Rekonstruktionen können so beispielsweise nicht nur lediglich ein Gebäude visualisieren, sondern können auf eine sehr viel nativere Art und Weise als ihre analogen Pendants dynamische Elemente integrieren und so beispielsweise zeitliche Entwicklungen mittels Animationen oder weiterführende Informationen und Quellen einbinden (vgl. Münster 2011, S. 104; Grellert

[3]

2009, S. 122f. Grellert 2007, S. 204). Eine multimediale Struktur kann Geschichte auf besonders anschauliche Art vergegenwärtigen und Abwechslung und Motivation erzeugen, wodurch Konzentration und Erinnerungsleistung steigen können, da multimedial aufbereitete Informationen potenziell schneller verarbeitet werden können (vgl. Schörken 1984, S. 339f. Grafe et al. 2014, S. 101; Giessen & Schweibenz 2007, S. 8). Mit Hilfe von digitalen Medien können jedoch nicht nur Medien kombiniert, sondern auch „alte" Medien reaktiviert und manipuliert werden. Durch diese Manipulierbarkeit können Prozesse, Umstände oder Details aufgedeckt werden, die vorher nicht sichtbar waren (vgl. Danker & Schwabe 2017, S. 25; Cohen & Rosenzweig 2005, S. 6f.). Dies trifft besonders auf 3D-Rekonstruktionen zu, deren Konstitutionsmerkmal das Sichtbarmachen von Nicht-(mehr)-Existentem und Nicht-Sichtbarem ist (vgl. Dornik 2004, S. 60; Laubinger & Lösche 2017, S. 287).Dieses Sichtbarmachen kann zu einem besseren Verständnis von historischen Prozessen beitragen, da damit auf einfache Weise Anschaulichkeit erzielt werden kann (vgl. Dornik: 2004, 63; Grellert 2009, S. 122; Grellert 2007, S. 272). Diese Anschaulichkeit trägt auch zur Zugänglichkeit von digitalen Medien bei, da somit eine heterogene Zielgruppe angesprochen werden kann, die über einen differenten Wissensstand verfügen kann. Zudem ist das Konsumieren von (historischen) digitalen Inhalten besonders im Internet oder in Form von herunterladbaren Apps aufgrund jener Zugänglichkeit prinzipiell für jede*n an jedem Ort der Welt zu jeder Zeit möglich, was die Erschließung einer heterogenen Zielgruppe unterstützt (vgl. Schwabe 2012, S. 142f. Grellert 2007, S. 257; Cohen & Rosenzweig 2005, S. 5f. Danker & Schwabe 2017, S. 21). Die durch das Digitale mögliche Interaktivität unterstützt darüber hinaus das Individualisierungspotenzial des Lernprozesses: Nutzende können nicht nur in Form von Lerntempo (z. B. Vor- und Zurückspulen eines Videos, Pausieren) oder Lernkomplexität (z. B. Dinge ein- und ausblenden) eingreifen, sondern auch grundsätzlich das für sie ansprechendste mediale Angebot in Einklang mit Interesse und Vorwissen wählen (vgl. Dornik 2004, S. 63; Grellert 2009, S. 122; Grellert 2007, S. 272). Bei 3D-Rekonstruktionen kann die Nutzungserfahrung beispielsweise durch eine interaktive Steuerung des Modells oder interaktive Schaltflächen auf Gebäuden oder Gegenständen bereichert werden (vgl. Schwabe 2012, S. 137; Dornik 2004, S. 213). Durch diese Interaktivität können positive Emotionen evoziert werden, die zumindest anfänglich die Motivation steigern und einen besseren Lernprozess nach sich ziehen können als beim Lernen mit traditionellen Lernmitteln (vgl. Giessen & Schweibenz 2007, S. 10; Laubinger & Lösche 2017: 285; Grellert 2007, S. 256). Auch die Hypertextualität (vgl. Schwabe 2010, S. 179), die besonders dem Web zu eigen ist, unterstützt Unverbindlichkeit. Durch eine Hypertextstruktur kann einfach zwischen Narrativen hin- und hergewechselt werden, wodurch es möglich ist, Mehrdimensionalität in der Darstellung von Geschichte zu realisieren: Es können Kontroversitäten aufgezeigt, der Entstehungsprozess der Geschichtsdarstellung offengelegt (durch Verlinkungen auf Quellen etwa), grobe Überblicke mit detaillierten Informationen unterfüttert, Aspekte kontextualisiert und die Perspektiven verschiedener Personen dargestellt werden (vgl. Cohen & Rosenzweig 2005, 8; Schwabe 2012, S. 132; Pallaske 2015, S. 145; Kühberger 2019, S. 29f. Grellert 2007, S. 251). Die fehlende Linearität ermöglicht eine selbstbestimmte, ungeleitete Rezeption der Darstellung mit eigener Schwerpunktsetzung und kann somit ein selbstgesteuertes, entdeckendes und forschendes Historisches Lernen schaffen, das stark motivierend wirken kann (vgl. Cohen & Rosenzweig 2005, S. 8; Danker/Schwabe 2017, S. 22; Schwabe 2012, S. 131; Pallaske 2015, S. 145; Danker & Schwabe 2007, S. 14).

Summa summarum beeinflussen die spezifischen Charakteristika, ob und wie historisch gelernt wird (vgl. Schwabe 2010, 177). Das durch digitale Medien vermehrt subjektorientierte, selbstgesteuerte und entdeckende Lernen kann die Ausbildung eines individuellen Geschichtsbewusstseins unterstützen (vgl. Pallaske 2015, 137). Eine interaktive Struktur kann dabei Motivation schaffen und eine ansprechendere Vermittlung ermöglichen. Digitale, multimediale Geschichtspräsentationen können Geschichte auf anschauliche, emotionale und affektive Art vergegenwärtigen und haben dabei das Potenzial, die Mehrdimensionalität bei der (Re-)Konstruktion von Geschichte aufzuzeigen. Durch die verstärkt visuelle Darstellung üben derartige Geschichtsdarstellungen einen großen Einfluss auf Geschichtsbilder und Geschichtsbewusstsein aus. Darüber hinaus können sie eine heterogene Zielgruppe ansprechen und sind für ein breites Spektrum von Rezipierenden verfügbar.

„Regensburg klingt schon so märchenhaft und verträumt. Wie eine Burg, die aus den kleinen Partikeln in den Regentropfen über die Jahre erstanden ist."

Leopold B.

4. Die exemplarische Verbindung didaktischer Grundsätze mit nutzer*innenzentrierter Gestaltung

Die Anwendung soll die weiterführenden Informationen und Inhalte didaktisch schlüssig und gut aufbereitet vermitteln. Eine zeitgemäße Vermittlung zeichnet sich durch eine selbstbestimmte, flexible und anwendungsorientierte Lehr-/Lernsituation aus. Wie bereits gezeigt wurde, fördern digitale Medien eben jene Aspekte. Dabei müssen jedoch die differenten Medienkompetenzen, Rezeptions- und Wahrnehmungsgewohnheiten beachtet werden, um einen von der Medienaffinität der Nutzenden unabhängigen Zugang zu gewährleisten. Informationen sollen also nicht nur didaktisch gut aufbereitet und vermittelt werden, sondern auch verständlich, intuitiv und simpel erreichbar sein (vgl. Landesstelle für nichtstaatliche Museen in Bayern 2019, S. 114). Dafür wird eine hohe Gebrauchstauglichkeit (Usability) vorausgesetzt. Usability legt ihren Fokus zunächst grundlegend darauf, wie gut und einfach eine digitale Anwendung zu nutzen ist (vgl. Griffey 2020, 170; Jacobsen & Meyer 2019, S. 33).

Neben der zielgruppengerechten Konzeption der Inhalte und Funktionen der Anwendung trägt auch das visuelle Design der Benutzer*innenoberfläche (also das User Interface) zu Usability bei (vgl. Landesstelle für nichtstaatliche Museen in Bayern 2019, S. 114; Moser 2012, S. 182; Jacobsen & Meyer 2019, S. 35). Das User Interface (UI) soll dabei intuitiv und leicht verständlich sein sowie durch Ordnung und Struktur Orientierung schaffen (vgl. Moser 2012, S. 182; Landesstelle für nichtstaatliche Museen in Bayern 2019, S. 114). Demgemäß spielen also nicht nur passende Funktionen und Inhalte, sondern auch Aspekte wie Verständlichkeit der Bedeutung angezeigter Inhalte und Dialoge, Kohärenz hinsichtlich der Anordnung der Bedienelemente und eine effiziente, zeitsparende Bedienung eine Rolle. Ein von Usability gekennzeichnetes UI unterstützt die Informationsverarbeitung Nutzender bestmöglich (vgl. Thesmann 2016, S. 13). Grob umfasst dies u. a. die Verständlichkeit der Bedeutung angezeigter Inhalte, eine zeitsparende intuitive Bedienung, Konsistenz und Berücksichtigung gängiger Standards, ein ästhetisches Design und eine flexible und effiziente Nutzung. Um dies zu erreichen, gibt es mehrere Standards und Heuristiken, die für das Design des UI der Anwendung besondere Berücksichtigung gefunden haben, hier aber aufgrund der Ausführlichkeit nicht weiter behandelt wird. Vielmehr soll eine Konzentration auf das didaktische Konzept verfolgt werden, das hier – in exemplarischer Form – mit den ebenfalls angewandten Grundsätzen der Usability verschränkt wird.

4.1 Mehrdimensionalität und Hypertextualität

Wie bereits dargestellt, ist die Anwendung durch zwei Ansichtsmodi strukturiert, die dabei untereinander hypertextuell verbunden sind. Die beiden Modi „Baukomplex und Institution" (Abb. 3) und „Lebenswelt und Alltagsort" realisieren dabei die Kontextualisierung der Inhalte zueinander und zeigen die Komplexität und Mehrdimensionalität von Geschichte auf, indem sie sich verschiedener Zugriffe bedienen, womit ein komplexes Bild der Vergangenheit präsentiert werden kann. Hintergrund dieses Aufbaus ist einerseits die geschichtsdidaktische Intention des Aufzeigens der Mehrdimensionalität von Geschichte durch verschiedene Zugriffe, andererseits die nutzer*innenzentrierte Absicht, das Abrufen und Lesen von Information so einfach wie möglich zu machen. Eine hypertextuelle Verknüpfung beugt hierbei große Textmengen durch das Aufteilen in einzelne Informationseinheiten vor und verdeutlicht zudem die Eigenständigkeit der Informationseinheiten, die jedoch durch die hypertextuelle Verlinkung wieder in Kontext zueinander gesetzt werden. Damit fungieren die einzelnen Informationseinheiten wie einzelne Absätze in einem langen Text, wobei jeder Absatz ein neues Thema bzw. einen neuen Aspekt behandelt, was einer nutzer*innenfreundlichen Gestaltung von Text entgegenkommt, nämlich der Gliederung eines Textes in Absätze und Unterüberschriften (vgl. Moser 2012, S. 179; Jacobsen & Meyer 2019, 326; Jacobsen 2017, S. 274). Dabei möchte die Anwendung jedoch nicht mit Informationsfülle und -dichte überfordern, sondern vielmehr einen ersten Einblick geben und durch Hinweise auf weiterführende Literatur, Websites oder relevante Institutionen wie z. B. das Spitalarchiv zu selbständigem Weiterlesen, Recherchieren oder auch Forschen anregen. Die Ausführlichkeit, der Umfang und die Vielfalt sollen also in Proportion zum gegebenen

[4]

Rahmen stehen und diesen jedoch vollends ausschöpfen. Weiterhin soll die Anwendung in ihrer Vielschichtigkeit mittels Hypertextes rezipiert werden, was zudem die didaktischen Vorteile der Hypertextualität wie selbstgesteuertes, entdeckendes und forschendes Lernen mit eigener Schwerpunktsetzung realisiert, da somit ein eigenständiger, nichtlinearer Weg durch die Anwendung beschritten werden kann – es muss keiner linearen historischen Narration gefolgt werden. Auch bietet sich eine hypertextuelle Verbindung der einzelnen Informationseinheiten an, da sie zwar in einem engen Zusammenhang miteinander stehen, aber grundsätzlich unabhängig voneinander sind und ohne Weiteres einzeln rezipiert werden können. Historisches Lernen, das auf die Ausbildung und Förderung eines ausgereiften Geschichtsbewusstseins abzielt, setzt mehr als bloßes lexikalisches Nachschlagen voraus. Vielmehr benötigt es die Rezeption von Inhalten durch einen aktiven mentalen Prozess der Aneignung. Dies kann durch eine Kontextualisierung und sinnstiftenden Zusammenhang erreicht werden (vgl. Schwabe 2012, S. 167 und 171f.). Gleichwohl bietet diese Art der Struktur dennoch eine selbstbestimmte, nichtlineare Rezeption, die entdeckendes Historisches Lernen fördern kann.

[4] Der Ansichtsmodus „Baukomplex und Institution" (eigene Darstellung; 3D-Modell: © ArcTron). Abb. modifiziert.

4.2 Multimedialität und Anschaulichkeit

Die Webanwendung kombiniert verschiedene Medien: das 3D-Modell an sich, die Informationstexte sowie die zugehörigen Abbildungen (Abb. 4). Sie weist folglich Multimedialität auf, die flexibel um weitere Medien erweitern werden kann. Zwar umfasst die

[5]

Anwendung einen gewissen Umfang an Text, fördert durch ihre Verbindung jener Texte mit dem 3D-Modell und den Abbildungen jedoch eine Verschiebung des oft rein textbasierten Lernkontextes hin zu einem visuellen Geschichtslernen, das wiederum eine große Auswirkung auf historische Imagination und Geschichtsbewusstsein ausübt. Durch die hohe Visualität der Anwendung besonders angesichts des 3D-Modells werden Vorstellungsbilder der Vergangenheit evoziert und ggf. revidiert – hier realisiert sich die ästhetische Wirkung von Medien und deren Aneignungsprozesse. Diese ästhetische Wirkung wurde besonders auch im Rahmen der nutzer*innenzentrierten Gestaltung berücksichtigt: Mittels einer ästhetischen Aufbereitung versucht die Anwendung, die Rezipierenden wirkungsvoll anzusprechen. Sie verfolgt damit nicht nur das Ziel, dass Rezipierende dadurch die Darstellung (leichter) in sich aufnehmen können, sondern trägt durch ein ansprechendes, simples und verständliches UI zu einer nutzer*innenfreundlichen Bedienung bei (vgl. Moser 2012, S. 186f.; Nielsen 2020; Nielsen 2010, S. 115-123). Insgesamt veranschaulicht diese multimediale, visuelle sowie ästhetische Aufbereitung Geschichte und sorgt für Abwechslung und Motivation, die wiederum Konzentration und Erinnerungsleistung unterstützen.

4.3 Interaktivität und Steuerbarkeit

Die Anwendung weist darüber hinaus eine hohe Interaktivität auf. So können Nutzende das 3D-Modell interaktiv betrachten (360°-Drehung, Hinein- und Hinauszoomen) und die Detailinformationen selbstbestimmt und frei wählbar aufrufen. Es ist dabei stets die Interaktion der Nutzenden gefragt, um eine Aktion auszulösen. Diese Interaktivität kann positive Emotionen erzeugen und so zum Lernprozess beitragen. Darüber hinaus ermöglicht die im Rahmen der beiden Modi existente hypertextuelle Struktur eine Steuerbarkeit der Anwendung, da Nutzende die Anwendung nicht mittels eines linearen und festgelegten Weges rezipieren müssen, sondern durch die interaktive und freie Bedienung hinsichtlich Startpunkt, Richtung, Geschwindigkeit und Abbruch beliebig sind. Damit ermöglicht die Anwendung eine individuelle und flexible Benutzung und vermittelt den Nutzenden ein Gefühl von Kontrolle, was zu einer nutzer*innenzentrierten Gestaltung maßgeblich beiträgt (vgl. Nielsen 2020; Nielsen 2010, S. 138f. DIN 2008, S. 13f.).

[5] Seite 3 der Informationseinheit „Krankheiten" mit der hypertextuellen Verlinkung zur Informationseinheit „Infirmerie" (eigene Darstellung; Abbildung: © British Library; 3D-Modell: © ArcTron). Abb. modifiziert.

4.4 Alterität und Historizität

Im Rahmen der einzelnen Informationseinheiten wird sich durchweg um eine – sofern möglich – präzise zeitliche Einordnung der Ereignisse und Begebenheiten (z. B. Gebäudeerweiterungen, Abrissarbeiten) bemüht, es werden Epochen (Spätmittelalter) und Phasen (z. B. Verlegung des Spitals, Ausbau des Spitals) benannt. Es wird klar zwischen den Zeitdimensionen Vergangenheit und Gegenwart unterschieden; diese werden zudem in Beziehung gesetzt (Spital damals – Spital heute), wodurch ein Gegenwarts- und Lebensweltbezug hergestellt wird. Durch die Erfahrung der Vergangenheit in Gegenüberstellung zur Gegenwart kann Geschichte somit in ihrer Alterität und Historizität erfahren werden (vgl. Pandel 2017, S. 142; Schwabe 2012, S. 71f. Danker & Schwabe 2017, S. 30f.). Dies äußert sich in beiden Modi: Modus 1 zeigt dies in Form der gewandelten Funktion oder Absenz der Gebäude in der Gegenwart; Modus 2 realisiert dies indirekt durch das Ansprechen noch heute alltäglicher Bereiche, die jedoch im Alltagsvergleich der Gegenwart als divergent und wandelbar erfahren werden. Durch dieses Erfahren von Geschichte findet – idealerweise – ein Wissenszuwachs über die Um- und Zustände der Vergangenheit statt (vgl. Rüsen 2008, S. 65). Das Setzen dieser Erfahrungen und des Wissens in einen größeren Zusammenhang, das sog. Geschichtsbild, wird durch die hohe Visualität der Anwendung besonders angesichts des 3D-Modells angeregt und geprägt, wodurch Vorstellungsbilder der Vergangenheit evoziert und ggf. revidiert werden.

5. Zusammenfassung und Ausblick

Digitale Medien als Werkzeuge und Hilfsmittel Historischen Lernens – diese Annahme bildete Beweggrund und Fundament für die Konzipierung eines digitalen historischen Angebotes auf Basis einer bereits vorhandenen 3D-Rekonstruktion des St.-Katharinenspitals Regensburg um das Jahr 1300. Die von ArcTron erstellte Rekonstruktion sollte hierbei in Form einer webbasierten Anwendung um via Interaktion aufrufbarer Zusatzinformationen zu den einzelnen Elementen des Modells sowie um den alltagsgeschichtlichen Kontext erweitert werden. Durch die geschichtsdidaktische Grundlegung spricht die Anwendung das Geschichtsbewusstsein an und trägt zum erfolgreichen Historischen Lernen bei, gewährleistet jedoch durch ihr nutzer*innenfreundliches Design gleichzeitig eine intuitive und effiziente Nutzung. Insgesamt ist es Nutzenden dadurch möglich, Geschichte in ihrer Alterität und Historizität interaktiv zu erfahren. Die Anwendung schöpft dabei die Potenziale des digitalen Lernens aus und achtet auf die Vermeidung von Gestaltungsfehlern, die die Usability der Anwendung mindern können. Die Konzipierung der Anwendung verdeutlicht dabei das gewinnbringende Potenzial der Verschränkung von geschichtsdidaktischen mit nutzer*innenzentrierten Methoden, wodurch eine für das Historische Lernen wertvolle Anwendung entworfen werden konnte, die verständliche und intuitive Nutzung ermöglicht, da sie mit den für digitale Produkte geltenden Standards und Konzepten arbeitet. Dabei kann die Anwendung nicht nur in klassischen Vermittlungsinstitutionen wie Museen oder Besucher*innenzentren Verwendung finden, sondern auch eigenständig in Form einer Webanwendung oder App einen didaktischen Wert beanspruchen. Sie stellt dabei ein kleines Puzzleteil im Gesamtbild der modernen und digitalen Geschichts- und Kulturerbevermittlung dar.

6. Literaturverzeichnis

Baumgärtner, U. (2019): Wegweiser Geschichtsdidaktik. Historisches Lernen in der Schule, 2. aktual. Aufl. Paderborn: Ferdinand Schöningh.

Bernsen, D./König, A./Spahn, T. (2012): Medien und Historisches Lernen. Eine Verhältnisbestimmung und ein Plädoyer für eine digitale Geschichtsdidaktik, in: Zeitschrift für digitale Geschichtswissenschaft, 1, S. 1-27.

Bernsen D./König A. (2015): Medien und Historisches Lernen. Herausforderungen und Hypes im digitalen Wandel, in: Zeitschrift für Geschichtsdidaktik, 14, S. 191-203.

Cohen, D. J./Rosenzweig, R. (2005): Digital History. A Guide to gathering, preserving, and presenting the past on the web. Philadelphia: University of Philadelphia Press.

Danker, U./Schwabe, A. (2007): Historisches Lernen im Internet. Zur normativen Aufgabe der Geschichtsdidaktik, in: Geschichte in Wissenschaft und Unterricht, 58/1, S. 4-19.

Danker, U./Schwabe, A. (2017): Geschichte im Internet. Stuttgart: Verlag W. Kohlhammer.

DIN e.V. (Hg.) (DIN 9241-110:2008-09, 2008): DIN 9241-110:2008-09. Ergonomie der Mensch-System-Interaktion. Teil 110. Grundsätze der Dialoggestaltung. Dt. Fassung. Berlin: Beuth.

Dornik, W. (2004). Erinnerungskulturen im Cyberspace. Eine Bestandsaufnahme österreichischer Website zu Nationalsozialismus und Holocaust (Network Cultural Diversity and New Media, Bd. 2). Berlin: trafo.

Giessen, H. W./Schweibenz, W. (2007): Neue Ansätze und Erfahrungen zurcMuseumskommunikation. Emotionale, handlungsorientierte und narrative Vermittlung imctraditionellen und virtuellen Museum. https://mai-tagung.lvr.de/media/mai_tagung/pdf/2007/mai2007giessenschweibenzword.pdf (letzter Aufruf am 24.02.2022).

Grafe, E./Günther-Arndt, H./Hinrichs, C.: Visuelle Quellen und Darstellungen, in: Geschichtsdidaktik. Praxishandbuch für die Sekundarstufe I und II, hg. von H. Günther-Arndt, 6., überarbeit. Neuaufl. Berlin 2014, S. 100-131.

Grellert, M. (2007): Immaterielle Zeugnisse. Synagogen in Deutschland. Potentiale digitaler Technologien für das Erinnern zerstörter Architektur. Bielefeld: transcript.

Grellert, M. (2009): Erinnerungskultur im immateriellen Raum. Potenziale digitaler Technologien für die Erinnerung an zerstörte Synagogen, in: Erinnerungskultur 2.0. Kommemorative Kommunikation in digitalen Medien, hg. von E. Meyer & C. Leggewie. Frankfurt am Main: campus, S. 113-143.

Griffey, J. (2020): Introduction to Interactive Digital Media. Concept and Practice, New York/Abingdon : Routledge.

Jacobsen, J. (2017): Website-Konzeption. Erfolgreiche und nutzerfreundliche Websites planen, umsetzen und betreiben, 8. aktual. Aufl. Heidelberg: Dpunkt.Verlag GmbH.

Jacobsen, J./Meyer, L. (2019): Praxisbuch Usability & UX. Was jeder wissen sollte, derWebsites und Apps entwickelt, 1. Aufl. 2017, 2., korrigierter Nachdruck 2019. Bonn: Rheinwerk.

Jeismann, K.-E. (1977): Didaktik der Geschichte. Die Wissenschaft von Zustand, Funktion und Veränderung geschichtlicher Vorstellungen im Selbstverständnis der Gegenwart, in: Geschichtswissenschaft. Didaktik, Forschung, Theorie. Hg. von E. Kosthorst. Göttingen: Vandenhoeck & Ruprecht, S. 9-33.

Kleinitz, V. (2021): Spital digital. Ein geschichtsdidaktisches und nutzer*innennzentriertes Konzept für eine 3D-Webanwendung des St. Katharinenspitals Regensburg um 1300 (unveröffentlichte Masterarbeit), Universität Regensburg.

Kühberger, C. (2019): Radikal digital?! Herausforderungen und Wege für das historische und politische Lernen, in: Fake und Filter. Historisches und politisches Lernen in Zeiten von Digitalität, hg. von S. Barsch, A. Lutter & C. Meyer-Heidemann. Frankfurt am Main: Wochenschau Verlag, S. 21-34.

Landesstelle für nichtstaatliche Museen in Bayern (2019): Das erweiterte Museum. Medien, Technologien und Internet (Museumsbausteine, Bd. 19). München: De Gruyter.

Laubinger, A./Lösche, D. (2017): 3D-Modelle und Visualisierung, in: Praxishandbuch Historisches Lernen und Medienbildung im digitalen Zeitalter, hg. von D. Bernsen & U. Kerber. Opladen/Berlin/Toronto: Verlag Barbara Budrich, S. 283-291.

Lücke, M./Zündorf, I. (2018): Einführung in die Public History. Göttingen: Vandenhoeck & Ruprecht.

Moser, C. (2012): User Experience Design. Mit erlebniszentrierter Softwareentwicklung zu Produkten, die begeistern. Berlin/Heidelberg: Springer Vieweg.

Münster, S. (2011): Entstehungs- und Verwendungskontexte von 3D-CAD-Modellen in den Geschichtswissenschaften, in: GeNeMe '11. Gemeinschaften in Neuen Medien, TU Dresden, 07./08.09.2011, hg. von K. Meißner & M. Engelien, Dresden: TUDpress, S. 99-108. https://nbn-resolving.org/urn:nbn:de:bsz:14-qucosa-143532 (letzter Aufruf am 24.02.2022).

Nielsen, J. (2010): Usability Engineering, Nachdruck 1993. Amsterdam u. a. : Morgan Kaufman.

Nielsen, J. (2020): 10 Usabiltiy Heuristics for User Interface Design. https://www.nngroup.com/articles/ten-usability-heuristics/ (letzter Aufruf am 24.02.2022).

Pallaske, C. (2015): Die Vermessung der (digitalen) Welt. Geschichtslernen mit digitalen Medien, in: Geschichte lernen im digitalen Wandel, hg. von M. Demantowsky & C.Pallaske. München: De Gruyter Oldenburg, S. 135-147.

Pandel, H.-J. (1993): Geschichtsbewusstsein, in: Geschichte in Wissenschaft und Unterricht 44/11, S. 725-729.

Pandel, Hans-Jürgen (2017): Geschichtsdidaktik. Eine Theorie für die Praxis, 2. Aufl. Schwalbach: Wochenschau Verlag.

Rüsen, J. (1988): Für eine Didaktik historischer Museen, in: Geschichte sehen. Beiträge zur Ästhetik historischer Museen, hg. von J. Rüsen, W. Ernst & H. T. Grütter. Pfaffenweile: Centaurus. S. 9-20.

Rüsen, J. (1994): Was ist Geschichtskultur? Überlegungen zu einer neuen Art, über Geschichte nachzudenken, in: Historische Faszination. Geschichtskultur heute, hg. von K. Füßmann, H. T. Grütter & J. Rüsen. Köln u. a. : Böhlau, S. 3-26.

Rüsen, J. (1997): Geschichtskultur, in: Handbuch der Geschichtsdidaktik, 5. überarb. Aufl., hg. von K. Bergmann, K. Fröhlich, A. Kuhn, J. Rüsen & G. Schneider. Seelze-Velber: Kallmeyer, S. 38-41.

Rüsen, J. (2008): Historisches Lernen. Grundlagen und Paradigmen, 2. überarb. und erw. Aufl. Schwalbach: Wochenschau Verlag.

Schwabe, A. (2010): Hypertext und Multimedia. Reflexionen zu Geschichtsdarstellungen im Internet, in: Geschichte und Sprache (Zeitgeschichte – Zeitverständnis, Bd. 21), hg. von S. Handro & B. Schönemann. Berlin: Lit, S. 177-188.

Schwabe, A. (2012): Historisches Lernen im Word Wide Web. Suchen, flanieren oder forschen? Fachdidaktisch-mediale Konzeption, praktische Umsetzung und empirische Evaluation der regionalhistorischen Website Vimu.info (Beihefte zur Zeitschrift für Geschichtsdidaktik, Bd. 4). Göttingen: Vandenhoeck & Ruprecht.

Schörken, R. (1984): Organisiertes und nichtorganisiertes Lernen von Geschichte, in: Geschichtsdidaktik 4, S. 337-342.

Thesmann, S. (2016): Interface Design. Usability, User Experience und Accessibility im Web gestalten, 2., aktual. und erw. Aufl. Wiesbaden: Springer Vieweg.

„Der Dom ist ein Ruhepol, der immer da ist und immer da sein wird, hoffe ich."

Günther S.

Anika Kronberger, Daniel Fabry

What you try is what you get – Digitale Ansätze im Ausstellungsdesign

▪ Museen, Ausstellungshäuser und Besuchszentren sind starken Legitimations- und Veränderungskräften ausgesetzt, Kräfte, die in letzter Zeit unter dem Begriff „Experience und Transformation Economy" subsummiert werden (vgl. Pine und Gilmore 2020). Geformt und beherrscht wird diese „Economy" von den komplexen und dynamischen Anforderungen der Scientific Community, der Politik und der breiten Öffentlichkeit an jene Institutionen. Der Nachteil dieser Begriffsbildung liegt in ihrer formelhaften, euphemistischen Verkürzung, die mehr verbirgt als sie zeigt, ihr Vorzug ist, dass diesen kulturellen Einrichtungen in ihrer Rolle als „dritter Ort" ein multidimensionaler Wirkungsraum zugestanden wird: als physisch-realer Ort, als sozialer Ort, als virtueller Ort – als Ort für Gäste, Einheimische und Experten*innen. Diese Multidimensionalität erfordert vielschichtige Instrumentarien zur Selbst-definition, zur Konzeption und der Ausgestaltung jener Orte.

1. Ausstellungsdesign & Museen

Die Aufgabe von Ausstellungsdesign ist es, Themen lesbar und erfahrbar zu machen und in dreidimensionale Erzählungen zu übersetzen. Dazu werden Darsteller und Objekte, die für jene Themen stehen, auf Bühnen arrangiert. Kuratierung, Vermittlung und Gestaltung arbeiten zusammen, um eine Narration in den Raum zu setzen, sie erlebbar zu machen. Die Eigenart der Medien, die diese Erzählung tragen, ist Teil des Erlebens. Der Einsatz von Medien ist ein großes Experimentierfeld – hier werden die Grenzen des Common Sense ausgelotet, es werden neue Erlebnisweisen und Erzählformen geschaffen. Dazu muss sich die Ausstellungsgestaltung transdisziplinär orientieren, um das Bewährte mit dem Avancierten zu verbinden. Dies betrifft besonders die Ausstellungsgestaltung für das klassische Museum, das einerseits in Traditionen verhaftet ist und andererseits eine moderne didaktische Agenda verfolgen muss.

Museen sind soziale Lernumgebungen, die von Menschen, meist mit Familie, Freund*innen oder im Schulverband aufgesucht werden (vgl. Crowley, Pierroux und Knutson 2014). Die Verbindung von Erzählungen, kulturellen Artefakten und materiellen Objekten sind der Schlüssel zum geglückten Lern- und Interpretationsprozess – das Ziel eines erfolgreichen

[1] A(R)DVENTURE, CoSA Graz (Janine Wagner). Abb. modifiziert.

[1]

Museumsbesuchs (vgl. Pujol-Tost 2011). Zu ehrgeizig und intensiv darf diese Verbindung aber nicht sein – ein Überangebot an Information kann zu kognitiver Überlastung führen. Dialogische Interaktionen, kreative Ansätze der Wissensvermittlung und das Anbieten und Zulassen alternativer Perspektiven erhöhen die didaktische Effizienz und verstärken die Akzeptanz einer Ausstellung.

Museumsbesucher*innen wollen sich im Museum willkommen fühlen, in Ausstellungen erwarten sie, persönliche Problem- und Interessenslagen widergespiegelt zu sehen. Ihre Investition von Zeit, Interesse und Geld soll sich auszahlen: „[...] einerseits wollen sie mit einer anregenden und interessanten Ausstellung belohnt werden und andererseits schätzen sie den Empfang in einer offenen und gastfreundlichen Institution. Das Publikum soll und will spüren, dass es im Museum, in der Sammlung, im Ausstellungshaus willkommen ist und dass es sich über seinen Besuch freut" (Verband der Museen Schweiz, 2013).

„Dass es lebt und dass es keine tote Besichtigungsstadt ist, sondern dass es auf den Plätzen, in der Stadt lebt. Das ist für mich der Sound der Stadt, den ich so positiv mit der Stadt verbinde."

Petra M.

2. Das Publikum

Die Motivation, ins Museum zu gehen, ist unterschiedlich. Einerseits gibt es dazu eine gewisse kulturelle Verpflichtung: Gelegentliche Ausstellungsbesuche gehören zum guten Ton. Insbesondere auf Reisen sind Museumsbesuche Pflichtprogramm, unabhängig von den gezeigten Ausstellungen. Es gibt weit gespannte Erwartungen an das Museumserlebnis. John Falk und Lynn Dierking (2013) definieren eine Besucher*innentypologie und beschreiben dazu Motivationen und Verhaltensweisen:

Explorers: Neugierige Besucher*innen mit einem allgemeinen Interesse an den Inhalten des Museums. Sie erwarten, etwas zu finden, das ihre Aufmerksamkeit erregt und sie kognitiv herausfordert.

Facilitators: Sozial motivierte Besucher*innen, sie wollen anderen in ihrer Peergroup Erfahrungen und Lernerlebnisse ermöglichen.

Professionals/Hobbyists: Besucher*innen, die beruflich oder außerberuflich ein leidenschaftliches Interesse an den Inhalten des Museums hegen. Ihre Besuche sind in der Regel von bestimmten inhaltlichen Zielen motiviert.

Experience Seekers: Besucher*innen, die das Museum als ein wichtiges Ziel wahrnehmen. Ihre Zufriedenheit ergibt sich aus der bloßen Tatsache, „dort gewesen zu sein".

Rechargers: Besucher*innen, die nach kontemplativen, spirituellen und/oder erholsamen Erfahrungen suchen. Sie sehen im Museum einen Zufluchtsort vor dem Arbeitsalltag oder als Ort ihrer religiösen oder ideologischen Überzeugungen.

Diese Wünsche und Bedürfnisse müssen erkannt und über die gesamte Visitor Journey (vgl. Devine 2015) erfüllt werden. Dabei spielt das *Onboarding*, die Gestaltung der Empfangsbereiche und Eincheck-Routinen, die Erklärung der Ausstellungsbenutzung, des Ausstellungsthemas und der Vermittlungstools eine wesentliche Rolle. Um Inhalte aufnehmen zu können, muss eine angenehme, wohlwollende Umgebung geschaffen werden. Ein gelungenes Onboarding trägt zur positiven *Experience* bei, womit jene Erfahrung bezeichnet wird, die ein Museumsbesuch mit sich bringt. Ein Ausstellungsbesuch besteht aus mehreren zusammenhängenden Erlebnissen, viele können beeinflusst und an Bedürfnisse angepasst werden, nicht alles liegt in der Hand der Ausstellungsgestaltung. Erfahrungen machen immer die Besucher*innen selbst – deren *Experience* kann nicht gestaltet werden. Ausstellungsgestaltung kann nur dafür sorgen, die Wissensaufnahme nicht zu behindern oder einzuschränken. *Experience* hat mit Kultur, Mentalität und vorangegangenen Erfahrungen zu tun, und jede Erfahrung beeinflusst die nächste. Ausstellungsdesign kann dabei nur anleiten und inspirieren, nicht kontrollieren.

Menschen sind begeisterungsfähig und wollen lernen. Dieser Umstand kann genutzt werden, indem das Museum in folgenden Bereichen wirkt:

- Bedürfnisse erkennen und befriedigen, das Interesse wecken, einladen
- Zugänglichkeit signalisieren
- Inhalte übersetzen, kondensieren, visualisieren und kontextualisieren
- unterschiedliche Perspektiven auf Themen sichtbar machen
- besucher*innengerecht kommunizieren, didaktisch die Balance von Unterforderung und Überforderung halten
- Interaktionsangebote machen

3. Einbindung der Öffentlichkeit

Einrichtungen mit starkem Regionalbezug und kulturrepräsentativem Charakter wie Nationalmuseen, Regionalmuseen und Besuchszentren kommt hierbei besondere Bedeutung zu: Sie haben einen Repräsentationsauftrag. Oft sind sie die erste, zentrale, manchmal einzige Anlaufstelle für ein touristisches Publikum. Für die autochthone Bevölkerung können sie Bühne, integrative Klammer, kultureller Besitz sein, ein zentraler „Touchpoint" – identitätsstiftend für eine Region, eine Stadt, einen Kulturkreis. Dies erhöht ihre Akzeptanz bei der Bevölkerung, eine Akzeptanz, die bei der Planung und beim Betrieb solcher Einrichtungen durch Einbeziehung der Öffentlichkeit genutzt werden sollte.

4. Die Maslow'sche Bedürfnispyramide

Dabei können und sollen alle Ebenen der Maslow'schen Bedürfnispyramide von den physiologischen bis zu den individuell-kreativen Bedürfnissen des Publikums als Schnittstelle betrachtet werden: Eine Toilettenanlage kann ebenso als Ort der Wissensvermittlung begriffen und architektonisch und medial in den Ausstellungskontext als positiver serviceorientierter Erfahrungsmoment, wie Ladestationen für Mobilgeräte als Gelegenheit zum Wissenstransfer, einbezogen werden. Eine Gastronomiezone – und sei es auch nur in seiner „Schrumpfform" als Snackautomat – kann sowohl das Grundbedürfnis nach Nahrung decken als auch den Startpunkt einer nachhaltigen sozialen Interaktion bedeuten. Eine positive Gesamterfahrung erfordert die Befriedigung von Grundbedürfnissen ebenso wie den Wunsch nach individualisierten Selbsterfahrungen im Rahmen einer Gesamtexperience. Scheinbar nebensächliche Erlebnisfaktoren können dabei als Gestaltungsanlässe berücksichtigt werden. Digitale Medien können dies hervorragend unterstützen.

5. Digitale Medien

Die Erwartungen und Bedürfnisse im digital-medialen Erfahrungskontext wachsen mit dem technischen Fortschritt: In dem Ausmaß, in dem digitale Ausstellungen sich gegenüber den realen emanzipiert haben, sind auch die technischen und ästhetischen Standards gewachsen. Der virtuelle Besuch in einem digitalen Archiv kann eine *Peak Experience* im Maslow'schen Sinne sein.

So wie schlecht geschultes Kassenpersonal eines realen Museums der Ausgangspunkt einer negativen Besucher*innenerfahrung sein kann, wird auch der Besuch einer dysfunktionalen Webseite zur Ablehnung führen – digitale Medien müssen mit den gleichen strengen Maßstäben gemessen werden, wie sie bei analogen Medien angewandt werden. Eine architektonische Planung, die zugleich praktische Bedürfnisse und transzendentale Erlebnisse bedient, braucht entsprechende Sorgfalt. Ebenso sorgfältig muss die Planung virtueller und digitaler Räume sein.

Realität und augmentierte Elemente verbinden sich immer häufiger zu hybriden Erlebnis- und Informationswelten, Sprach- und Gestensteuerung und „smart materials" machen Interfaces immer unsichtbarer, die Grenzen zwischen physischer und digital-virtueller Sphäre zerfließen – dies bedeutet, diese Grenzen sind als inexistent zu betrachten. Digitale Medien im Ausstellungskontext folgen komplexen kulturellen und technologischen Schwerkräften. Das Anforderungsspektrum und die Umsetzungstiefe dieser Technologien erfordern das Design des Designprozesses selbst. Stichworte dazu: Wissen um Kultur und Kulturtechniken, methodischer Variantenreichtum, interdisziplinäre Gestaltungsstrategien, transmediale Dramaturgien. Die Überformungsmöglichkeiten der Realität eröffnen neben ästhetischen Fragen auch philosophische und ethische Herausforderungen.

Im Folgenden werden einige medientechnologische Potenziale, Herangehensweisen und Entwicklungen aufgezeigt, die einem digitalen Ausstellungsdesign zugrunde liegen sollten. *What you try is what you get...*

Menschen haben durch die Nutzung digitaler Medien neue Verhaltensformen erlernt. Die Art und Weise, wie sie auf Informationen zugreifen, hat sich verändert: von zeit- und ortsgebundenen Quellen wie Schulen, Bibliotheken und Museen, hin zu der Möglichkeit, jederzeit und überall zu recherchieren. Menschen sind es gewohnt, selbst Informationen zu finden und Inhalte zu erstellen und zu teilen. Es erfolgt ein Rollenwechsel von Kulturkonsument*innen hin zu Prosument*innen und Co-Kreativen (vgl. Jagla und Knoblich 2020).

In diesem Kontext haben sich die Medien verändert:

- Die Bandbreite an Werkzeugen und Möglichkeiten zur Interaktion hat sich erhöht;
- ebenso die Richtung der Informationsströme: von unidirektionalen Informationsressourcen zu einem lebendigen, multidirektionalen Informationsaustausch.
- User*innen wollen nicht nur konsumieren, sondern partizipieren: schreiben, erstellen, teilen, kommentieren, liken etc.
- Webseiten haben sich von statischen zu interaktiven, kollaborativen und partizipativen Plattformen entwickelt.
- Eine Mischung mehrerer Realitäten ist möglich – hybride Formen aus Virtualität und Wirklichkeit.

Dies hat auch für das Ausstellungsdesign Folgen. Technik per se ohne inhaltlichen Nutzen ist obsolet. Entscheidend ist, aus welchen Gründen, wie und wofür sie eingesetzt wird.

Technologien können helfen,

- Wissen zu verbreiten und zugänglich zu halten – auch außerhalb von Öffnungszeiten und zu Zeiten, in denen Pandemie-Lockdowns herrschen;
- Artefakte der Sammlung zu zeigen, die sonst nicht zu sehen wären;
- einen Kommunikationsprozess um die Themen des Museums zu eröffnen und in Gang zu halten, um die Beziehung zum Publikum aufzubauen und zu pflegen;
- insgesamt eine Sphäre der Kommunikation um ein Museum und seine Aktivitäten zu entwickeln.

- Bedeutend sind auch die Benefizien, die *Datamining* den Museen bringen kann: mehr Wissen über das Publikum, seine Zusammensetzung, seine Verhaltensweisen, seine Interessenslagen.

Durch die Covid-19-Pandemie sind viele anstehenden Digitalisierungsmaßnahmen früher und stärker in Angriff genommen und genutzt worden, als dies ohne jenes Ereignis geschehen wäre. Vor Covid-19 waren Skepsis, Bürokratie, technische Inkompetenz und das fehlende Angebot Hindernisse zur Digitalisierung von Museumsaktivitäten. Die unfreiwillige Schließung der Museen hat nun neue Wege der Wissensvermittlung und Publikumseinbindung notwendig gemacht. Sie werden über die Zeit der Pandemie hinaus das kulturelle Erbe unserer Sammlungen jenen jüngeren Generationen zugänglich machen, die schon jetzt einen digitalen Lebensstil praktizieren.

Für das Ausstellungsdesign entstehen so neue Betätigungsfelder. Durch die Verbindung von Analogem und Digitalem müssen verschiedene reale und mediale Sphären verbunden werden. Diese Synchronisierung geschieht inhaltlich durch transmediales Storytelling und technisch durch die Entwicklung innovativer Schnittstellen zwischen Mensch und digitaler Welt.

Sinnvolle Digitalisierungsprozesse gehen über die didaktische Vermittlungsarbeit und das Ausstellungsdesign hinaus und umfassen auch die Bereiche Forschung, Dokumentation und Archivierung.

1   https://openglam.org (letzter Aufruf am 24.01.2022).

2   https://www.europeana.eu (letzter Aufruf am 24.01.2022).

3   https://www.rijksmuseum.nl/en (letzter Aufruf am 24.01.2022).

4   https://www.rijksmuseum.nl/en/rijksstudio (letzter Aufruf am 24.01.2022).

6. Digitale Archive

Ausstellungshäuser sind Bewahrer und Sammler von historischen Artefakten, die zum Großteil in gut bewachten und klimatisierten Kellern verwahrt werden. Viele diese Objekte sind äußerst fragil. Die Zeit setzt ihnen zu und sie müssen konserviert und geschützt werden. Durch die Größe der Sammlungen verschwinden diese Objekte in der Masse des Gesammelten. So kommt es, dass nur relativ kleine Personenkreise die Fülle und Komplexität von Sammlungen und Archiven überschauen und zu einzelnen Objekten Zugang haben. Das Bewahren und Sichtbarmachen durch Digitalisierung hat hier neue Möglichkeiten ins Spiel gebracht. Zwei- und dreidimensionale Artefakte in hoher Auflösung gescannt und in digitale Archive überführt, können schnell gefunden, betrachtet, ausgestellt und bearbeitet werden, ohne das Original zu gefährden. Dem steht der beträchtliche Zeitaufwand gegenüber, den die Digitalisierung erfordert.

Onlinearchive können als telematische Schauräume von Sammlungen eingesetzt werden und so ihre Reichweite erhöhen. Sie sind gut durchsuchbar und können marginalisierte, versteckte und vergessene Kulturgüter sichtbar machen. Digitale Repräsentationen geschützter Originale dürfen berührt, benutzt und kreativ weiterverwendet werden. Ein Konzept wie *Open GLAM*[1] , das freien Zugang zu historischen Kulturgütern fordert, ist ohne Onlinearchive nicht realisierbar.

Inzwischen entstehen Plattformen zur Verknüpfung von Online-Archiven: Projekte wie *Europeana* oder *Google Arts and Culture* geben Museen die Möglichkeit, ihre reproduzierten Artefakte in digital zugängliche Sammlungen zu integrieren.

Das Projekt *Europeana*[2] erfasst Kulturgüter aus Galerien, Bibliotheken, Museen und Archiven in ganz Europa, um sie online zugänglich zu machen. Aus diesem Pool virtueller Ausstellungen können von Benutzer*innen und Museumsexpert*innen themenbezogene Sammlungen zusammengestellt werden.

Eines der Museen, das digitale Anwendungen offensiv als Schnittstelle zur Öffentlichkeit einsetzt, ist das *Rijksmuseum*[3] in Amsterdam. Die Applikation *Rijksstudio*[4] kann auf mobilen Geräten und als Webanwendung genutzt werden und bietet hochauflösende Bilder mit flankierenden Informationen sowie die Möglichkeit aus dem digitalen Museumsfundus persönliche Sets zusammenzustellen. Das *Rijksmuseum* ermutigt die Nutzer*innen, mit den Datenbeständen spielerisch umzugehen.

Die Nutzung der digitalen Archive kann auch vor Ort ausstellungsszenografisch eingesetzt werden: Da kaum ein Museum die Möglichkeit hat, alle seine Artefakte in situ zu präsentieren, können Terminal-systeme die in Depots eingelagerten Sammlungsobjekte sichtbar machen. Exponate, die in Vitrinen geschützt werden müssen, werden um digitale Reproduktionen ergänzt, die Eingriffe wie Drehen und Zoomen gestatten. Die eigenen Exponate können mit digitalen Exponaten anderer Museen kontextualisiert werden.

7. Artificial Intelligence

Die derzeit zugänglichen Anwendungen von künstlicher Intelligenz (KI) finden im Museumskontext etliche Anwendungsfelder.

Kreation/Rekonstruktion

Im Bereich der Kreation wird KI bei generativen, algorithmisch gestützten Gestaltungsprozessen genutzt, etwa um Fragmentarisches oder Unvollendetes auf Grundlage von Rudimenten zu rekonstruieren (vgl. Rauterberg 2021). Bruchstückhafte Musikstücke und Kunstwerke können so vervollständigt werden. Derartige KI-Systeme bauen auf bestehende Daten auf oder werden mit neuen gefüttert oder kombinieren Bestehendes mit Neuem. Beispiele dafür sind: *Beethoven vollendet*[5], *DeepBach* (Hadjeres, Pachet und Nielsen 2017) und *The Klimt Color Enigma*[6].

Data Mining

Große Datensätze können mittels KI durchforstet, erfasst und kategorisiert werden. Speziell zur Aufbereitung von digitalen Archiven oder bei automatisierter Bilderkennung finden KI-Algorithmen ihren Einsatz. Hier zeigen sich auch die Limitierungen dieser Systeme: Ihre Ergebnisse müssen meist durch Fachpersonal validiert und korrigiert werden.

Chatbots

Für die Kommunikation zwischen dem Museum und seinem Publikum werden auch KI-getriebene Chatbots genutzt. Diese digitalen Gesprächspartner sind mit Informationen über den Museumsbesuch oder zu speziellen Themen ausgestattet. Sie können im Dialog Fragen beantworten oder während des Besuches als digitale Guides durch die Ausstellung führen. Je nach Technologie und Aufwand bewegen sich die Konversationen zwischen unbeholfen, amüsant und menschennah. Conversational User Interfaces (CUI) bilden einen Übergang zwischen passivem Informationsgewinn und realer Kommunikation zwischen Menschen. Die Einsatzmöglichkeiten, um auf diese Art mit dem Publikum zu kommunizieren, sind noch lange nicht ausgereizt.

Generell kann durch KI und Deep Learning das Verhalten der Besucher*innen analysiert werden und die Inhalte der Ausstellung und deren Vermittlung direkt an die Bedürfnisse und Eigenschaften der Besucher*innen angepasst werden. Im Marketing können KI-Algorithmen genutzt werden, um potentiellen Publikumsschichten zielgerichtet angepasste Inhalte zu präsentieren. Diese genau abgestimmten Marketingaktivitäten können den Kommunikationsaufwand verringern und den Impact erhöhen.

5   https://theconversation.com/how-a-team-of-musicologists-and-computer-scientists-completed-beethovens-unfinished-10th-symphony-168160 (letzter Aufruf am 24.01.2022).

6   https://artsandculture.google.com/story/SQWxuZfE5ki3mQ (letzter Aufruf am 24.01.2022).

„Das Ungewöhnlichste an der Stadt, finde ich, ist, dass so viele Kirchen mit dem Dom so dicht an dicht aneinandergebaut sind. Das habe ich bisher nirgends gesehen.“

Sofie H.

8. Augmented Reality

Augmented Reality (AR) bezeichnet die digitale Erweiterung der tangiblen Umgebung um multimediale Inhalte. Es handelt sich um dreidimensionale Raumsimulationen, die mit realen Räumen verschmelzen. Im Vergleich zur virtuellen Realität bleibt bei der AR die reale Umgebung erhalten – sie bildet die Bühne für dreidimensionale, in Echtzeit generierte Überlagerungen. AR steht immer mit der physischen Bezugswelt in Verbindung.

Der spezifische AR-Zauber entsteht durch das Interagieren verschiedener Raum- und Informationssphären. Um ihre simulatorischen Layer erleben zu können, werden Brillen oder Handheld-Devices benötigt. Die gängigen Smartphones haben diese Technologie integriert und können für Augmented-Reality-Darstellungen genutzt werden. Mit AR können Informationen zu Exponaten vor Ort räumlich vermittelt werden – und dies mit einem hohen Grad an Interaktivität. Diese Art des Entdeckens und des Lernens hat hohen Impact. AR-Inszenierungen können um ein solitäres Objekt stattfinden; ebenso können ganze Erlebniswelten hergestellt werden.

AR-Storytelling

Ein reales Objekt bildet den Anker und Startpunkt einer digitalen Erzählung. Mit einem Smartphone wird diese Erzählung zugänglich: Das Objekt wird zum Leben erweckt, indem eine Medienerzählung zu dem betreffenden Objekt im digitalen Raum beginnt, meist in Form einer Videoanimation.. Mit Hilfe von Apps wie *artivive* ist dieser Ansatz auch ohne großes technisches Wissen leicht umsetzbar.

Sound

Eine Augmented Reality muss nicht visuell sein. Augmentierungen können auch mit Audio-Layern gestaltet werden, die ein Ausstellungsobjekt oder eine ganze Ausstellung begleiten. Soundfiles, die durch die Besucher*innen ausgelöst werden und die ursprüngliche Soundscape im Raum ersetzen, können für eine neue Art des Storytellings verwendet werden. Mittels Audioguides oder Spatial-Audio-Technologie können so einzigartige Erlebnisse erzeugt werden.

Play

Wesentlich für Augmented-Reality-Anwendungen ist ihr spielerischer Aspekt. In vielen Museumsapplikationen finden sich Elemente, die den Spiel- und Erlebnisdrang einer jugendlichen Zielgruppe befriedigen sollen. Rätselrallys, Schatzsuchen und virtuelle, interaktive Exponate machen den Ausstellungsbesuch zu einem besonderen Erlebnis für diese Zielgruppe. Um diese Media-Features zu nützen, sind Apparate notwendig. Dies können mitgebrachte Smartphones ebenso sein (BYOD) wie hochwertiges Spezialequipment, das für den Gebrauch in der Ausstellung bereitgestellt wird. Die Verwendung von Augmented-Reality-Headsets wie Microsoft *HoloLens* oder *Magic Leap* brauchen jedoch eine komplexe Infrastruktur. Die Aufbereitung der Inhalte und die Einbindung dieser Geräte in eine Gesamtszenografie benötigen aufwendige Planungs- und Gestaltungsprozesse.

Für das *Center of Science Activities (COSA)* im Universalmuseum Graz wurde ein eigener Bereich der AR und dem Storytelling gewidmet. In drei Räumen – den *A(R)DVENTURE*s[7] – werden mittels AR-Headsets

7   https://www.museum-joanneum. at/cosa-graz/ardventure (letzter Aufruf am 24.01.2022).

und interaktiven Exponaten drei Handlungen erzählt. Die interaktiven Geschichten sollen den Klimawandel und seine Folgen erfahrbar machen. Die AR-Stories kommen ohne Museumsobjekte aus und sind rein fiktive Orte.

AR im freien Feld

Ein weiterer Einsatzbereich von Augmented Reality ist der ortsbezogene Kontext, bei dem AR die Realität nicht komplett überlagert, sondern nur ergänzt. Es entsteht eine ortsspezifische Verknüpfung mit historischen Elementen. So können mit ihr etwa historisch konnotierte bzw. touristisch attraktive Orte mit Informationen und Hinweisen angereichert werden. Dieser Ansatz wurde bei der Applikation *The Street Museum* des *Museum of London* schon 2010 verfolgt: Alte Schwarz-Weiß-Fotos der Museumssammlungen werden derart über die realen Straßenansichten gelegt, dass ein Eindruck jener Straßen in früheren Zeiten entsteht. Diese Fotografien hätten in einem konventionellen Ausstellungssetting keine vergleichbare Wirkungstiefe.

Um ortspezifische Inhalte abrufen zu können, braucht es die Lokalisierung der Clients durch die installierte App oder durch eine AR-Cloud, die fix zugeordnete Verbindungen zwischen dem realen Setting und den digitalen Inhalten etabliert. Als AR-Cloud wird ein weltumspannendes Terrain bezeichnet, in dem lokalisierte AR-Inhalte aufgerufen werden können. Es geht hier um die Organisation von ortsbezogenen holografischen Overlays der Realität.

Wie bei *Pokemon Go*[8] machen derartige AR-Applikationen an bestimmten Orten Inhalte sichtbar und dies potenziell weltweit. Digitale Inhalte, die derart in der physischen Welt verankert sind, sind noch selten und zudem an proprietäre Applikationen oder Tools gebunden. In absehbarer Zeit wird es jedenfalls keine AR-Cloud für alle geben.

Diese Technologie wirft auch Fragen auf: Wer hat das Recht, an welchem Ort digitale Assets zu platzieren? Wie wird dies organisiert und reglementiert? Wie werden die gemeinsamen Standards aussehen?

9. Virtual Reality

Im Gegensatz zur Augmented Reality bietet Virtual Reality (VR) eine höhere Immersion in die digitalen Inhalte, da das Blickfeld der Besucher*innen von der VR komplett beherrscht wird – Brille aufsetzen, neue Umgebung erleben. Das Einsteigen in eine andere Welt ermöglicht vollständig neue Ansätze der Erzählung mit sehr fokussierten, illusionären Erzählungen, die durch die technischen Möglichkeiten immer naturalistischer werden. In der VR können subjektive Erlebnisweisen gestaltet und inszeniert werden. Durch die Illusion von Präsenz und Handlungsraum kann VR als Tool komplexe Situationen verständlich machen. Auch wenn die Technik inzwischen auf hohem Niveau ist, gibt es noch einige Einschränkungen: Durch den anfänglichen hohen Preis der Brillen und den großen Aufwand in der Erstellung von realitätsgetreuen Umgebungen war die Content-Entwicklung der Industrie und der Unterhaltungsbranche vorbehalten. Mit der jüngsten Entwicklung preiswerter mobiler Virtual-Reality-Headsets wird aber ein immersives, interaktives, virtuelles Erlebnis auch für breite Publikumsschichten erschwinglich.

Die Interaktionsmöglichkeiten in der VR sind sperrig und gewöhnungsbedürftig. Es braucht Zeit, bis man mit den Systemen geläufig umgehen kann. Da es keinem etablierten Medium gleicht, ist es bei der Gestaltung der Interaktion und der Inhalte wichtig, die Benutzbarkeit niederschwellig zu halten, damit keine Überforderung eintritt. Beim Einsatz von VR in Ausstellungssituationen ist geschultes Personal notwendig, damit das VR-Erlebnis auch Ungeübten gelingt.

Die Einsatzbereiche von Virtual Reality sind vielfältig und in vielen Branchen schon etabliert. Die Ausstellungsszenografie kann von diesen Erfahrungen profitieren und sollte sich an ihnen orientieren.

Architektonische Gestaltungsprozesse

Bei der Planung und Gestaltung im Bereich der Architektur wird Virtual Reality zur Entwicklung und gemeinsamen Begehung der Entwürfe eingesetzt. Da durch die Planungsphase die 3D-Daten der Architekturobjekte schon bestehen, ist der weitere Einsatz jener Daten in der VR-Brille nur ein kleiner Schritt. Der Eindruck ist realitätsgetreuer als in Plangrafiken oder auf zweidimensionalen Screens und kann besser für Gestaltungsentscheidungen genutzt werden. In der Ausstellungsgestaltung wird dieser Trend ebenfalls verfolgt. Auch wenn Virtual Reality in der fertigen Ausstellung keine Rolle spielt, ist sie ein brauchbares Werkzeug, um den Entwurf allen Entscheidungsträger*innen vorzustellen. Räume und Objekte, Distanzen und Sichtachsen können erlebbar gemacht werden. Änderungen an Position, Dimension, Farbe und Material lassen sich realitätsnah visualisieren. Trotz eines Mehraufwands in der Umsetzung des Entwurfs können auf diese Weise Fehlplanungen vermieden und Zeit gespart werden. Die so erstellten virtuellen Räume können für kommende Ausstellungsplanungen oder den Einsatz als virtuelles Museum weiterverwendet werden.

VR-Simulationstraining

Virtuelle Umgebungen werden auch als Trainingsumgebung für komplexe oder kritische Abläufe verwendet. VR-Umgebungen haben den Vorteil, dass sie auch nach exzessiver Benutzung keine Abnutzung zeigen und kaum Materialverbrauch verursachen. Im Ausstellungskontext könnten VR-Simulationen zur Einschulung von Aufsichtspersonal dienen, und dies noch vor Ausstellungseröffnung. Zudem können VR-Simulationen die Aufbereitung von Museen für didaktische Vermittlungsprogramme unterstützen.

8   https://pokemongolive.com/en/
     (letzter Aufruf am 24.01.2022).

VR-Inszenierung

VR-Headsets versetzen das Publikum mitten ins Geschehen – es erlebt immersives 3D-Kino. Die Realität, die in der Brille aufgebaut wird, muss dabei nicht immer computergeneriert sein. Auch mittels 3D-Kameras lassen sich Umgebungen digitalisieren und über die Brille erfahrbar machen. Der Unterschied zwischen klassischen Filmaufnahmen und 360-Grad-Aufnahmen ist fundamental. Über ein optometrisches Verfahren werden alle möglichen Blickwinkel der Kamera zugleich aufgenommen und derart aufbereitet, dass sich die Sicht je nach Kopfbewegung der Zuschauer*innen ändert. Das gibt der Dramaturgie und Gestaltung neue Möglichkeiten, das Publikum in die Geschichte einzubinden. Derart können im Ausstellungskontext eines Museums Sichtverbindungen zu anderen Orten und Zeiten hergestellt werden. Virtuelle geführte Rundgänge oder ein Museumsbesuch in eine digitale Repräsentation des Museums sind ebenfalls möglich. Events wie Ausstellungseröffnungen, Konzerte, Performances im Ausstellungsbereich können für eine hybride Nachnutzung aufgezeichnet werden.

VR-Entertainment

Meistens findet man VR im Museum als Einzelerlebnis im Zusammenspiel mit anderen inhaltsvermittelnden Medien. Manchmal kann VR auch als Hauptelement einer Ausstellung dienen. Ausstellungen, die als Edutainment für jüngere Zielgruppen konzipiert worden sind, nutzen gerne dieses Format.

In Kombination mit „hands-on exhibits" tauchen die Besucher*innen in die Rolle von Entdecker*innen und Forscher*innen in interaktive Fantasiewelten ein. Das *Proto-Museum*[9] in Tartu, Estland, nutzt diesen Ansatz und stellt verschiedene Erlebniswelten mit hohem Technologieeinsatz zur Verfügung.

Der Ansatz ist auch für virtuelle Escape-Rooms, virtuelle Reisen und virtuelle Zeitreisen nutzbar. Um die Besucher*innen in eine Situation zu befördern, zu der real kein Zutritt mehr existiert, kann VR einen Schauplatzwechsel bis hin zur Zeitreise ermöglichen. Anstatt über Texte historische Gegebenheiten und Ereignisse kommunizieren zu wollen, kann mit VR für Museumsbesucher*innen eine Situation nachinszeniert werden. Die Inhalte der VR-Brille können artifizielle Umgebungen, aber auch 360-Grad-Realfilmaufnahmen sein, die über die Brille interaktiv erlebt werden.

Neue Welten

Sich in andere Welten zu begeben wurde schon in unzähligen Science-Fiction-Geschichten heraufbeschworen. Als Dystopie für eine zerstörte Erde rettet man sich nicht auf einen anderen Planeten, sondern ersetzt das Kaputte mit einer neuen Welt, in der vieles neu gelebt werden kann. Der erfolgreiche Roman und die spätere Verfilmung von *Ready Player One* spannen eine durchaus denkbare Parallelwelt auf: Von der sich im Abstieg befindlichen Realität wird der Fokus in die attraktive neue Realität gelenkt. Die eigene Identität kann neu erfunden und inszeniert werden. Dieser Möglichkeitsraum kann auch für Kulturvermittlung

[2]

genutzt werden. Nicht nur der Blick in eine neue Realität, sondern auch die Möglichkeit des Mitagierens und Mitveränderns macht den Unterschied.

Es gibt nicht nur eine gemeinsame virtuelle Welt, sondern viele. Die Idee und Umsetzung eines virtuellen Lebens in einer anderen Welt hat schon mit *Second Life* und allen dazugehörigen Hypes und Monetarisierungsstrategien entscheidende Grundsteine gelegt und Prozesse durchgespielt. Der Vision, neue digitale Umgebungen zu schaffen, mittels VR langfristig zu besiedeln und global zugänglich zu machen, ist man mit dem von Facebook proklamierten *Metaverse* einen Schritt näher gekommen. Der Unterschied zwischen *Metaverse* und *Second Life* ist auf den ersten Blick kein großer: Die Idee, die Möglichkeiten und auch der Besiedlungsdrang scheinen ähnlich. Eine wesentliche Erweiterung weisen die neuen Plattformen jedoch auf, da sie für VR gedacht sind und mit passendem Equipment immersiv erlebt werden können.

Die Ausgestaltung der virtuellen Umgebungen, die momentan sichtbar ist, ist nur der Anfang. Es handelt sich um ein aufstrebendes, schnell wachsendes Feld, wobei das Wachstumspotenzial der virtuellen Realität viele Investor*innen begeistert. Grundstücke werden schon um horrend hohe Preise gehandelt und warten auf Bebauung. Viele wollen ein Grundstück in den VR-Universen, um sich dort einen zukunftsträchtigen, lukrativen Platz zu sichern. Auch Institutionen aus dem Bildungs- und Kulturbereich besetzen den Raum und bespielen ihre Flächen, um ein kulturelles Angebot zu liefern und mit der Community in Verbindung zu treten.

10. Responsive Environments

Interaktive Medienumgebungen („responsive environments") bilden multimodale Erfahrungs-, Erzähl- und Informationsräume. Ihre technische Grundlage sind Steuerungselemente, die Impulse von simplen (Anwesenheit, Vorüberschreiten) bis zu komplexen Interaktionen (gestenbasiert, biofeedbackgesteuert) erfassen. Dies können zum Beispiel reaktive Oberflächen, induktive Sensoren oder kamerabasierte Bildanalysesysteme sein. Responsive Environments bilden im Idealfall eine fugenlose Verbindung von analogen und digitalen Elementen. Die eingesetzten Medien können darin in vielerlei Gestalt auftreten: als Projection-Mapping, E-Paper, Tangible-User-Interfaces – jeder steuerbare Medienkanal kann in ein „responsive environment" eingebunden werden.

Einer der wichtigsten Vorteile von „responsive environments" für Ausstellungsszenografien: Durch sensorische Applikationen User*innen-Input in die Architektur integriert und der Immersiongrad gesteigert werden kann. Insbesondere bei „hands-on exhibits" ein wesentlicher Faktor. Ein weiterer wichtiger Aspekt ist das Besucher*innen- und Interaktionstracking. Im Ausstellungsdesign haben sich dazu Technologien wie RFID, „Smart Materials Motion-Tracking", sowie Sprach- und Gestensteuerung etabliert.

[2] Decentraland, Museums District, https://www.dclmuseum.com/ (letzter Aufruf am 24.01.2022; Anika Kronberger). Abb. modifiziert.

9 https://prototehas.ee/en/virtual-reality/ (letzter Aufruf am 24.01.2022).

11. Gamification – Spiele im Museum und das Museum im Spiel

Um neue Besucher*innen anzuziehen und jüngere Zielgruppen zu halten, verfolgen viele Museen unterschiedliche Strategien, um Gamification-Elemente in ihr Angebot einzubinden (vgl. Greisinger, Gries, und Pellengahr 2019). Hier geht es im Wesentlichen darum, durch Interaktion und Spiel alternative Zugänge zur Wissensvermittlung zu ermöglichen. Die Integration spielerischer Elemente kann in Ausstellungsguides und Apps erfolgen. Online- oder mobile Anwendungen können zur Vorbereitung auf Museumsbesuche oder nach dem Besuch genutzt werden, um das Wissen zu vertiefen und das Interesse an den Themen aufrecht zu erhalten.

Die App des *Rijksmuseums* in Amsterdam hat schon früh unter dem Titel *Family Quest* ein solches Angebot entwickelt. Die Spielaufgabe besteht darin, Geheimnisse in Museumsobjekten zu entdecken. Ähnliche Ansätze verfolgen mittlerweile auch viele andere Museen. So auch das *Wonderkamer Gemeentemuseum*[10] in Den Haag. Die gesamte Ausstellung ist mit spielerischen Lernelementen angereichert. Durch tabletbasierte Spiele verwandeln sich Besucher*innen in Kurator*innen. Der Besuch wird zu einem spielerischen Erlebnis für die ganze Familie.

Museen nutzen auch die Bekanntheit etablierter Spiele, um mit Museumsinhalten neue Personengruppen anzusprechen. Ein Beispiel dafür ist das *Metropolitan Museum of Art,* das seine Sammlung in das beliebte Nintendo-Spiel *Animal Crossing*[11] integriert und so öffentlich zugänglich gemacht hat. Die über 13 Millionen Spieler*innen haben nun die Möglichkeit, die Wände ihrer Game-Miniaturhäuschen mit digitalen Kopien von Kunstwerken des Museums zu schmücken.

12. Virtuelle Museen

Virtuelle Ausstellungen und Erzählungen schaffen mit ihren digitalen Technologien einen reflexiven Raum. Sie vermitteln auf neue Art zwischen den Ausstellungsobjekten und der Öffentlichkeit (Pierroux, Palmyre & Sanchez 2015). Wie bei *Google-Street-View* können Ausstellungsräume begangen und erlebt werden, ohne dass man sie wirklich besuchen muss. Exponate und ihre Umgebung können an den Originalschauplätzen betrachtet werden, ohne an Öffnungszeiten und Reisekosten gebunden zu sein. Zusätzlich können über Webinterfaces weitere Informationen zu Ausstellungsobjekten abgerufen werden.

Online-Museen werden meist zu Werbezwecken eingesetzt, d. h. als Webpräsenz des realen Museums, manchmal auch, um Museumsbestände durch Webtechnologien einer größeren Öffentlichkeit zu präsentieren. Einige Kultureinrichtungen betrachten Online-Besucher*innen inzwischen sogar als ihr Kernpublikum und investieren ähnlichen Aufwand in ihre digitale Präsenz wie in ihre physische. Online-Besucher*innen werden vielleicht nie zu Real-Besucher*innen, dennoch ist durch jene digitalen Initiativen der Bildungsauftrag der Museen erfüllt.

10   https://www.kunstmuseum.nl/en/exhibitions/chambers-wonder (letzter Aufruf am 24.01.2022).

11   https://www.metmuseum.org/blogs/collection-insights/2020/animal-crossing-new-horizons-qr-code (letzter Aufruf am 24.01.2022).

13. Zugänglichkeit

Digital gestützte Vermittlungsformate bilden für etliche Nutzer*innengruppen Einstiegsbarrieren. Für viele potenzielle Besucher*innen ist die traditionelle Inhaltsvermittlung eine Barriere: Lange, komplexe Texte, die den Rezipient*innen zum Eigenstudium angeboten werden, sind für viele eine Zumutung.

Mit digitalen Tools kann das Ausstellungserlebnis auf Herkunft, Bildungsstand, persönliche Interessen und Bedürfnisse angepasst werden. Zielgruppenangepasste Vermittlungsformate, der Einsatz von Medien und interaktiven Installationen und eine Szenografie, die all diese Elemente verbindet, unterstützen eine erfolgreiche Museumsdidaktik.

14. Verbindung schaffen

Ausstellungsbesucher*innen stehen immer in Beziehung mit anderen Personen. Diese können Mitreisende einer Reisegruppe, Familienmitglieder, Freund*innen, Mitschüler*innen im Klassenverband oder unbekannte Co-Besucher*innen sein. Dieser soziale Aggregatszustand darf nicht übersehen und sollte schon in der Gestaltung der Ausstellung mitbedacht werden. Co-Experience bereichert das Ausstellungserlebnis – nicht nur beim Besuch, sondern schon bei seiner Vorbereitung und auch nach dem Besuch. Die Ausstellung, der Ausstellungsort ist ein Selbstinszenierungsraum, hier kommuniziert über das Museum und die Ereignisse, die es bietet. Besucher*innen werden zu Werbeträger*innen der Institutionen und beeinflussen künftige Besucher*innen.

Die Beurteilung, ob etwas sehenswert ist oder nicht, wurde durch das partizipative Web demokratisiert. Die Meinung ist nicht mehr den Expert*innen vorbehalten. Die Macht der positiven und negativen Reviews, die vor dem Besuch konsultiert werden, sind Fluch und Segen zugleich. Diese Urteile der vielen können im positiven Sinn beeinflusst und gebündelt werden.

Für die Besuchenden Orte zu schaffen, die nicht zwingend für die Vermittlung von Inhalten dienen, sondern das Reflektieren und Verarbeiten von Erlebtem zulassen und es ermöglichen, kann die Aufnahmefähigkeit verbessern. Diese Orte können auch genutzt werden, um zum Teilen von Schnappschüssen über Social-Media-Kanäle aufzurufen. Hashtags und Verlinkungen spielen eine zentrale Rolle um von Besucher*innen generierte Inhalte miteinander zu verknüpfen und weiter für das Museum nutzbar zu machen. Ladestationen für Smartphones und ein zugängliches WLAN fördern die Bereitschaft.

Für manche Museen ist genau dieser Punkt ein Hauptzweck geworden. Der Trend, die „Instagrammability" über den eigentlichen Inhalt zu stellen bzw. das als den Inhalt zu sehen, wird in Zukunft eine immer größere Rolle spielen. Eigene Ausstellungen und Museen werden entwickelt (vgl. Stromberg & Matt 2018), um genau diesem Wunsch der Besucher*innen nach interessantem visuellem Content für die eigene Community durch speziell dafür inszenierte Settings nachzukommen.

15. Conclusio

Eine Etablierung und Adaption neuer Technologien erfolgt grob in drei Phasen (vgl. Blosch & Fenn 2018):

1. Neue Technologien werden nicht erkannt oder unterschätzt, dann
2. überschätzt und letztlich
3. selbstverständlich.

Der Phase 1 können Ausstellungsdesigner*innen nur mit Neugierde und Experimentierwillen entgegnen, um in Phase 2 informierte und realistische Entscheidungen treffen zu können. Fehlendes Know-how und mangelndes Verständnis über die Einschränkungen neuer Technologien führen oft zu einer Verwendung von Technologie um ihrer selbst willen. Der Einsatz von digitalen Medien ist inzwischen eine Tatsache und keine Option, der man sich entziehen kann. Das Publikum sieht den Einsatz als selbstverständliche Notwendigkeit und unterscheidet kaum mehr zwischen online-digitalen und physischen Welten. Diese Welten bieten unterschiedliche Arten von Erfahrungen, aber sie sind immer noch ein und dieselbe, die reale Erfahrung – diese neuen Räume müssen bespielt werden.

Über digitale Kanäle und Anwendungen kann den Museen eine Ausdehnung über ihre räumlichen und zeitlichen Beschränkungen hinaus gelingen. Sie haben mit ihnen die Möglichkeit, nicht nur das klassische Museumspublikum zu erreichen, sondern auch in anderen gesellschaftlichen Gruppen die Wahrnehmung und Bedeutung von Museen zu stärken. Doch sie brauchen nicht nur Inhalte, die in diese Kanäle eingespeist werden, sondern auch Formen, die ihnen entsprechen. Hierin liegt die Aufgabe von Kulturvermittlung und Ausstellungsdesign.

16. Literaturverzeichnis

Bakken, Sven Magne, und Palmyre Pierroux. 2015. „Framing a Topic: Mobile Video Tasks in Museum Learning". Learning, Culture and Social Interaction 5:54–65.

Blosch, Marcus, und Jackie Fenn. 2018. „Understanding Gartner's Hype Cycles". Stamford: Gartner Inc.

Charitonos, Koula, Canan Blake, Eileen Scanlon, und Ann Jones. 2012. „Museum Learning via Social and Mobile Technologies: (How) Can Online Interactions Enhance the Visitor Experience?: Museum Learning via Social and Mobile Technologies". British Journal of Educational Technology 43(5):802–19.

Crowley, Kevin, Palmyre Pierroux, und Karen Knutson. 2014. „Informal Learning in Museums". S. 461–78 in The Cambridge Handbook of the Learning Sciences, herausgegeben von R. K. Sawyer. Cambridge: Cambridge University Press.

Devine, Catherine. 2015. „The Museum Digital Experience: Considering the Visitor's Journey". MWA2015: Museums and the Web Asia 2015. Abgerufen 28. August 2021. (https://mwa2015.museumsandtheweb.com/paper/the-museum-digital-experience-considering-the-visitors-journey/).

Falk, John H., und Lynn D. Dierking. 2013. The museum experience revisited. Walnut Creek, CA: Left Coast Press, Inc.

Greisinger, Sybille, Christian Gries, und Astrid Pellengahr, Hrsg. 2019. Das erweiterte Museum: Medien, Technologien und Internet. Berlin: De Gruyter.

Hadjeres, Gaëtan, François Pachet, and Frank Nielsen. 2017. „DeepBach: A Steerable Model for Bach Chorales Generation". Proceedings of the 34th International Conference on Machine Learning. 1362–71.

Jagla, Annette, und Tobias J. Knoblich. 2020. „Kulturpolitik und Kulturbetriebe im Zeitalter der Digitalität: Ein Gespräch aus der Perspektive von Organisationsentwicklung und praktischer Kulturpolitik". S. 1–22 in Kultur in Interaktion, herausgegeben von C. Holst. Wiesbaden: Springer Fachmedien.

Pierroux, Palmyre, und Sanchez, Eric. 2015. „Gamifying the Museum: A Case for Teaching for Games Based Learning". Steinkjer, Norway.

Pine, B. Joseph, und James H. Gilmore. 2020. The experience economy: competing for customer time, attention, and money. Boston, MA: Harvard Business Review Press.

Pujol-Tost, Laia. 2011. „Integrating ICT in Exhibitions". Museum Management and Curatorship 26(1):63–79.

Rauterberg, Hanno. 2021. Die Kunst der Zukunft: über den Traum von der kreativen Maschine. Berlin: Suhrkamp.

Stromberg, Matt. 2018. „Museum as Selfie Station". Contemporary Art Review LA. (Issue 11). 18–29.

Verband der Museen Schweiz. 2013. „Besucher im Museum - Ein Leitfaden". https://www.museumsbund.at/uploads/standards/VMS_Standard_Besucher_Web_Deutsch.pdf (letzter Aufruf am 28.08.2021).

„Ich finde die Bezeichnung Besucherzentrum fast schon trügerisch. Vielleicht war ich deshalb auch nie dort, weil ich mich nie als Besucher oder als Tourist gefühlt habe, da ich hier lebe. Deswegen dachte ich mir, das ist nichts für mich! Aber jetzt, wo ich dort war, denke ich: Ja das ist cool, weil es ein großes Stück Geschichte zeigt. Und es ist eigentlich schon so ein minikleines Regensburg-Museum."

Friedrich A.

Julia Hendrysiak, Theresa Steiner

Better Together – „Co-Creation" als Tool zur Gestaltung von „Co-Experiences" in Ausstellungen

1. Formate für die Zukunft

Egal ob Co-Living, Co-Housing oder Co-Working: Gemeinschaftliche Lebens- und Arbeitsmodelle nehmen immer mehr Raum im gesellschaftlichen Alltag ein. Das Bedürfnis nach einem stärkeren Miteinander und einem sozialen Austausch spiegelt sich auch in der Diskussion um die Zukunft der Museen wider. Im Folgenden werden die beiden Begriffe Co-Creation und Co-Experiences im Museums- und Ausstellungskontext betrachtet. Co-Experience beschreibt Erlebnisse, welche durch soziale Interaktion entstehen oder verändert werden, Co-Creation (in der Kreativbranche oft auch als Co-Design bezeichnet) erläutert einen kollaborativen und interdisziplinären Arbeitsprozess, bei dem die Nutzer*innen, in diesem Kontext die Ausstellungsbesucher*innen, aktiv miteinbezogen werden. Beide Begriffe thematisieren soziale Interaktion – einmal während des Arbeitsprozesses (Co-Creation) und einmal im Zusammenhang mit Erlebnissen (Co-Experience). Beide Faktoren sind im Zusammenhang mit Ausstellungen wichtig, da sie einen direkten Einfluss auf die Gestaltung der Ausstellung haben. In der aktuellen Museumsforschung werden sie allerdings nicht ausreichend berücksichtigt. Daher wird mit dieser Arbeit eine Diskussionsgrundlage der Notwendigkeit und des Mehrwertes von Co-Creation und Co-Experience im Ausstellungsdesign geschaffen.

„Wenn ich vor einem Jahr über die Zukunft der Museen hätte schreiben sollen, hätte ich einfach die Trends – in der Mehrzahl waren es Wachstums- und Erfolgstrends, die in diesem Bereich seit mehr als einem halben Jahrhundert wirksam sind – aufgezählt und wäre zu der durchaus vernünftigen Annahme gelangt, dass sie sich fortsetzen würden. All dies scheint plötzlich veraltet zu sein"[1].

Diese doch eher pessimistisch anklingenden Worte schreibt der französisch-polnische Philosoph Krzysztof Pomian über die Zukunft des Museums. Er reiht sich damit in eine Vielzahl von Museumsforscher*innen, Kurator*innen und Kulturschaffenden ein, die sich eingehend mit der Zukunft des Museums auseinandersetzen. Besonders durch die Corona-Pandemie, die in gewisser Weise zu einem kulturellen Reset geführt hat, bekam die Debatte um die Zukunft des Museums einen neuen Aufschwung, als den meisten Museen die Systemrelevanz abgesprochen wurde. Eine Rückkehr zur Normalität vor Corona sieht Pomian als unwahrscheinlich. Der Wegfall von Besucher*innenströmen und damit verbundene finanzielle Engpässe könnten die Museen stärker zur Kommerzialisierung zwingen. Er prognostiziert ein mögliches Ende der Existenz von Museen: In einer von Krisen gebeutelten Gesellschaft, sei es durch Klima, Flüchtlingsströme oder Politik, sind die Zukunft und das

Überleben wichtiger als der Blick in die Vergangenheit, welchen die Museen mit aller Kraft versuchen zu bewahren, zu sammeln und auszustellen[2].

Das von Pomian erwartete Ende des Museums kann aber auch die Erkenntnis hervorbringen, dass das konventionelle Museum nicht überlebensfähig ist und sich daher grundsätzlich transformieren muss. Der Psychoanalytiker Karl-Josef Pazzini entgegnet, Pomian würde die Wandlungsfähigkeit und Mutationsfähigkeit des Museums massiv unterschätzen. Er sieht die Krise als Chance, als Herausforderung, die mit Anpassung und der Änderung von Verhaltensweisen überwunden werden kann und durch den Aufbruch aus dem Alltäglichen notwendige Innovationen hervorbringt.

Dazu braucht es vor allem die Bereitschaft zur Transformation und zur Vernetzung von unterschiedlichen Sichtweisen. Das Phänomen der Konnektivität, also der gesamtgesellschaftliche Trend zur Vernetzung, spiegelt sich auch in vielen anderen gesellschaftlichen Lebensbereichen, wie z. B. im Wohnen (Co-Living) und Arbeiten (Co-Working), wider. Hier stehen die Vernetzung und der Gemeinschaftsgedanke im Vordergrund. Die Forschung des Zukunftsinstituts prognostiziert, dass

„diejenigen Unternehmen erfolgreich [sind], die sich über ihr offenes Ökosystem definieren, über die Lern- und Entwicklungsfähigkeit des gesamten Systems, das von seinem Austausch mit der Umwelt lebt. Aus geschlossenen Silos werden offene Häfen, in denen der Austausch mit Kundinnen und Kunden, Partnern und Konkurrentinnen gepflegt wird"[4].

Öffnung und Diversifizierung sind Schlagworte im Museumsdiskurs, die häufig in Zusammenhang mit den Begriffen Partizipation und Teilhabe genannt werden. Das Publikum abzuholen, einzubinden und vermehrt auf deren Bedürfnisse einzugehen, ist immer häufiger die Rolle von Ausstellungsgestalter*innen, Kurator*innen und den Museumsbeschäftigten. Aktive und aufrichtige Partizipation funktioniert allerdings selten von oben herab. Dafür braucht es kollaborative Ansätze, die schon bei der Konzeption von Ausstellungen berücksichtigt werden sollten.

Um Ausstellungen zu entwickeln, die eine breitere Gesellschaft ansprechen, repräsentieren und einen gesellschaftlichen Dialog fördern, müssen vielfältigere, multiperspektivische und interdisziplinäre Teams kollaborativ zusammenarbeiten. Durch partizipative Gestaltungsprozesse können Museumserlebnisse geschaffen werden, die die Besucher*innen ins Zentrum des Museums stellen und verstärkt auf die Besucher*innen-Bedürfnisse eingehen. Besucher*innenzentrierung und damit auch Besucher*inneneinbindung ist ein essenzieller Schritt, um die Qualität von Ausstellungen zu verbessern und so nachhaltige Museumserlebnisse zu schaffen, die nicht nur die Besucher*innen begeistern, sondern diese auch langfristig an das Museum binden können. Besonderer Fokus liegt dabei auf dem Aspekt der sozialen Interaktion zwischen Besuchenden, die häufig in der Ausstellungsgestaltung zu wenig berücksichtigt wird und in weiterer Folge auch auf dem Aspekt der Co-Experiences, also Erlebnissen, die durch soziale Interaktion auftreten oder verändert werden. Beide Ansätze sehen die Besucher*innen als zentrale Akteur*innen für die Museumsarbeit.

1.1 „Making meaning" – Wert durch Bedeutung

Zentrales Augenmerk liegt auf der Steigerung des Wertes von Museumserlebnissen. Damit ist weniger die kommerzielle Wertsteigerung gemeint, sondern vielmehr der symbolische Wert und die Bedeutung, die den Erlebnissen zugeschrieben wird. Erlebnisse erlangen an Bedeutung, je mehr sie Menschen involvieren. Grundsätzlich spricht die Umgebung die Sinne an. In der nächsten Stufe werden Emotionen geweckt, die anschließend Erlebnisse erzeugen. Mit der Sinnhaftigkeit und der Bedeutung der Erlebnisse entstehen Erfahrungen, die das Potenzial haben, dem Menschen selbst wiederum Bedeutung zu verleihen[5]. Lässt sich im deutschen Sprachgebrauch zwischen Erlebnissen und Erfahrungen differenzieren, so funktioniert das im Englischen nicht. In Anlehnung an John Dewey bezeichnet

1   Pomian, K. (2021): „Wie schlecht steht es wirklich um die Zukunft der Museen" in: Museumsbund Österreich (Hrsg.), „Das Museum am Ende der Zeit? Covid-19 – Die Schließung der Museen. Ein Jahr danach", neuesmuseum 21-3, S. 14-15.
2   Vgl. ebd.
3   Pazzini, K. (2021): „Die Zukunft der Museen ist Vergangenheit. Museum und Katastrophen. Ad Pomian" in: neuesmuseum 21-3, S. 20.

4   Zukunftsinstitut (o. J.): „Megatrend Konnektivität", Zukunftsinstitut: https://www.zukunftsinstitut.de/ dossier/megatrend-konnektivitaet/ [letzter Zugriff am 14.01.2022].
5   Vgl. Boswijk, A., Peelen, E. & Olthof, S. (2013): „Economy of Experiences", European Centre for the Experience and Transformation Economy (Hrsg.), Dritte Auflage, Amsterdam, nach Dewey, J. (1934): Art as experience. Minton, Balch.

Katja Batterbee diesen Unterschied mit „experience" im Unterschied zu „an experience". Während „experience" ein fortlaufendes Erlebnis ist, dem keine oder wenig besondere Bedeutung zugeschrieben wird, beschreibt „an experience" eine Erfahrung, die bewusst gesammelt wird und einer Person im Gedächtnis bleibt[6]:

- „Experience" (Erlebnis): Etwas, das ständig passiert, wenn mit Produkten oder der Umgebung interagiert wird, aber meist unbewusst und manchmal bewusst kognitiv wahrgenommen wird. Beispielsweise ein Spaziergang im Park oder ein Einkauf. Erlebnisse werden eher als einzelne Erlebnisse wahrgenommen.[7]

- „An experience" (Erfahrung): Der Begriff Erfahrung ist im deutschen Sprachgebrauch stark mit neu gewonnenem Wissen verknüpft. Im Duden wird der Begriff als „Erlebnis, durch das jemand klüger wird"[8] beschrieben. Snel sieht Erfahrungen als die Summe eines Prozesses aus Aktion und Reflexion. Erfahrungen können als bedeutsam für Individuen empfunden werden[9], denn sie entstehen, wenn Erlebnisse bewusst reflektiert werden und diese damit die Sicht eines Individuums auf sich selbst oder die Welt beeinflussen können[10]. Eine Erfahrung kann sich aus mehreren kleineren Erlebnissen zusammensetzen[11]. Ein besonders interessanter und erinnerungswerter Museumsbesuch setzt sich beispielsweise aus mehreren Einzelerlebnissen zusammen, die gesammelt eine Erfahrung formen.

Die Marketingexpert*innen Minkiewitz, Evans und Bridson sehen aktive Partizipation als wichtigen Teil von Erlebnissen. Sie kann dazu beitragen, dass Besuchende zu Co-Produzierenden ihrer Erlebnisse werden[12]. Besonders im touristischen Kontext spielt die aktive Partizipation eine tragende Rolle. Laut den Wissenschaftler*innen Campos, Mendes, Oom do Valle und Scott wirkt sich die aktive physische oder psychische Partizipation mit der Umgebung direkt auf die positive Wahrnehmung von touristischen Erlebnissen aus[13].

1.2 Museumserlebnisse

Auch Pine und Gilmore greifen den Begriff Partizipation in ihrer Erlebnisforschung auf. Sie beschreiben die „customer participation" als eine von zwei Dimensionen von Erlebnissen[14]. Dabei handelt es sich um die aktive oder passive Beteiligung der Kund*innen beziehungsweise Besucher*innen. Zuschauer*innen in einer Oper beeinflussen das Geschehen auf der Bühne wenig, demnach ist das Erlebnis eher im passiven Spektrum anzusehen. Die Rolle der Besuchenden reduziert sich auf Zuhören und Zusehen. Anders als zum Beispiel beim Ski-Sport: Kund*innen können hier aktiv ihr Erlebnis gestalten und es bewusst verändern. Pine und Gilmore gehen allerdings auch darauf ein, dass Besucher*innen trotz scheinbar passiver Partizipation oft aktiv am Erlebnis anderer mitwirken: Andere Personen im Publikum einer Sportveranstaltung, beispielsweise bei einem Fußballspiel oder einem Rennen, tragen mindestens zur audiovisuellen Komponente eines Erlebnisses bei[15]. Die Dimension der Partizipation hat auch im Museum einen signifikanten Einfluss auf das Publikumserlebnis. Klinkhammer und Reiterer sehen „[d]as Ausmaß von Erfahrungen, die bei einem Museumsbesuch gesammelt werden […] [als] abhängig vom Verhalten bzw. von der aktiven Teilnahme de[r] Besucher[*innen]"[16].

Als zweite Dimension beschreiben Pine und Gilmore die „connection", also die Verbindung mit der Umgebung, welche die Besucher*innen mit einer Veranstaltung verknüpft. Die beiden Enden dieses Spektrums sind Immersion auf der einen und Absorption auf der anderen Seite. Zuschauer*innen, die ein Fußballspiel von der Tribüne aus betrachten, nehmen das Spiel von außen auf, sie absorbieren, was auf dem Spielfeld passiert, während die Spieler*innen auf dem Feld direkt am Geschehen beteiligt sind und das Spiel immersiv mit allen Sinnen wahrnehmen[17].

1.3 Klassifizierung

Basierend auf den zwei Dimensionen erläutern Pine und Gilmore die vier Kernarten von Erlebnissen: *Entertainment, Educational, Escapist* und *Esthetic*. Bei Entertainment-Erlebnissen wie beispielsweise Kinovorstellungen verhalten sich Kund*innen eher passiv als aktiv. Da die Kund*innen eher eine betrachtende Rolle einnehmen, wird die Verbindung zur Umgebung dem Absorptionsspektrum angerechnet. Als Beispiel für Educational-Erlebnisse können Studienkurse angeführt werden. Die Beteiligung der Studierenden ist aktiver als bei Entertainment-Erlebnissen, trotzdem ist die Verbindung eher absorptiv als immersiv. Escapist-Erlebnisse bieten hohe Immersion und fordern eine aktivere Rolle der Beteiligten. Wer bei einem Schauspiel auf der Bühne steht, ist nicht nur mitten im Geschehen, sondern muss auch aktiv mitwirken. Esthetic-Erlebnisse hingegen weisen einen geringen Anteil an aktivem Mitwirken und einen hohen Anteil an Immersion auf. Als Beispiel hierfür führen Pine und Gilmore einen Galeriebesuch oder das Betrachten des Grand Canyons an, während das Durchqueren desselben eher in den Bereich des Eskapismus fällt[18].

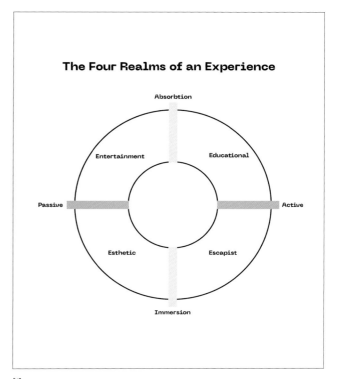

[1]

[1] Vier Kategorien von Erlebnissen nach Pine und Gilmore (1998). Abb. modifiziert.

6 Vgl. Batterbee, K. (2004): „Co-Experience. Understanding user experiences in social interaction", University of Art and Design Helsinki (Hrsg.), Helsinki. S. 136, S. 161.

7 Vgl. Snel, J. M. C. (2011): „For the love of experience: changing the experience economy discourse", S. 28, S. 60 f.

8 Duden (o. J.): „Erfahrung", Duden online: https://www.duden. de/rechtschreibung/ Erfahrung [letzter Zugriff am 12.02.2022].

9 Vgl. Snel (2011), S. 60 ff.

10 Vgl. Vgl. Sundbo, Jon (2021): „Advanced Introduction to the Experience Economy", Cheltenham/Northhampton. S. 63.

11 Vgl. Batterbee (2004), S. 128.

12 Vgl. Minkiewicz, J., Evans, J., & Bridson, K. (2014): „How do consumers co-create their experiences? An exploration in the heritage sector", in: Journal of Marketing Management, 30(12) doi: 10.1080/0267257X.2013.800899.

13 Vgl. Campos, A., Mendes, J., Oom do Valle, P., & Scott, N. (2015): „Co-creation experiences: A literature review", in: Current Issues in Tourism 18 doi: 10.1080/13683500.2015.1081158.

14 Vgl. Pine, J. B. & Gilmore, J. H. (1998): „Welcome to the Experience Economy", Harvard Business Magazine (Juli/ August 1998): https://hbr.org/1998/07/welcome-to-the-experience-economy [letzter Zugriff am 16.07.2021]

15 Vgl. Pine & Gilmore (1998).

16 Klinkhammer, D. & Reiterer, H. (2017): „Blended Museums", in: Eibl, M.; Gaedke, M. (Hrsg.): „47. Jahrestagung der Gesellschaft für Informatik: Informatik 2017", Bonn: Gesellschaft für Informatik, 2017. – (GI-Edition : Proceedings, Lecture Notes in Informatics ; 275), S. 556 doi: 10.18420/in2017_51.

17 Vgl. Pine & Gilmore (1998).

18 Vgl. ebd.

Einige Research-Projekte (Addis & Podestà[19], Han & Radder[20]) gehen zudem auf *Edutainment* als die Verbindung von Education und Entertainment ein. Das Ziel von Edutainment-Erlebnissen ist, das Lernerlebnis durch immersive, entertainende Faktoren zu bereichern und dadurch Kund*innen beziehungsweise das Publikum komplett in ein Thema eintauchen zu lassen. Durch die Verschmelzung der beiden Bereiche wird dem Publikum ein spielerischer Zugang zu Wissen ermöglicht und die Lernmotivation steigt[21].

Es ist wichtig zu verstehen, dass Erlebnisse sich durchaus auf einen Kernbereich festlegen können, aber Erlebnisse, die alle vier Bereiche abdecken, am positivsten wahrgenommen und in Erinnerung behalten werden. Visualisiert man die Dimensionen auf einer Achse, so formt sich dort in der Mitte laut Pine und Gilmore ein „Sweetspot". Dieses Wissen lässt sich auch im musealen Kontext anwenden, um Ausstellungen zu generieren, die diesen „Sweetspot" bedienen und ein lebendiges Ausstellungserlebnis für Besuchende schaffen.

1.4 Das kontextuelle Lernmodell

Einen anderen Ansatz, um Museumserlebnisse zu klassifizieren, liefern die Gründer*innen des Institute for Learning Innovation (Annapolis, MD) Falk und Dierking. Sie haben mit dem kontextuellen Lernmodell ein Framework zur Analyse und Kontextualisierung von Museumserlebnissen geschaffen. Im Kern des Modells stehen vier Komponenten. Der persönliche Kontext umfasst individuelle Motivationen, Interessen, Vorwissen, Überzeugungen, Werte, Einstellungen sowie Wissen und Erfahrung von vorherigen Museumsbesuchen. Der soziokulturelle Kontext betrachtet zum einen auf Makroebene das Museum als gesamtgesellschaftliche Institution, auf der Mikroebene aber auch die sozialen Gruppen, in denen sich Besuchende wiederfinden und ihre Interaktion mit anderen, beispielsweise Mitglieder einer Gruppe, Besuchenden oder dem Personal. Der physische Kontext meint alles Greifbare eines Museums, mit dem Besuchende räumlich interagieren können. Die finale Komponente ist Zeit. Dabei handelt es sich nicht nur um die Zeitspanne, die Besuchende im Museum verbringen. Für eine ganzheitliche Betrachtung eines Museumserlebnisses muss sowohl die Zeitspanne vor als auch während und nach dem Besuch betrachtet werden[22].

Im Zuge einer Ebenenverschiebung des Museums in den digitalen und nichtmusealen Raum (beispielsweise in den öffentlichen Stadtraum) gewinnt dieser Aspekt immer mehr an Relevanz. Der Museumsbesuch beginnt nicht erst im Museum selbst, sondern wird durch unterschiedliche Faktoren vor und nach dem Besuch vor Ort verändert[23]. *Visitor Journey Maps* oder *Visitor Experience Maps* bieten Projektverantwortlichen die Möglichkeit, verschiedene Berührungspunkte mit Besucher*innen innerhalb und außerhalb des Museums zu visualisieren oder zu planen und dabei die zeitliche Komponente stärker in der Planung zu berücksichtigen[24].

Auch der Kontext, warum die Besuchenden in ein Museum gehen, ist nichts Statisches, sondern kann sich dynamisch über einen Zeitraum verändern. Es ist daher von größter Wichtigkeit für Museen, die Wandelbarkeit der Bedürfnisse der Besuchenden über eine bestimmte Zeitspanne anzuerkennen und dementsprechend zu handeln[25]. Bei Museumserlebnissen müssen alle Komponenten berücksichtigt werden:

"The whole that we call the museum experience can only be understood when all the pieces are considered together, because the whole is greater than the sum of the parts"[26].

Der Museumsbesuch wird also nur komplett greifbar und verständlich, wenn alle vier Kontexte analysiert werden.

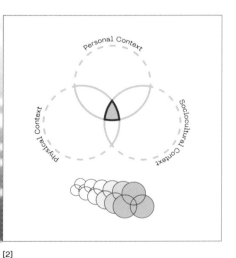

[2]

[2] Kontextuelles Lernmodell nach Dierking und Falk (2012), S.26. Abb. modifiziert.

19 Vgl. Addis, M. & Podestà, S. (2006): „Converging Industries trough Experience", in: Caru, A. & Cova B. (Hrsg.), „Consuming Experience", London. S. 139-144 doi: 10.4324/9780203390498.

20 Vgl. Han, X. & Radder, L. (2015): „An Examination Of The Museum Experience Based On Pine And Gilmore's Experience Economy Realms", in: „The Journal of Applied Business Research"–März/April 2015, 31(2), S. 455-470 doi: 10.19030/jabr.v31i2.9129.

21 Vgl. Aksakal, N. (2015): „Theoretical View to The Approach of The Edutainment", in: „Procedia–Social and Behavioral Sciences", Nr. 186, S. 1233 f. doi: 10.1016/j.sbspro.2015.04.081.

22 Vgl. Dierking, L. D. & Falk, J. H. (2013): „The Museum Experience Revisited", New York. S. 27 ff. doi: 10.4324/9781315417851.

23 Vgl. Henkel, M. (2021): „Shutdown vs. Kickoff? Museen neu denken im Zeitalter von COVID 19". KULTURELLE BILDUNG ONLINE: https://www.kubi-online.de/artikel/ shutdown-vs-kickoff-museen-neu-denken-zeitalter-covid-19 (letzter Zugriff am 18. 07. 2021) doi: 10.25529/c9ph-9v19.

24 Vgl. Kalbach, J. (2016): „Mapping Experiences: A Guide to Creating Value Through Journeys, Blueprints and Diagrams", Sebastopol, CA: O'Reilly Media. S. 107 ff.

25 Vgl. Dierking & Falk (2013), S. 29.

26 Ebd., S. 27.

1.5 Der Museumsbesuch als soziales Erlebnis

Auch wenn eine persönliche Motivation häufig der Treiber für einen Museumsbesuch ist, heißt das nicht, dass Menschen Museen allein besuchen, im Gegenteil: Der *Danish User Survey 2012* gibt an, dass nur 7 % aller Besuchenden allein in ein Museum gehen[27]. Im britischen *Museums Audience Report*, der 2018 an englischen Museen durchgeführt wurde, sind es mit 20 % zwar etwas mehr, dennoch geht auch hier die Mehrheit in Gruppen in Museen[28].

Leider gibt es zu dieser Thematik wenige vergleichbare Studien oder Daten aus anderen Ländern. Denn obwohl zahlreiche Museen und Kulturministerien Analysen der Museumsbesucher*innen durchführen und dabei relevante demografische Faktoren wie Einkommen, Alter, Bildung und Besuchsfrequenz analysieren[29], wird die Gruppengröße bei einem Besuch nur selten erfasst. Mithilfe solcher Studien lassen sich allerdings wichtige Erkenntnisse über das Publikum gewinnen. Im Fall des *Museums Audience Report* zeigt sich, dass gut 35 % der Besuchenden mit Familie ins Museum gehen. Die durchschnittliche Gruppengröße beträgt drei Personen. Ein Museumsbesuch ist demnach etwas grundsätzlich Soziales. Im Vergleich zu anderen Kulturformen sind Museumsbesuchende zwar eher lern- als erlebnisgetrieben, am meisten werden jedoch soziale Erlebnisse erwartet und geschätzt[30]. Die sozialen Besuchsgruppen, ob nun Freunde oder Familien, sind ein enormer Bestandteil des Gesamtpublikums und Teil des soziokulturellen Kontextes eines Museumsbesuchs. Sie sind daher ein nicht zu unterschätzendes Element, welches den Besuch immens beeinflussen kann[31], denn die Art und Weise, wie Menschen sich innerhalb von Gruppen oder in Bezug auf andere Menschen verhalten und mit ihnen interagieren, wirkt sich direkt auf das Museumserlebnis aus.

1.6 Soziale Interaktion im Museum

Falk und Dierking sehen das Museumserlebnis daher in erster Linie als ein soziales Erlebnis, welches durch soziale Interaktionen mit und in dem Museumsumfeld geformt wird. Der Begriff „soziale Interaktionen" umfasst zum einen Konversationen über den physischen Kontext eines Museums (Ausstellungen, Programme und zur Verfügung gestellte Materialien), zum anderen nicht mit dem Museum zusammenhängende Gespräche und Diskussionen, aber auch Blicke und Berührungen[32]. Wie sehr andere Besuchende direkt oder indirekt auf eigene Erlebnisse Einfluss nehmen können, lässt sich an einem einfachen Alltagsbeispiel zeigen: Das Fliegen mit einer Fluggesellschaft stellt im Kern eine Dienstleistung dar, nämlich den Transport von einem Ort zu einem anderen. Der Flug selbst kann allerdings als Erlebnis betrachtet werden. Ein schreiendes Kleinkind oder sich zu stark ausbreitende Sitznachbar*innen können solch ein Erlebnis negativ beeinflussen.

Im Museumskontext lassen sich solche Beispiele ebenfalls finden: Möchte eine Person die weltberühmte Mona Lisa von Da Vinci im Louvre in Paris betrachten, gehen diesem Erlebnis oft lange Wartezeiten zwischen drängelnden Menschenmassen voraus. Diese interagieren zwar nicht aktiv miteinander, beeinflussen jedoch durch ihre Präsenz auch das Ausstellungserlebnis von anderen Besucher*innen. Soziale Interaktion zwischen Besuchenden umfasst unterschiedliche Faktoren, so können sie sich gegenseitig zeigen, wie eine Station zu bedienen ist, miteinander ins Gespräch kommen oder die Reaktionen von anderen Besuchenden beobachten. Manche Hands-on-Exponate bieten Möglichkeiten für Kooperation oder beinhalten kompetitive Elemente, durch die Besuchende miteinander interagieren. Antón et al. fassen die Auswirkungen, die soziale Interaktion mit anderen Besuchenden hervorbringen kann, kompakt zusammen:

"The presence of other visitors might create a conducive atmosphere and might positively influence the experience. The visit might prove to be more enjoyable, time might pass more quickly or more pleasantly, and visitors might provide each other with information. However, social interaction might also prove detrimental when interaction contributes little to learning or when visitors feel the crowd is invading their personal space or is creating a noisy atmosphere"[33].

27 Vgl. Jensen, T. J. & Brændholt Lundgaard, I. (2013): „User Survey 2012", Danish Agency for Culture (Hrsg.), Kopenhagen. S. 18.

28 Vgl. Statistik Austria (2021): „Kulturstatistik Wien 2019", Statistik Austria (Hrsg.), Wien: https://www.statistik.at/web_de/services/publikationen/1/inde.html?includePage=detailed-View&sectionName=Kultur&publd=599 [letzter Zugriff am 12.01.2022].

29 Vgl. The Audience Agency (2018): „Museums Audience Report. What Audience Finder says about audiences for Museums." The Audience Agency (Hrsg.), London. S. 7.

30 Vgl. ebd., S. 8.

31 Vgl. Dierking, L. D. (2013): „Museums as Social Learning Spaces", in: Brændholt Lundgaard, I., & Jensen, J. T. (Hrsg.), „Museums. Social learning spaces and knowledge producing processes", Kulturstyrelsen, S. 201 f.

32 Vgl. Dierking & Falk (2013), S. 171.

33 Antón, C., Camarero, C. & Garrido, M.-J. (2018): „Exploring the Experience Value of Museum Visitors as a Co-creation Process", in: „Current Issues in Tourism", 21(12), S. 6, doi: 10.1080/13683500.2017.1373753

„Generell ist es so, dass man diese historischen Sachen unbedingt erhalten muss. Wobei ich nicht dafür bin, dass wir uns in Richtung einer Walt Disney-Landschaft bewegen. Es soll aber auch die Moderne ihren Ort haben, wo sich die Architektinnen und Architekten ausleben können und eben Neues schaffen."

Jessica R.

2. Co-Experiences im Museum

Erlebnisse, die durch soziale Interaktion entstehen oder verändert werden, lassen sich mit dem Schlagwort „Co-Experiences" benennen[34]. Die Formulierung Co-Experience stammt von Katja Batterbee, einer Design-Researcherin und Produktdesignerin bei Apple, die den Begriff ursprünglich im User-Experience-Design (UX-Design) verortet[35]. Batterbee liefert demnach folgenden Definitionsvorschlag: „Co-experience is the experience that users themselves create together in social interaction"[36]. Batterbee sieht Erlebnisse als etwas Individuelles, aber auch als ein Phänomen, das durch soziale Interaktion verändert werden kann:

> "Experience can be seen as an individual's reaction, but also as something constructed in social interaction. Designed artifacts, especially personal communication and digital media products, environments and systems can facilitate this kind of use"[37].

Ähnlich wie im Museumskontext häufig die Erlebnisse der einzelnen Besucher*innen im Fokus stehen, wird das Gruppenerlebnis, also die mikrosoziale Komponente eines Museumsbesuchs, oft übersehen. Die Forschung an Co-Experiences versucht, diese Lücke zu schließen.

Batterbees Ansatz fokussiert zwar auf Produktdesign und den Bereich der Human Computer Interaction (HCI) beziehungsweise der „Computer Supported Collaborative Work" (CSCW)[38], doch sind ihre Erkenntnisse auch in den musealen Kontext transferierbar, denn auch im Museum finden Einzelerlebnisse in einem sozialen Kontext statt beziehungsweise treten umgekehrt soziale Interaktionen auf, die wiederum Einzelerlebnisse beeinflussen. Als Beispiel hierfür beschreibt Batterbee das Beobachten von anderen Besucher*innen beim Umgang mit Exponaten. Die Art und Weise, wie eine fremde Person mit einer Station interagiert, kann sich auf den eigenen Umgang damit auswirken[39]. Ein weiteres Beispiel für soziale Interaktion zwischen den Besuchenden liefern Løvlie et al. In ihrer Studie teilen sie eine Beobachtung aus dem Gustavianum in Uppsala:

> "Visitors will reference shared histories, memories, and identities such as discussing a student party while looking at a viking drinking bowl, or engaging in the sharing of knowledge between each other rather than reading signs. Visitors may go as far as to recontextualize through role play; for example, by enacting the famous prow scene from Titanic in an old Viking ship"[40].

Im Museum finden sozial geteilte Erlebnisse und demnach auch Co-Experiences statt. Sie können auf unterschiedliche Arten Partizipation fördern und dadurch zu einem zukunftsfähigeren Museum beitragen. Es ist wichtig, dass Museen dieses Publikumsverhalten verstehen und entsprechend bei der Gestaltung ihrer Ausstellungen berücksichtigen: "Recognizing what people do in museums is the first step to creating participatory museum experiences"[41].

34 Vgl. Batterbee, K. (2003): „Co-experience: The Social User Experience", in: CHI EA '03: „CHI '03 Extended Abstracts on Human Factors in Computing Systems", S. 730. doi:10.1145/ 765891.765956.
35 Vgl. ebd.
36 Ebd.
37 Ebd.
38 Vgl. Batterbee (2004), S. 130.
39 Vgl. ebd., S. 162.
40 Løvlie, A. S., Eklund, L., Waern, A., Ryding, K. & Rajkowska, P. (2020): „Designing for interpersonal experiences", S. 2.
41 Løvlie et al. (2020), S. 3.

2.1 Dimensionen von Co-Experiences

- Um zu verstehen, wie Co-Experiences im Museumskontext bewusst gestaltet werden können, lohnt es sich, zuvor einen Blick auf die unterschiedlichen Dimensionen von Co-Experience zu werfen. Batterbee definiert drei Dimensionspaarungen.

Explorative – Organised

Während organsierte Co-Experiences geplante Events oder Interaktionen betreffen („an experience"), sind explorative Co-Experiences eher spontaner Natur („experience") und ergeben sich oft aus dem Moment heraus. Eine im Voraus geplante Geburtstagsfeier würde beispielsweise als organisierte Co-Experience zählen, das zufällige Treffen einer bekannten Person in einem Café dagegen als explorative Co-Experience. Durch mobile Endgeräte ergibt sich laut Batterbee mehr spontane Interaktion in Form von Text- oder Bildnachrichten. Zusätzlich können Erlebnisse mit Hilfe dieser Technologien vermehrt dokumentiert werden. Die Digitalisierung in Form von mobilen Endgeräten sieht Batterbee daher als potenziellen Treiber für mehr spontane Co-Experiences[42].

Creation – Interpretation

Kreation und Interpretation sind ebenfalls wichtige Bestandteile von Co-Experiences. Inhalte werden generiert, die von Empfänger*innen anschließend interpretiert werden müssen. Durch die Interpretation findet Interaktion statt[43]. Diese Aufteilung erinnert an das Sender-Empfänger-Modell nach Weaver und Shannon. Erst durch die Dekodierung des Signals, also die Interpretation, wird der Empfänger zum Sender[44]. Digitale Urlaubsgrüße in Bild- oder Videoform versendet über Social-Media-Chats generieren beispielsweise eine Möglichkeit zur Interpretation in Form von kommunizierten Emotionen („Ich wünschte, ich wäre gerade auch am Strand"). Durch kreative Nutzung kann die ursprüngliche Funktion von Produkten verändert werden[45].

Synchronous – Asynchronous

Co-Experiences können im Realraum, aber auch auf unterschiedlichen medialen Plattformen stattfinden. Die Erlebnisse können zum Teil auch multimedial über unterschiedliche Plattformen verteilt werden, das heißt beispielsweise im Realraum anfangen und dann im digitalen Raum fortgesetzt werden. Die Interaktion kann dabei synchron oder asynchron verlaufen[46]. Die Unterteilung in Raum und Zeit findet sich auch in der Raum-Zeit-Matrix nach Johansen. Diese sieht vier Komponenten in der Interaktion in Gruppen und ist im Bereich der CSCW verortet. Dabei wird zwischen „gleicher Ort" und „unterschiedlicher Ort" sowie „gleiche Zeit" (synchron) und „unterschiedliche Zeit" (asynchron) unterschieden[47]. Ein durch die Corona-Pandemie sehr bekanntes Beispiel für Kommunikation, die zwar synchron, aber zum Beispiel an unterschiedlichen Orten stattfinde, sind Videokonferenzen. Am gleichen Ort zur gleichen Zeit finden beispielsweise Gruppenworkshops oder Kurse statt. Wäre der Kurs aufgenommen worden und würde er von den Studierenden zuhause abgespielt werden, wäre das asynchron und an verschiedenen Orten.

Die Raum–Zeit Matrix

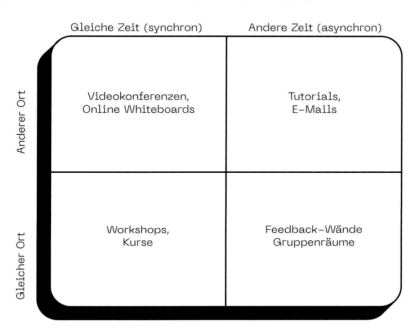

	Gleiche Zeit (synchron)	Andere Zeit (asynchron)
Anderer Ort	Videokonferenzen, Online Whiteboards	Tutorials, E–Mails
Gleicher Ort	Workshops, Kurse	Feedback–Wände Gruppenräume

[3]

Kommentare, beispielsweise in Form von Klebezetteln, die an einem Ort hinterlassen und von einer zweiten Person zu einem späteren Zeitpunkt gelesen oder kommentiert werden, sind asynchron und am selben Ort. Ein Museumsbesuch beginnt nicht erst im Museum. Es gibt verschiedene Faktoren vor und nach dem Besuch, die in das Besuchserlebnis miteinfließen. Da diese Faktoren auch die soziale Interaktion und damit Co-Experiences in Museen und Ausstellungen beeinflussen können, muss auch hier der zeitliche Kontext berücksichtigt werden.

[3] Die Raum-Zeit-Matrix nach Johansen (1991). Abb. modifiziert.

42 Vgl. Batterbee (2004), S. 129.

43 Vgl. ebd., S. 129.

44 Vgl. Geipel, M. (2021): „Sender-Empfänger-Modell", BR: https://www.br.de/alphalernen/ faecher/ deutsch/2- kommunikation-sen-der-empfaenger-modell102.html [letzter Zugriff am 12. 01. 2022].

45 Vgl. Batterbee (2004), S. 129.

46 Vgl. ebd., S. 128 f.

47 Vgl. Ruhe, A. H. (2016): „Usability in digitalen Kooperationsnetzwerken Nutzertests und Log-file-Analyse als kombinierte Methode", S. 85.

2.2 Pre-Visit Co-Experiences

Zu den Pre-Visit-Faktoren zählen Aspekte wie Erst-kontakt durch Werbung (analog oder digital), Empfeh-lungen, Vorwissen der Besuchenden und die Planung des Museumsbesuchs. Allerdings ist es schwierig, bei all diesen Aspekten die soziale Interaktion zu unter-suchen. Antón et al. analysieren soziale Interaktion zu unterschiedlichen Zeitpunkten eines Museums-besuchs. Dabei fokussieren sie auf den Einfluss der beiden Aspekte Planung und Vorwissen auf soziale Interaktion während des Besuchs. Die Planung eines Besuchs setzt voraus, dass sich Besucher*innen mit den Inhalten des Museums auseinandersetzen. Da-durch entsteht eine Erwartungshaltung an den Besuch und Spontanität geht in einem gewissen Maß verloren. Tatsächlich zeigt die Untersuchung von Antón et al., dass Besucher*innen weniger mit anderen Besuchen-den oder dem Museumspersonal interagieren, je mehr sie ihre Besuche vorher planen. Im Umkehrschluss heißt das, dass Besucher*innen, welche sich wenig mit der Planung des Museumsbesuchs beschäftigt haben, eher auf Kommunikation angewiesen sind[48].

Im Gegensatz zur Planung wirkt sich das Vorwissen des Publikums positiv auf die soziale Interaktion, aber auch auf das generelle Museumserlebnis aus[49]. Für Besuchende mit Vorwissen zu den im Museum aufge-arbeiteten Themen ist die Hemmschwelle zur Interak-tion mit anderen gering, das Wissen gibt ihnen Selbst-vertrauen[50]. Für andere Museumsbesucher*innen, die nach Falk und Dierking in die Besucher*innenkategorie Profi/Amateure fallen, ist der aktive Wissensaus-tausch vielleicht sogar die tragende Motivation für den Museumsbesuch[51]. Um soziale Interaktion und damit in weiterer Folge Co-Experiences beim Museumsbesuch vor Ort zu ermöglichen oder zu verstärken, müssen niederschwellige Angebote für das Erlangen von Vor-wissen geschaffen werden. Dabei kann es sich etwa um zusätzliches Lernmaterial handeln, welches auf der Website eines Museums zur Verfügung gestellt wird, sowie informative Videos oder einleitende Räume, die kompakt das nötige Wissen vermitteln[52].

2.3 Co-Experiences während des Museumsbesuchs

Essenziell für ein Museumserlebnis ist der Museumsbesuch vor Ort. Er bildet in der Regel den Kern des Erlebnisses und bietet viel Potenzial für Begegnungen, soziale Interaktion zwischen den Besuchenden und damit eine Grundlage für Co-Experiences. Soziale Interaktion kann während des Museumsbesuchs in vielerlei Hinsicht auftreten: zwischen Besuchenden und Museumspersonal, Besuchenden und fremden Gruppen oder innerhalb von Besuchsgruppen. Wenn die verschiedenen Arten von sozialer Interaktion, die innerhalb des Museums auftreten können, bekannt sind, kann das Museum diese durch verschiedene Maßnahmen bewusst verstärken.

Betrachtet man die Rolle, die das Museums bezüglich Interaktion spielen kann, eröffnen sich zwei unterschiedliche Ebenen der Co-Experience. Die erste Ebene sieht das Museum in der Rolle des aktiven Kommunikators. Das heißt, das Museumspersonal fungiert als Kommunikations- oder Interaktionspartner der Besuchenden. Ein Beispiel zeigt das *Museum für Kommunikation* in Bern. Dort sind seit 2017 so genannte Kommunikator*innen im Einsatz, deren Aufgabe es unter anderem ist, aktiv mit Besuchenden ins Gespräch zu kommen. Die Kommunikator*innen ersetzen das Aufsichtspersonal und die Museumsguides. Sie begegnen den Besuchenden als Gastgeber*innen, Vermittler*innen, Moderator*innen, kuratieren aber auch neue Ausstellungen und initiieren Gespräche. Sie setzen die Besucher*innen in den Fokus der Museumsarbeit und vermitteln ihnen die Essenz der Kommunikation: die Verbindung zwischen den Menschen[53]. Auf der zweiten Ebene fungiert das Museum eher als Mediator, als passiver Vermittler und Initiator für soziale Interaktion zwischen Besuchenden. Das Museum stellt dabei eine Art zündendes Element für soziale Interaktion zur Verfügung. Das kann beispielsweise in Form von Ausstellungen, Exponaten, Rahmenprogrammen, interaktiven Stationen oder einladend-partizipativen Elementen geschehen. Das Museum wird dann zur Bühne für die Interaktion zwischen den Besuchenden[54].

Im regulären Museumskontext bieten Exponate oder Hands-on-Stationen eine Möglichkeit, mit anderen Besuchenden zu interagieren. Eine partizipative Post-it-Wand, an der die Besuchenden ihre Antworten auf vom Museum gestellte Fragen anbringen und die Meinungen von anderen kommentieren können, ist genauso soziale Interaktion, wie zwei Kinder, die zusammen ein Exponat in einem Science-Center bedienen. Manche Museen veranstalten sogar innerhalb des Museums Speed-Dating-Events, bei denen sich Singles austauschen können. Das Museum stellt hier nur die Rahmenbedingungen, der Austausch finden zwischen den Besuchenden selbst statt[55].

Unterschiedliche Arten von Erlebnissen rufen unterschiedliche Möglichkeiten zur sozialen Interaktion hervor. Einige Analysen, die in den vergangenen Jahren zum Thema soziale Interaktion in Museen durchgeführt wurden, stellen eine konkrete Verbindung zwischen den Erlebnisdimensionen von Pine und Gilmore und deren Eignung für soziale Interaktion her. Die Dimensionen Partizipation (aktiv/passiv) und Verbindung (absorptiv/immersiv) werden durch die soziale Komponente erweitert. Bei Modulen, die aktiven Erlebniskategorien (Educational und Escapist) zugehören,

48 Vgl. Antón et al. (2018), S. 14 f.
49 Vgl. ebd.
50 Vgl. Prebensen, N., Woo, E., & Uysal, M. (2014): „Experience value. Antecedents and consequences", in: Current Issues in Tourism, Nr. 17(10), S. 14 f. doi: 10.1080/13683500.2013.770451.
51 Vgl. Dierking & Falk (2013), S. 94 ff.
52 Vgl. Antón et al. (2018), S. 16 f.
53 Vgl. Museum für Kommunikation Bern (2017): „Kommunikator_innen im Museum für Kommunikation", Museum für Kommunikation Bern (Hrsg.), Bern.

54 Vgl. Løvlie et al. (2020), S. 1.
55 Vgl. Rometsch, C. (2018): „Speed-Dating im Museum – das neue Angebot für Berufstätige", Handelsblatt: https://www.handelsblatt.com/arts_und_style/kunstmarkt/kunst-und-stulle-speed-dating-im-museum-das-neue-angebot-fuer-berufstaetige/23120694.html [letzter Zugriff am 12. 12. 2021].

wurde signifikant mehr soziale Interaktion zwischen den Besuchenden festgestellt als bei Modulen in passiven Kategorien (Entertainment und Ästhetik)[56].

Neben kompetitiven Interaktionen finden sich auch viele kollaborative Szenarien, bei denen sich Besuchende gegenseitig helfen und unterstützen. Durch den Austausch mit erfahreneren Mitgliedern einer Gruppe können weniger erfahrene Gruppenmitglieder Informationen spezifizieren oder sichergehen, dass sie Inhalte richtig verstanden haben. Die Expert*innen gewinnen Prestige durch das Teilen von Wissen[57]. Eine Stimulierung der Sinne bietet eine gute Gesprächsgrundlage für die Besuchenden, sie können sich über ihre eigenen Wahrnehmungen austauschen und diese mit denen der anderen Gruppenmitglieder vergleichen[58].

Die Besuchenden werden von der Ebene des passiven Publikums auf eine aktive Ebene gehoben, die auch Bühne für soziale Interaktion bieten kann[59]. Die Reflexion des immersiv Erlebten, das Teilen von Sinneseindrücken, all das bringt potenziellen Austausch, der primär zwischen den Besuchenden stattfindet. Ebenso werden Aktivitäten, die Kreativität anregen und deren Ursprungsaufgaben (falls vorhanden) neu interpretiert und verändert werden können, von Besuchenden in der Regel sehr gut angenommen, besonders wenn sie in Gruppen durchführbar sind[60]. Das Medium Film wird grundsätzlich als nicht förderlich für soziale Interaktion angesehen, da es diese in der Regel auf das gemeinsame Zuschauen beschränkt[61].

Inwieweit sich eine Personengruppe nach dem Betrachten eines Videos noch intensiv mit dem Realobjekt auseinandersetzt, hängt von unterschiedlichen Faktoren ab. Dazu zählt beispielsweise das allgemeine Interesse oder die Zeit, die das Publikum bereit ist, für eine bestimmte Station aufzuwenden. Heath und vom Lehn warnen davor, die Verweildauer bei Exponaten als Maßstab für erfolgreiche Exponate heranzuziehen, da es sich bei längerer Verweildauer nicht immer um eine tiefergehende Beschäftigung mit dem Exponat handeln muss. Manchmal sind technische Barrieren oder fehlende Bedienbarkeit Auslöser für lange Verweildauer bei einem Exponat[62]. Dennoch lässt sich feststellen, dass

> „gerade der soziale Kontext eines Ausstellungsbesuches [...] entscheidend für die Dauer der Auseinandersetzung, das kommunikative Verhalten und die Intensität der Zuwendung zu Objekten [ist].“[63]

2.4 Soziale Interaktion im Spiel

Neben dem passiven Medium Film gibt es allerdings ein Element im Bereich Entertainment, welches besonders förderlich für Interaktion ist: das Spiel. Pine und Gilmore definieren Entertainment als einen Bereich, in dem das Publikum passiv und absorbierend agiert. Die Dimension Entertainment umfasst ein breites Spektrum an Medien, oft auch mit spielerischen Ansätzen. Während das Spielen im sprachlichen Kontext eher mit der Entertainment-Branche in Verbindung gebracht wird, würde es nach der Definition von Pine und Gilmore eher als eskapistisches Erlebnis eingestuft werden, denn Spielen ist eine aktive Tätigkeit, die Teilnehmer*innen können sich komplett in einer Aufgabe verlieren. Das Spiel allein auf den Bereich Entertainment festzusetzen, wäre falsch, denn hat das Spiel einen didaktischen Hintergrund, grenzt es wiederum an den Bereich Education. Die Auswirkung, die das Spiel auf zwischenmenschliche Interaktion haben kann, ist nicht zu unterschätzen[64]. Das Spielen ist als Co-Experience klassifizierbar, denn es besitzt meist einen fixen Start- und Endpunkt und wird maßgeblich durch die Mitspielenden beeinflusst. Gut gestaltet können spielerische Einheiten die Brücke zwischen Generationen schlagen und Kinder und ältere Menschen gleichermaßen ansprechen. Die Schweizer Szenografin Sarah Glauser schreibt dem Spiel außerdem die Fähigkeit zu, Rollen neu zu definieren:

> „Aus Betrachter_innen werden aktive Spielende und aus Individualbesucher_innen im besten Fall Mitspielende. Die Ausstellung erhält eine zusätzliche, soziale Dimension“[65].

2.5 Interaktiv ≠ soziale Interaktion – zur Gestaltung von interaktiven Exponaten

Ein digital gestützter Interaktionsprozess muss nicht zwingend ein sozialer Interaktionsprozess sein. Tatsächlich ist die Diskrepanz zwischen sozialer Interaktion und technisch gestützter Interaktion in vielen Fällen deutlich sichtbar. Mit der Popularisierung von interaktiven Hands-on-Stationen (sowohl analog als auch digital auf multimedialen Geräten) wurde stark auf das individuelle Museumserlebnis fokussiert, die soziale Interaktion ist in den Hintergrund gerückt. Heath und vom Lehn beschreiben dieses technologisch-soziale Paradoxon wie folgt:

"Indeed, our own research suggests that in some cases, while enhancing an individual's experience, 'interactives' – in particular those relying on computing and information technologies – may inadvertently undermine co-participation and collaboration that can arise with and around exhibits in museums and galleries. There is a danger that we confuse 'interactivity' with social interaction and collaboration."[66].

Es ist wichtig, im Museumskontext zwischen Interaktivität und sozialer Interaktion zu unterscheiden, um Hemmschwellen für soziale Interaktion zu definieren und diese bei zukünftigen Gestaltungsprozessen zu vermeiden. Die Tatsache, dass Objekte häufig interaktiv und kollaborativ mit anderen Besuchenden verwendet werden, wird von den Museen oft übersehen oder ignoriert. Beispielhaft zeigt sich das Vernachlässigen der sozialen Komponente in der flächendeckenden Verwendung von Audioguides. Die Verwendung von Kopfhörern schottet Besucher*innen voneinander ab und hemmt Kommunikation[67]. Eine Beobachtung, die auch von Ponsignon und Derbraix geteilt wird[68].

Als Ausnahme für das technologisch-soziale Paradox sehen die Forschenden so genannte „Low-Tech-Objekte", die konzipiert sind, um bewusst Kollaboration zwischen den Besuchenden hervorzubringen und zu fördern. Mit steigender technischer Komplexität eines

56   Vgl. Derbraix, M. & Ponsignon, F. (2020): „The impact of interactive technologies on the social experience: An empirical study in a cultural tourism context", in: „Tourism Management Perspectives", Nr. 35, Juli 2020, S. 9 doi:10.1016/j.tmp.2020.100723.
57   Vgl. ebd., S. 7.
58   Vgl. ebd., S. 8.
59   Vgl. Derda, I. & Popoli, Z. (2021): „Developing experiences: creative process behind the design and production of immersive exhibitions", in: „Museum Management and Curatorship", Nr. 36(3), Rotterdam. S. 15 f. doi: 10.1080/09647775.2021.1909491.
60   Vgl. Hornecker, E. & Stifter, M. (2006): „Learning from Interactive Museum Installations About Interaction Design for Public Settings", S. 6 doi: 10.1145/1228175.1228201.
61   Vgl. Heath, C. & vom Lehn, D. (2009): „Interactivity and Collaboration: new forms of participation in museums, galleries and science centres", in: Parry, R. (Hrsg.), „Museums in a Digital Age", Routledge. S. 12–15.
62   Vgl. ebd., S. 12 f., S. 16.
63   Klinkhammer & Reiterer (2017) nach: Wohlfromm, A. (2002): „Museum als Medium – Neue Medien in Museen, Überlegungen zu Strategien kultureller Repräsentation und ihre Beeinflussung durch digitale Medien", Köln. S. 37.
64   Vgl. Aksakal (2015), S. 1233 ff.
65   Glauser, S. (2021): „Von Spielenden und Mitspielenden. Of Players and Co-Players", in: „Spaces and Stories. Co-Creating Scenography", Groenlandbasel (Hrsg.), Stuttgart, S. 111 f.
66   Heath & vom Lehn (2009) S. 2 f.
67   Vgl. Klinkhammer & Reiterer (2017), S. 599.
68   Vgl. Ponsignon & Derbraix (2020), S. 7.

interaktiven Exponates sinkt die soziale Interaktion. Die Rolle der anderen Besuchenden wird auf Zuschauende reduziert, die eher passiv als aktiv am Geschehen teilnehmen und warten, bis sie selbst an der Reihe sind, um die Station zu bedienen[69]. Je technologisch anspruchsvoller ein Exponat wird, desto unsozialer ist es (gestaltet).

Die Theorie von Heath und vom Lehn zeigt: Formal und inhaltlich ist eine derartige interaktive Station hauptsächlich auf Einzelpersonen ausgerichtet. Ein kleiner Monitor beispielsweise begrenzt die Sicht auf relevante Inhalte stark, häufig gibt es nur Sitzmöglichkeiten für eine Person und langwierige, komplizierte Interaktionssequenzen werden tendenziell nur von einer Person aus einer Gruppe vollständig durchgeführt[70].

Ähnliche Beobachtungen machen auch die Interaktionsforscher*innen Hornecker und Stifter: Installationen, die nur einen Einzelplatz aufweisen, werden in der Regel nur von Einzelpersonen oder Eltern, die ihr Kind begleiten, verwendet. Ist jedoch Platz für eine Gruppe, wird das Angebot eher von Gruppen wahrgenommen. Sichtbarkeit in Form von größeren Bildschirmen sowie die Möglichkeit, Rollen zu verteilen, tragen ebenfalls dazu bei, dass Stationen eher von Gruppen genutzt werden[71]. Anstatt die soziale Komponente, wie beispielsweise das Interesse der anderen Besuchenden an den Quizfragen oder einem kollaborativen Lösungsansatz, bei dem mehrere Besuchende zusammen das Quiz absolvieren können, zu unterstützen, wird dieser

durch die Gestaltung in drei Faktoren blockiert: die Umgebung (eine Sitzmöglichkeit, Platz zum Stehen um die Station herum), die Station selbst (kleiner Touchscreen) und deren Inhalte (lange Sequenzen, die nur von einer Person bedient werden können).

Heath und vom Lehn begründen die Fokussierung auf individuelle Nutzer*innen einer Station mit der Anlehnung an Computerarbeitsplätze, auf deren Aufbau sich viele computerbasierte Stationen stützen[72]. Eine Auslegung solcher Arbeitsplätze auf mehrere Personen ist ungewohnt und wird daher in der Museumsgestaltung wenig berücksichtigt, obwohl es sich hier um einen komplett anderen Kontext handelt. Es ist daher enorm wichtig, interaktive Exponate in ihrem Kontext zu betrachten, sowohl räumlich als auch sozial, institutionell oder in Verbindung mit Originalobjekten. Als Gegenvorschlag zu Bildschirmen und der Bedienung mit Maus und Tastatur wäre der Einsatz von Touchscreens anzudenken: Bei diesen kann die Kontrolle leichter abgegeben werden, was zu einem aktiveren Gruppenerlebnis führen kann[73]. Interaktive Multitouch-Tables sind meist von mehreren Seiten aus zugänglich und können so von Gruppen genutzt werden, wie eine Analyse des *New Mexican Museum of Natural History and Science* zeigt: Bei der Verwendung von Multitouch-Tables findet bei 80 % der Besuchenden eine Form von sozialer Interaktion statt[74]. Auch Klinkhammer und Reiterer sehen diese Art von Medium als förderlich für soziale Interaktion zwischen Besuchenden[75].

[4]

2.6 Post-Visit Co-Experiences

Eines der von Batterbee am häufigsten angeführten Beispiele für Co-Experiences ist das Teilen von Erlebnissen, beispielsweise in Form von multimedialen Dateien (Hybride aus Bild, Ton und Text). Studien aus dem touristischen Erlebniskontext zeigen, dass Erlebnisse, denen Besucher*innen einen höheren symbolischen Wert zuschreiben („experience value"), wahrscheinlicher weiterempfohlen oder wiederholt werden. Dieser Erlebniswert wird durch die Einbindung des Publikums in das Erlebnis verstärkt[76]. Kaul bezeichnet Besucher*innen, die durch Weiterempfehlungen („Word-of-Mouth") zur Publikumsakquisition in Museen beitragen, als Co-Marketer. Sie sorgen durch das Teilen von Erlebnissen dafür, dass neue Kund*innen hinzukommen und festigen die Bindung zu bestehender Kundschaft[77]. Eine Museumsstudie von Han und Radder zeigt, dass positive Erlebnisse, speziell jene die dem Bereich Edutainment zugeordnet werden können, sich am stärksten auf potenzielle Post-Visit-Variablen auswirken. Zu diesen Variablen zählen neben der allgemeinen Befriedigung der Erwartungen auch die Absicht, das Museum erneut zu besuchen oder die Word-of-Mouth-Intention[78]. Als positiv werden jene Erlebnisse wahrgenommen, die eine bestimmte Erwartungshaltung erfüllen oder übertreffen. Das heißt, die Tatsache, ob und wie Besuchende ihre Erlebnisse zu geteilten Co-Experiences machen, hängt mitunter davon ab, wie sehr ihre Erwartungen an ein Museum befriedigt oder gar übertroffen werden[79].

Konträr zu Han und Radder sehen Antón et al. eskapismus- und lernorientierte Erlebnisse als ausschlaggebende Faktoren die für Intensivierung von Erlebnissen und für die Wahrscheinlichkeit zur Content-Generierung auf Social Media oder gängigen Bewertungskanälen[80]. Im Kern lässt sich allerdings feststellen, dass lernorientierte Elemente (mit oder ohne Entertainment-Komponenten) Besuchende häufiger zur Produktion von teilbaren Inhalten anregen, während die Ästhetik zwar bis zu einem gewissen Punkt zur Zufriedenheit des Publikums beiträgt, allerdings keinen signifikanten Beitrag zur Content-Generierung leistet[81]. Durch das Teilen eines Erlebnisses, beispielsweise über soziale Medien, wird eine Einladung zur Teilhabe an dem Erlebnis ausgesprochen und das Erlebnis wird von den eingeladenen Personen auf unterschiedliche Arte und Weise interpretiert. Erfahrungen können beispielsweise erwidert, abgelehnt oder ignoriert werden. Sofern es sich um ein positives Erlebnis handelt, weckt es Interesse und regt das Bedürfnis an, eine ähnliche Erfahrung zu machen und beispielsweise ebenfalls eine bestimmte Ausstellung zu besuchen. Unter Umständen können dadurch sogar Nichtbesucher*innen erreicht werden, also Menschen, die normalerweise nicht in Museen gehen. Das Teilen von Erlebnissen stellt eine wichtige Komponente für Post-Visit-Interaktion mit dem Museum dar und ist eine Möglichkeit, die Verbindung der Besuchenden zum Museum außerhalb des Museumsbesuchs zu festigen. Die Besuchenden, die ihre Museumserlebnisse aktiv

[4] Bedienung einer interaktiven Station durch Einzelperson und Gruppe nach Heath & vom Lehn (2009), S.4 Abb. modifiziert.

69 Vgl. Heath & vom Lehn (2009), S. 16.
70 Vgl. ebd., S. 4 f.
71 Vgl. Hornecker & Stifter (2006), S. 8.
72 Vgl. Heath & vom Lehn (2009), S. 7 f.
73 Vgl. Hornecker & Stifter (2006), S. 8.
74 Vgl. Goldman K. H. & Gonzales J. (2014): „Open Exhibits Research Report: General Table Use": http://openexhibits. org/wp-content/uploads/ papers/Open%20 Exhibits%20General%20 Table%20Use%20Findings. pdf [letzter Zugriff am 10. 01. 2022].

75 Vgl. Klinkhammer & Reiterer (2017), S. 559.
76 Vgl. Prebensen et al. (2014), S. 14 f.
77 Vgl. Kaul, H. (2019): „Empirisch begründete Kooperationstypen zur Fundierung der interaktiven Wertschöpfung im Kulturbereich", in: Holst C. (Hrsg.), „Kultur in Interaktion. Co-Creation im Kultursektor", Hamburg. S. 4. doi: 10.1007/978-3-658- 27260-9.
78 Vgl. Han & Radder (2015), S. 465 f.
79 Vgl. Han & Radder (2015), S. 458.
80 Vgl. Antón et al. (2018), S. 14.
81 Vgl. ebd., S. 14.

teilen, werden zu „Contributors"[82], also „Menschen, die sich aktiv und kreativ an der Arbeit des Museums beteiligen und in einen gedanklichen oder operativen Austausch treten"[83]. Damit stellen mitwirkende Museumsbesucher*innen einen wichtigen Teil für das Community-Building eines Museums dar.

Zusammenfassend ist soziale Interaktion nicht als das eine übergeordnete Ziel zu betrachten, sondern als bewusst zu gestaltendes und einzusetzendes Gestaltungselement, welches die Museumserlebnisse von Besuchenden positiv beeinflussen kann. Ähnlich wie es in den vier Erlebniskategorien einen „Sweetspot" gibt, der das ganze Erlebnis ausgleicht, braucht es auch einen Ausgleich zwischen stark sozialen und weniger sozialen Komponenten von Ausstellungen. Die Interaktion zwischen Besuchenden findet in den meisten Museen statt, es liegt nun an den Museen und den Gestalter*innen, dieses Wissen zu ihrem Vorteil zu nutzen, um Ausstellungserlebnisse spannend und relevant zu machen[84].

Offene Kommunikation und Interaktion bilden die Basis für einen (kulturellen) Diskurs und verbessern dabei auch das allgemeine Museumserlebnis[85]. Wer angesprochen wird, fühlt sich eher miteinbezogen. Um Stimmen aus unterschiedlichen sozialen Schichten hörbar zu machen, müssen sie zunächst gehört und ernst genommen werden. Museen sollten sich als Orte für offenen Dialog positionieren. Menschen in den Museumsdiskurs miteinbeziehen, aber auch einen Schritt zurückzugehen und das Museum als metaphorische und reelle Bühne zu sehen, das ist es, was ein Museum zu einem sozialen Lernort transformieren kann. Bewusst gestaltete Co-Experiences können als Werkzeuge dieser Transformation betrachtet werden. Kommunikation und Austausch zwischen Besucher*innen wirken sich auf das Museumserlebnis und damit auch auf die Museumswahrnehmung der Besucher*innen aus. Durch „Word-of-Mouth" entstehen Co-Experiences und gleichzeitig findet eine interaktive Wertschöpfung statt. Besucher*innen treten dabei als Co-Marketers auf, indem sie beispielsweise neue Besucher*innen ansprechen. Neben der Rolle als Co-Marketers können Besucher*innen die Rolle von Co-Designer*innen einnehmen. Sie sind dadurch aktiv an der Leistungsgestaltung von Museen und Kultureinrichtungen beteiligt[86]. Der Ansatz des Co-Designs beruht auf kollaborativer, interaktiver Wertschöpfung durch die Einbindung unterschiedlicher Expert*innengruppen beziehungsweise Stakeholder*innen. Diskussions- und Feedbackrunden mit Besucher*innen werden genutzt, um Bedürfnisse oder Verbesserungsvorschläge von Besucher*innen herauszukristallisieren[87]. Der Austausch und die resultierende Kommunikation beziehungsweise Interaktion zwischen Museum und Publikum kann wiederum als Grundlage für Co-Experiences betrachtet werden. Co-Experiences und kollaborative Gestaltungs- und Evaluierungsprozesse sind demnach direkt und eng miteinander verknüpft.

82 Henkel (2021).
83 Henkel (2021).
84 Vgl. Løvlie et al. (2020), S. 1.
85 Klinkhammer & Reiterer (2017), S. 559.
86 Vgl. Kaul (2019), S. 44.
87 Vgl. Kaul (2019), S. 45.
88 Vgl. Simonsen, J. & Robertson, T. (2013): „Routledge International Handbook of Participatory Design", S. 56 f.
89 Cross, N. (1972): „Proceedings of the Design Research Society International Conference: Design Participation": https://dl.design researchsociety.org/ conference-ce-volumes/1 [letzter Zugriff am 12. 01. 2022].
90 Simonsen & Robertson (2013), S. 56.
91 Vgl. Norman, D. (1988): „The Design of Everyday Things", MIT Press.

3. Co-Creation-Prozesse im Museum

3.1 Generelle Notwendigkeit von patizipativem Design

Eigentlich gibt es die Praxis der kollektiven Kreativität im Design schon seit fast 40 Jahren, und zwar unter der Bezeichnung „partizipatives Design". Ein Großteil der Aktivitäten im Bereich des partizipativen Designs fand in Europa statt[88]. Forschungsprojekte zur Beteiligung der Nutzer*innen an der Entwicklung von Systemen reichen bis in die 1970er-Jahre zurück. Im Vorwort zu seinem Buch „Design Participation" erkannte Nigel Cross bereits 1972:

> „Professionelle Designer in allen Bereichen sind ihrer Verantwortung nicht gerecht geworden, die negativen Auswirkungen ihrer Projekte vorherzusagen und zu vermeiden. Diese schädlichen Nebenwirkungen können nicht länger toleriert und als unvermeidlich angesehen werden, wenn wir in der Zukunft überleben wollen. Es besteht zweifellos ein Bedarf an neuen Gestaltungsansätzen, [...] und die Beteiligung der Bürger an der Entscheidungsfindung könnte möglicherweise eine notwendige Neuorientierung darstellen"[89].

Es wird klar, welche immense soziale Verantwortung Designer*innen tragen. Dieses Zitat sollten Gestalter*innen im besten Fall als Credo verstehen und umsetzen. Jesper Simonsen stellte 2013 im *Routledge International Handbook of Participatory Design* fest:

> „Designers [...] have demonstrated great skills in designing objects, in drawing architectural sketches mechanical blueprints, scale Models, prototypes etc. But in this Design work we usually cannot find the controversies and the positions held by the many contradicting stakeholders that these objects involve"[90].

Im heutigen Designprozess kommen die Expertise und die Meinung der diversen und unterschiedlichen Endbenutzer*innen und -rezipient*innen oft erst dann ins Spiel, wenn sich die Produkte bereits in der Protoyping-Phase oder gar schon im Endzustand befinden. Das ist vor allem in der Gestaltung von Konsumgütern der Fall – was bereits Don Norman 1980 in seinem Buch „The design of everyday things"[91] kritisiert. Konträr dazu entwickelte sich ein user*innenzentrierter

Designansatz (= Nutzer*in als Subjekt), ein „ganzheitlicher Ansatz zur nutzerzentrierten Gestaltung interaktiver Systeme, mit dem Ziel eine optimale User Experience zu erreichen"[92]. Doch nicht nur die Nutzer*innen sind relevant für einen ganzheitlichen Designprozess, sondern eben auch andere Stakeholder*innen, wie z. B. Fördergeber*innen oder Servicepersonal. Deshalb sprechen Expert*innen heute vom „Human-centered-Design", auf dem auch das „Design-Thinking" gründet[93]. Beide Ansätze stellen den Menschen ins Zentrum der Gestaltung[94]. Inzwischen zeigt sich jedoch, dass der menschenzentrierte Designansatz weder dem Umfang noch der Komplexität der heutigen Herausforderungen gerecht werden kann, denn:

"We are no longer simply designing products for users. We are designing for the future experiences of people, communities and cultures who now are connected and informed in ways that were unimaginable even 10 years ago"[95].

Um die Bedürfnisse und die vielfältigen Positionen der Interessensgruppen, die Design betreffen, zu ergründen, ist es wichtig, die Rezipient*innen rechtzeitig und bereits vor der Gestaltung des Produktes miteinzubeziehen – und damit auch die zukünftigen Auswirkungen der Einbeziehung einschätzen zu können. Das allgemeingültige und traditionelle Designverständnis wird nun grundsätzlich hinterfragt. Klassisches Design, den Merkmalen und Regeln der Moderne, des Bauhauses oder des Funktionalismus (wie z. B. Abstraktion, Reduktion, „form follows function")[96] folgend, genießt konstant höchstes Ansehen, es ist zeitlos und hat unhinterfragte Daseinsberechtigung inne. Doch in den besagten Epochen herrschte eine Sichtweise auf die Dinge, die hierarchisch vorgab, was ästhetisch wertvoll ist und was nicht: der weiße, patriarchale Blick auf die Dinge[97].

"Over the past 30 years, almost every aspect of doing design has changed. We still seem to be in the middle of a transition to greater entanglement and complexity, but with greater involvement of people and, hopefully, more value contributed by the design capabilities of many. But if we can use design thinking, making, and enacting to visualize and explore the future together, then we will be able to harness our collective creativity to serve our collective dreams"[98].

Die heutige Kritik daran ist laut und das vor allem unter den Designenden selbst. Themen wie universelles Design, aktive Teilhabe, das Revival der Do-it-your-self-Bewegung aus den 1970er-Jahren, Inklusion und demokratisches, queeres, feministisches und eben auch „Human-centered-Design": All diese Strömungen sind zeitgerechte Proteste gegen die vorherrschenden altmodischen, exklusiven, gelernt-männlichen, eurozen-tristischen, privilegierten und kurzsichtigen Sichtweisen und damit aktive Forderungen nach Mitsprache, Selbst-ermächtigung und ganzheitlicher Gestaltung[99]. Diese Motive resultieren schließlich im Bedürfnis nach sozial verantwortlichem Handeln und nachhaltigem, gesell-schaftlich zukunftsfähigem Design.

92   Vgl. Usability. de (o.J): „UX Design (User-Centered Design)", Usability.de: https://www. usa-bility.de /leistungen/ ux-design. html?gclid= CjwKCAiAlfqOB-hA eEiwAYi43F6iY1WhPmo R93OvXW07FF99N g5Zio5biR1 RMYAyGA0Mhc_OyyPl UZBo-Cr4QQAvD_BwE [letzter Zugriff am 12. 01. 2022].

93   Vgl. UID (2016): „Design Thin-king–die neue alte Kreativität", UID: https://www.uid.com/ de/ aktuelles/hcddesign-thinking [letzter Zugriff am 12. 01. 2022].

94   Vgl. GISA (2019): „Human-cen-tered Design Teil 2: Die iterativen Phasen", GISA: https://www.gisa. de/human-centered-design-teil-2-die-iterativen-phasen/ [letzer Zugriff am 12. 01. 2022].

95   Sanders, E. B.-N. & Stappers P. J. (2008): „Co-creation and the new landscapes of design" in: Co-Design, International Journal of CoCreation in Design and the Arts, 4:1, S. 5-18, doi: 10.1080/15710880701875068.

96   Vgl. Designklassiker (o. J.): „Mo-derne", Designklassiker: https:// www.designklassiker.com/ Moderne------_site.stilepoche.. html_dir._s.4_likecms.html [letz-ter Zugriff am 20. 08. 2021].

97   Vgl. Otto, E. (2021): „Queere Menschen wurden zu einem gewissen Grad aus der Bauhaus-Geschichte gelöscht", bauhaus kooperation: https://www.bau-hauskooperation.de/koopera-tion/jubilaeumsarchiv/magazin/ entdecke-das-bauhaus/queere-menschen-wurden-zu-einem-ge-wissen-grad-aus-der-bauhaus-geschichte-geloescht/ [letzter Zugriff am 18. 09. 2021].

98   Sanders, E. B.-N., & P. Stappers (2014): „Cover Story: From Desig-ning to Co-Designing to collective dreaming: Three slices in time", Interactions, November-Dezember, S. 24: https://interactions.acm.org/ archive/viewa/november-decem-ber-2014/from-designing-to-co-designing-to-collective-dreaming-three-slices-in-time [letzter Zugriff am 10. 12. 2022].

99   Vgl. Meer, J. (2021): „Messy History" in: „Neue Typen! 16 Seiten feministisches Design", Missy Magazine 03/2021: https://maissy-magazine.de/ blog/2021/05/10/messy-history/ [letzter Zugriff am 20. 12. 2021].

3.2 Nina Simon: Partizipative Modelle in der Museumsarbeit

• Den Grundstein zur partizipativen Kreativpraxis im kulturellen Bereich hat Nina Simon gelegt. Übertragen auf die Museumsarbeit hat sie einige wichtige Erkenntnisse gewonnen, die seitdem als wegweisend gelten. Sie legt eine Struktur an partizipativen Angebotsformaten in Museen und Ausstellungen vor und nennt vier verschiedene Partizipationsmodelle, die abhängig vom Ziel des Museums oder des Projekts angewandt werden können.

1. Contribution (Beitragen)

Vom Museum vollkommen eigenständig konzipierte und umgesetzte Projekte.

Außenstehende leisten einen (i. d. R. kleinen) Beitrag, der von Museumsseite festgelegt ist.

Teilnahme ist i. d. R. ohne jegliches Vorwissen möglich und dauert mitunter nur wenige Minuten.

Bedarf an gewissem Organisationsaufwand, aber nur geringem Betreuungsaufwand. Beispiel: Feedback bei Museumsbesuchen (Gästebuch), Teilen von Werken in öffentlichen Foren, Abstimmungen etc.

2. Collaboration (Mitarbeiten)

Projekt wird vom Museum selbstständig konzipiert.

Museum steuert und kontrolliert den Projektverlauf.

Teilnehmende haben maßgeblichen Einfluss, durch den das Projekt ein individuelles Gesicht erhält.

Richtet sich i. d. R. an eine kleinere Anzahl an Personen, die (zeit-)intensiv mitarbeiten.

Betreuungsaufwand ist höher als bei Contribution-Format.

Unterscheidung zwischen „consultant-projects" (Partizipient*innen als Expert*innenrat) und „co-development projects" (Partizipient*innen als Mitentwickler*innen an einer konkreten Ausstellungsidee oder Ausstellungsprogramm). Beispiel: Museumsmitarbeiter*innen arbeiten mit Partnern aus der Community an neuen Programmen, Ausstellungen und Angeboten.

3. Co-Creation (gemeinsame Entwicklung und Realisierung)

Museum und Teilnehmende arbeiten zur Realisierung eines Projektes von Beginn an Hand in Hand (gemeinsame Entwicklung der Projektidee, Konzeption des genauen Projektes, Feststecken der Rahmenbedingungen der gemeinsamen Arbeit und des weiteren Prozesses).

Gleichberechtigte Einflussnahme auf das Projekt. Beispiel: Stadtlabor des Historischen Museums Frankfurt. Die Dauerausstellung „Frankfurt Jetzt!" hat seit 2010 eine ca. 600 Quadratmeter große Fläche für wechselnde Stadtlabor-Aktivitäten im Museum reserviert. Hier entstehen zusammen mit Frankfurter*innen Ausstellungen und Veranstaltungen zu wechselnden Themen der Stadt[100].

4. Hosting (Nießnutz, Moderation)

Das Museum fungiert als infrastruktureller Ort bzw. als Gastgeber für museumsexterne Formate.

Die Institution stellt ihre Räumlichkeiten und/oder ihre Werkzeuge mit gänzlich unterschiedlichen Gruppen zur Verfügung.

Bislang nicht als Ort für ihre Interessen begriffen. Beispiel: Kreuzbergmuseum „Wagenburg leben in Berlin". Das Ausstellungsprojekt verselbstständigte sich komplett, der Chefkurator entzog sich der Mitgestaltung, was völlig neue Ausmaße der Kuration eröffnete.[101/102]

100 Museum Frankfurt (o. J.): „Was ist das Stadtlabor?", Historisches Museum Frankfurt: https://historischesmuseum-frankfurt.de/de/stadtlabor [letzter Zugriff am 19. 08. 2021].

101 Vgl. Simon, N. (2010): „The Participatory Museum", S. 281: http://www.participatory museum.org/read/ [letzter Zugriff am 02. 01. 2022].

102 Vgl. Piontek, Anja (2017): „Museum und Partizipation - Theorie und Praxis kooperativer Ausstellungsprojekte und Beteiligungsangebote", Bielefeld. S. 211.

Im weiteren Vorgehen liegt der Fokus besonders auf dem Aspekt der Co-Creation, denn als Methode für die Museums- und Ausstellungsarbeit kann Co-Creation eine partizipative Zusammenarbeit fördern. Co-Creation beschreibt ein Konzept, welches auf kreativer Kollaboration unterschiedlicher Disziplinen und Interessensgruppen zur Gestaltung von innovativen Lösungen beruht. Der Begriff kommt ursprünglich aus dem Bereich der Produktentwicklung und beschreibt die aktive Teilhabe von Kund*innen bei der Entwicklung neuer Produkte und Services sowie aktive Zusammenarbeit zwischen User*innen (die hier Expert*innen ihrer eigenen Erfahrung darstellen) und Designer*innen[103].

„Co-Creation bedeutet, dass alle relevanten Akteur*innen in einem gemeinsamen (Design-) Entwicklungsprozess voneinander lernen"[104]
– Creative Region Linz.

Bemerkenswert ist, dass die meisten Befürworter*innen der Co-Creation aus der Wirtschaft oder dem Marketing und nicht aus der Designpraxis kommen[105]. In den letzten zwanzig Jahren wurde Co-Creation vor allem in den Bereichen Marketing, Management und Innovationswissenschaft und Dienstleistungswissenschaft erforscht[106]. Mit den neuen Möglichkeiten des Internet erhielt das Konzept während der Jahrtausendwende kräftig an Auftrieb und ist zentrales Element von Konzepten wie Crowdsourcing[107] oder „Open innovation". Eine aktuelle Studie verweist auf eine Reihe von Anwendungsbereichen, wie z. B. Kund*innen, Verbraucher*innen oder Nutzer*innen als Mitgestalter*innen und neue Koproduzent*innen im Produktdesign, im Einzelhandel, in offenen Geschäftsmodellen, Dienstleistungssystemen und im Dienstleistungsaustausch oder im digitalen Wandel eines Unternehmens[108]. Für das Konzept der Co-Creation gibt es keine eindeutige Definition[109] und es besteht kein Konsens über seine Grundlagen, seine potenziellen Folgen, Triebkräfte und die damit verbundenen Prozesse[110/111]. Es ist ein fluides Konzept mit Handlungsspielraum, das mit seinen Aufgaben und Bearbeiter*innen wächst. In Bezug auf einen reinen Kreativprozess im Design, also z. B. Produktdesign oder Industriedesign, aber auch im konzeptuellen Design, wie z. B. Messe- oder Ausstellungsdesign, wird häufig der Begriff Co-Design synonym verwendet.

103 Vgl. ebd.
104 Gumpelmaier-Mach, W. (2019a): „Was ist Co-Design? Einführung in kollaboratives Gestalten", Creative Region Linz: https://creativeregion.org/2019/03/was-ist-co-design-einfuehrung-in-kollaboratives-gestalten/ [letzter Zugriff am 31. 12. 2021].
105 Vgl. ebd.
106 Vgl. Trainingsmanufaktur (o.J.): „Co-Creation": https://trainingsmanufaktur.de/lexikon/co-creation/ [letzter Zugriff am 31. 12. 2021].
107 Crowdsourcing (engl): Auslagerung interner Teilaufgaben an eine Gruppe freiwilliger (Internet-)User, Vgl. Markgraf, D. (o.J.): „Crowdsourcing", Gabler Wirtschaftslexikon: https://wirtschaftslexikon.gabler.de/definition/ crowdsourcing-51787 [letzter Zugriff am 15. 01. 2021].
108 Vgl. Ramaswamy, V. & Ozcan, K. (2018): „What is co-creation? An interactional creation framework and its implications for value creation" in: Journal of Business Research, S. 84 und S. 196-205.
109 Vgl. Galvagno, M. & Dalli, D. (2014): „Theory of value cocreation: a systematic literature review. Managing Service Quality", S. 24, S. 26 und S. 643-683.
110 Vgl. Hammedi, W., Leclercq, T. & Poncin; I. (2016): „Ten years of value cocreation: An integrative review" in: „Recherche et Applications en Marketing", S. 26-60.
111 Garmann-Johnsen, Niels-F., Olsen, Dag H. & Eikebrokk, Tom R. (2021): „The Co-creation Canvas", University of Agder, doi: 10.1016/j.procs.2021.01.120.
112 Vgl. Eckhardt, J., Kaletka, C., Krüger, D., Maldonado-Mariscal, K. & Schulz A.-C. (2021): „Ecosystems of Co-Creation–Frontiers in Sociology", doi: 10.3389/fsoc.2021.642289.
113 Trainingsmanufaktur (o. J.).
114 Vgl. ebd.
115 Co.Create (2019): „The Co-Create Handbook for creative Professionals": http://www.cocreate.training/wp-content/uploads/2019/03/co-design_handbook_FINAL.pdf [letzter Zugriff am 19. 08. 2021].

3.3 Was ist Co-Creation?

Ein Co-Creation-Designprozess ist in vier Konzeptionsschritte unterteilt:

1. Engagieren: voneinander lernen und sich der Herausforderung stellen

2. Verstehen: sich auf die Bedürfnisse der Nutzer*innen konzentrieren, um Erkenntnisse zu sammeln

3. Überlegen: gemeinsam Designkonzepte und Prototypen entwickeln

4. Validieren: präsentieren und testen[112]

Eines der Hauptmerkmale von Co-Creation ist die Zusammenarbeit mit und Einbeziehung von verschiedenen Interessensgruppen, genannt Stakeholder*innen, und damit die Herbeiführung einer kollaborativen Plattform. Durch die Einbindung von Kund*innen und Nutzer*innen in der frühen Kreationsphase der Produktentwicklung wird das Risiko von „blinden Flecken und Irrwegen aufgrund von Fehlannahmen"[113] reduziert. Ideen können so frühzeitig überprüft werden und es besteht die Möglichkeit zur (wiederholten) kritischen Betrachtung. Viele Ideen entstehen allein erst durch die Zusammenarbeit mit Kund*innen, Nutzer*innen und Stakeholder*innen. Damit birgt die Methode ein nahezu unerschöpfliches Ideenpotenzial. So haben Externe häufig bereits Lösungen für Probleme entwickelt, die von Unternehmen noch gar nicht als solche erkannt wurden[114]. Innerhalb des Unternehmens bzw. der Institution beschleunigt Co-Creation damit den Innovationsprozess, weil sie eine von allen Beteiligten gemeinsam entwickelte Vision motiviert und die Zusammenarbeit über Bereichsgrenzen hinweg festigt[115].

Design als Disziplin ermächtigt dazu, schnell zu filtern, zu visualisieren und schlussendlich auch zu kommunizieren. Aufgrund dieser einzigartigen disziplinären Strukturen finden auch Methoden aus dem Design Thinking (wie z. B. Research, Analysing, Prototyping, Testing) im Co-Creation-Prozess Eingang. Dazu hat das Team von *Creative Region* aus Linz, das sich schwerpunktmäßig mit Co-Creation im Bereich von professionellen Kreativen beschäftigt, Benefits, aufgrund 30 eigens durchgeführter Best-Practice-Studien (zusammengefasst unter dem Projekt „CO. CREATE") folgende Benefits festgesetzt:

1. Relevanz: Co-Design (bzw. Co-Creation) macht alle zu aktiven „Agents of Change" ohne Beschränkung auf bestimmte Gruppen.

2. Zusammenhänge: Co-Design (bzw. Co-Creation-hilft, sich besser zu vernetzen und fördert die Zusammenarbeit zwischen verschiedenen Disziplinen.

3. Motivation: Co-Design (bzw. Co-Creation) steigert die Offenheit für Innovation und Veränderung.

4. Effizienz: Co-Design (bzw. Co-Creation) inklusivere, besser umsetzbare Lösungen.

5. Ergebnisse: Co-Design (bzw. Co-Creation) hat einen starken Fokus auf die Realisierung und Anwendung von Produkten, Dienstleistungen oder Systemen.[116]

Im Zusammenhang mit Ausstellungen ergeben sich zwei Arten von Co-Creation, ausgerichtet nach jenen, die Co-Creation ausüben sollen: zum einen die Museumsmitarbeitende, zum anderen die Besucher*innen. Nach der MIT-Definition erstreckt sich die Co-Creation über Disziplinen und Organisationen hinaus und kann somit nichtmenschliche oder künstliche Systeme einbeziehen.

Laut Derda et al. formt der Prozess der Co-Creation außerdem die Wertevorstellung, wie und was kreiert wird[117]. Das wiederum könnte ein Umdenken bezüglich traditioneller statischer Strukturen innerhalb der Museumsarbeit und natürlich auch in Bezug auf die Einbindung des Publikums herbeiführen.

Doch um Co-Creation (unabhängig davon ob intern oder mit Besucher*innen) in die Tat umzusetzen, gibt es unterschiedliche Praxismethoden, um sie an Projekten anzuwenden. Creative Region hat dazu folgende Werkzeuge identifiziert:

- eine Moderation, die durch den kreativen Prozess begleitet;
- einen ungestörten, großzügigen Raum (sog. „safe-space") mit Workshopmaterial;
- eine gewisse Vielfalt im Co-Creation-Team, um verschiedene Perspektiven in den Prozess einzubringen, z. B. im Falle Museum: Servicebereich, Kuration, Montage;
- individuelle Rollen für indivisuelle Ziele, um die richtigen Stakeholder*innen zum richtigen Zeitpunkt des Prozesses miteinzubeziehen, z. B. bei einer Museumsveranstaltung: PR- und Marketingabteilung, Technik;
- klar formulierte Bedürfnisse der am Prozess Beteiligten und Stakeholder*innen;
- einen konstruktiven Umgang mit Konflikten und unterschiedlichen Interessen;
- Feedback-Loops und Evaluierung, denn durch Reflexion verbessert sich der Prozess.[118]

Co-Creation lässt sich als eine Art Intervention zusammenfassen – unabhängig davon, ob sie als Methode, Prozess oder gar als Dienstleistung konzeptualisiert wird – , die die Art und Weise, wie Dinge in verschiedenen Bereichen erledigt werden, verändert[119]. Insbesondere geht es um die Veränderung traditioneller kultureller und organisatorischer Praktiken, von einem Top-down zu einem Bottom-up-Ansatz, bei dem Endnutzer*innen zu Akteur*innen in einem Entwicklungsprozess werden. Es geht nicht um eine ausschließlich kooperative (parallel agieren, Teilaufgaben abgeben), sondern um das Zugeständnis zu einer kollaborativen Arbeitsweise (miteinander agieren, Teilaufgaben gemeinsam bearbeiten). Damit bietet die Arbeitsmethode eine multiperspektivische Sichtweise auf das Projekt. Bei Co-Creation entstehen Projekte aus einem Prozess und entwickeln sich innerhalb von Gemeinschaften; durch Menschen – anstatt für oder über sie[120]. Indem einer Gruppe die Gelegenheit und Aufgabe gegeben wird, sich über Monate intensiv mit einem Zusammenhang auseinanderzusetzen, entstehen Kompetenzen und Wissen, welche nicht von vornherein feststehen. Kollaboration ist wichtig für zukunftsfähige Ergebnisse, sie fungiert als Treiber von Innovation. Eine disziplinenübergreifende Zusammenarbeit innerhalb von Institutionen ist obligatorisch für einen offenen Ort, denn Interdisziplinarität und Perspektivenvielfalt liefern Inspiration und fördern neues Denken zur Lösung komplexer Probleme. Ein komplexes Konstrukt an individuellen Fachperspektiven und Disziplinen bilden auch Ausstellungen im Museum. Bisher findet das Feld der Co-Creation im Museumsbereich durchaus Anwendung – wenn auch nicht unter der offiziellen Bezeichnung.

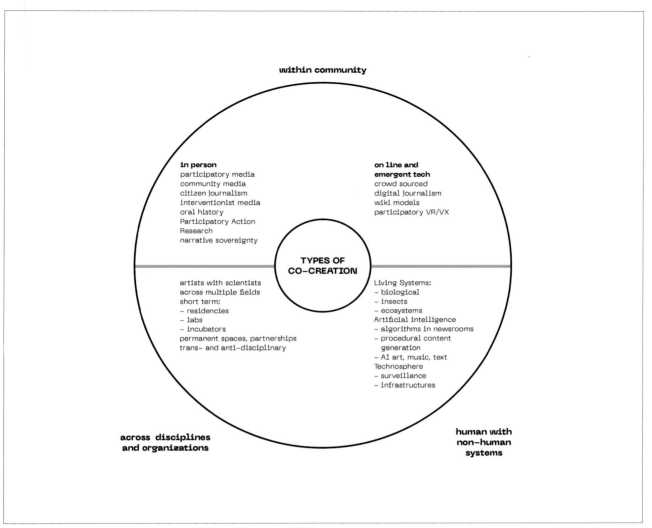

within community

in person
participatory media
community media
citizen journalism
interventionist media
oral history
Participatory Action
Research
narrative sovereignty

on line and
emergent tech
crowd sourced
digital journalism
wiki models
participatory VR/VX

TYPES OF
CO-CREATION

artists with scientists
across multiple fields
short term:
– residencies
– labs
– incubators
permanent spaces, partnerships
trans- and anti-disciplinary

Living Systems:
– biological
– insects
– ecosystems
Artificial intelligence
– algorithms in newsrooms
– procedural content
  generation
– AI art, music, text
Technosphere
– surveillance
– infrastructures

across disciplines
and organizations

human with
non-human
systems

[5]

[5] Die verschiedenen Co-Creation-
Typen. Eigene Darstellung nach
Derda et al. (2021), S. 9.
Abb. modifiziert.

116 Vgl. ebd.

117 Vgl. Derda, I., Russo, P., Popoli, Z.
& Feustel, T. (2021): „Co-creating
Experiences: Collaborative approaches in edutainment design"
doi: 10.13140/ RG.2.2.11812.40324.

118 Vgl. Gumpelmaier-Mach, W. (2019b):
„Drei Beispiele für den Einsatz
von Co-Creation, Weiterbildung
und Wissenstransfer", Creative
Region Linz, https://creativeregion.
org/2019/04/drei-beispiele-fu-
er-den-einsatz-von-co-creation/
[letzter Zugriff am 18. 09. 2021].

119 Vgl. ebd.

120 Vgl. Derda et al. (2021), S. 9.

3.4 Interdisziplinäre co-kreative Zusammenarbeit in Ausstellungen

Allein die Durchführung einer Ausstellung erfordert in der Regel die Zusammenarbeit von vielen unterschiedlichen Expert*innen[121]. Es sind multidisziplinär zusammengesetzte Teams, die Ausstellungen konzipieren, entwickeln und realisieren. Schon allein deswegen sind Ausstellungen ein sehr geeignetes Medium, um Co-Creation anzuwenden und zu üben. Ausstellungsdesigner*innen müssen Teamplayer sein – ein universeller und gleichzeitig differenzierter Blick ist gefragt, der Fachwissen, Inhaltsvermittlung, Kommunikation, Gestaltung und Realisierung umfasst. Hinzukommen projektindividuelle ortsspezifische Anforderungen und Sicherheitsvorschriften, die eingehalten werden müssen. Effizientes Arbeiten ist nur dann möglich, wenn verbindlich ein gutes, geschultes und strapazierfähiges Team besetzt wird, das sich die Aufgaben und Rollen aufteilt und in dem individuelle Kompetenzen und Stärken bestmöglich eingebracht werden können. Hier ist ein offenes Mindset gefragt – denn im Kern geht es darum, ein gemeinsames Verständnis aller Beteiligten für die inhaltliche Erzählung und eine gemeinsame Sprache für die Inszenierung der Räume zu entwickeln.

3.5 Der konventionelle Designprozess von Ausstellungen

Mit der Kritik an den herrschenden Strukturen und der Forderung nach kultureller Diversität und Nachhaltigkeit wird auch der konventionelle Designprozess an sich hinterfragt. Gefestigt hat sich ein kreativer Prozess, der aus vier Schritten besteht – besser bekannt als Graham Wallas „Vier-Stufen-Modell"[122], bestehend aus Vorbereitung, Inkubation, Erleuchtung und Überprüfung.

Obwohl das Modell bereits 1926 konzipiert wurde[123], gilt es heute als grundlegend in der Kreativitätsforschung. Doch Wallas Modell ist begrenzt, da ihm die notwendige Aufmerksamkeit für Teilprozesse und die Flexibilität in den einzelnen Bereichen fehlen. Das Modell ist ein ausschließender, den Gestaltenden vorbehaltener Prozess. Wallas Prozessmodell ist linear aufgebaut, genauso der Projektablauf von Ausstellungen. Weil diese Struktur über Jahrzehnte hinweg erprobt wurde, wird sie als effektiv und erfolgreich wahrgenommen. Doch unter Betrachtung heutiger gesellschaftsphänomenologischer Aspekte ist die Struktur nicht mehr zeitgemäß. Antworten auf aktuelle Kritiken sind in Co-Creation-Prozessen zu finden, denn diese sind in erster Linie prozess- und im zweiten Schritt lösungsorientiert. Es sind Prozesse gefragt, die über Formen der Kollaboration nicht nur bestimmte Zielgruppen ansprechen, sondern diese offen und dynamisch inkludieren und eine diverse Bandbreite an Lösungen und Innovationen zulassen. Dadurch spielen die Methoden auch für die Ausstellungsgestaltung und die moderne Museumsarbeit eine wesentliche Rolle.

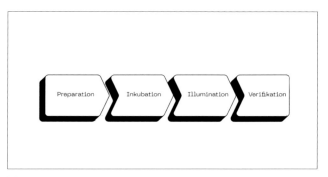

[6]

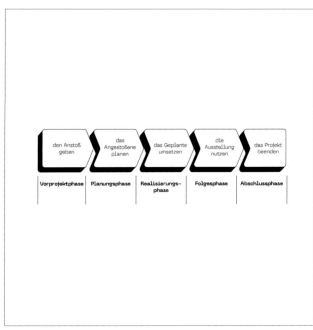

[7]

[6] Das Vier-Stufen-Modell des kreativen Arbeitsprozesses nach Wallas. Eigene Darstellung nach: Innovators Guide (2012) „J.P. Guilford: Kreativität und Messung von Kreativität – die Ursprünge der modernen Kreativitätsforschung", https://innovators-guide.ch/2012/12/joy-paul-guilford/ [letzter Zugriff 31.12.2021]. Abb. modifiziert.

[7] Klassischer Projektablauf von Ausstellungsgestaltung unterteilt in die wichtigsten Projektphasen nach Alder et.al. (2012), S. 12. Eigene Darstellung nach Alder, Barbara, & Den Brok, Barbara (2012): „Die perfekte Ausstellung – ein Praxisleitfaden zum Projektmanagement von Ausstellungen", Bielefeld: transcript. Abb. modifiziert.

121 Vgl. Derda et al. (2021), S. 4.
122 Vgl. Sadler-Smith, E. (2015): „Wallas' Four-Stage Model of the Creative Process: More Than Meets the Eye?" in: Creativity Research Journal, 27/4, S. 342-352.
123 Vgl. Interaction Design Foundation (2021): „What are the stages of creativity?", Interaction Design Foundation, https://www.interaction-design.org/literature/article/what-are-the-stages-of-creativity [letzter Zugriff am 10. 01. 2022].

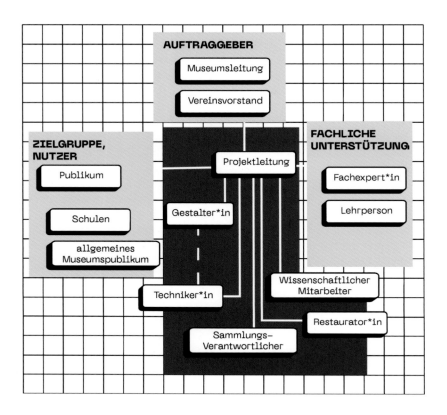

[8]

Die folgenden Textblöcke gehören zum Bild:

AUFTRAGGEBER
- Museumsleitung
- Vereinsvorstand

ZIELGRUPPE, NUTZER
- Publikum
- Schulen
- allgemeines Museumspublikum

FACHLICHE UNTERSTÜTZUNG
- Fachexpert*in
- Lehrperson

- Projektleitung
- Gestalter*in
- Techniker*in
- Wissenschaftlicher Mitarbeiter
- Restaurator*in
- Sammlungs-Verantwortlicher

[8] Das Modell zeigt eine traditionelle Projektstruktur einer Ausstellungsgestaltung nach Alder & Den Brok (2012), S. 36. Abb. modifiziert.

124 Vgl. Walhimer, M. (2021): „Designing Museum Experiences", ePub, Lanham. S. 37 (Shifting to the visitor's perspective).

125 Vgl. Jank, S. (2012): „Strategien der Partizipation" in: Gesser Susanne, Handschin Martin, Jannelli, Angela, Lichtensteiger, Sybille (Hrsg.), „Das partizipative Museum - Zwischen Teilhabe und User Generated Content. Neue Anforderungen an kulturhistorische Ausstellungen", Bielefeld: transcript.

126 Vgl. Tyradellis, D. (2014): „Müde Museen oder: Wie Ausstellungen unser Denken verändern können", Hamburg: Edition Körber.

127 Belting, H. (2001): „Orte der Reflexion oder Orte der Sensation?" in: Noever, P. & Museum für angewandte Kunst Österreich (Hrsg.), „Das diskursive Museum", Ostfildern Hatje Cantz, S. 94.

128 Tyradellis (2014), S. 61.

129 Jank (2012), S. 148 ff.

234   Das Besuchszentrum · Visuelles Essay von Regensburg · Die Zukunft

3.6 Co-kreative Arbeitsprozesse für Ausstellungen im Zusammenhang mit Erlebnissen

Popoli und Derda haben festgestellt, dass Co-Creation eine zentrale Rolle in der Ausstellungsproduktion spielt, um erfolgreiche Museumserlebnisse zu generieren. In der Ausstellungskonzeption und -gestaltung eignen sich Co-Creation-Formate wie Prototyping mit Realnutzer*innen, um Exponate auf Funktionalität und Faktoren, wie beispielsweise die soziale Interaktion, hin zu überprüfen. Co-Creation als Gestaltungsmittel in Ausstellungen kann als eine Grundvoraussetzung für einen publikumszentrierten Ansatz gesehen werden[124]. Der Austausch innerhalb solcher Formate stellt wiederum Potenzial für Co-Experiences dar, welche durch die Umgebung des Workshops oder der Forschung verändert werden kann.

3.7 Neue Formen der Museumsarbeit: Kollaboration als zeitgemäßes Paradigma

Dass die bisherigen Abläufe ihre Berechtigung haben, steht außer Frage. Sie haben sich bewährt – und das äußerst erfolgreich. Viele Kreative arbeiten in bestimmten Arbeitsmustern und Projektstrukturen. Doch in Zeiten des gesellschaftlichen Wandels, in denen sich die Gesellschaft mehr Mitspracherecht, mehr Gestaltungsfreiheit wünscht, eine Neuorientierung des Kulturverständnisses erfolgt und sowohl die Konsum- als auch die Leistungsgesellschaft kritisiert werden, stehen die Kreativen auch in der Verantwortung, zu erforschen und zu erproben, wie es anders gemacht werden kann. Seit geraumer Zeit setzen sich neue Formen und Konzepte des Arbeitens und Zusammenarbeitens durch[125] und dank der Strömungen der letzten Jahrzehnte (wie z. B. kulturpolitische Demokratieprogramme wie „Kultur für alle") wird den Menschen im kulturell-kreativen Bereich immer mehr Raum gegeben, in Rollen zu schlüpfen, in denen sie ihr Fachwissen einbringen, um an den Informations-, Ideenfindungs- und Konzeptionsaktivitäten in den frühen Designphasen teilzunehmen. Der „user-centered approach" wandelt sich und sieht nun Nutzende als Partner*innen. Die Besucher*innenbindung durch Partizipaton, Co-Creation und soziale Interaktion ebnet so dem Museum den Weg für eine Transformation hin zu einem deutlich sozial offenerem Kulturort. Die Zeichen stehen gut, doch trotzdem fällt es den Museen bei der Konzeption und Umsetzung von Ausstellungen schwer, gerade die Faktoren, die für eine lebendige Besucher*innen-Fokussierung relevant

sind, zu realisieren. Oft sind finanzielle Einschränkungen der Hauptgrund, die einen Mangel an Fachpersonal begründen. Darüber hinaus fehlt es im Alltag an neuen Ideen oder Mut zur Veränderung, was sich auch auf den Mangel an Expert*innen oder Zeitmangel für Austausch und Weiterbildung zurückführen lässt. Oft ist es auch die fehlende Arbeit an einer gemeinsamen Vision des Museums und an der Zukunftsgestaltung der Institutionen.

Es liegt also sowohl am tradierten Selbstverständnis der Institution als auch, wie der Philosoph und Kurator Daniel Tyradellis feststellt, an den festgefahrenen Organisationsstrukturen[126]. Die eingefahrenen Wege sind bequem und die Zusammenarbeit in den alten Strukturen geübt. Neue Wege zu gehen ist eine sehr große strukturelle Herausforderung und stellt damit eine potenzielle Hürde und die Möglichkeit des Scheiterns in den Raum. Das Ungewisse macht vielen Institutionen, vor allem ihren Mitarbeiter*innen, Angst – immerhin geht es auch hier um die Last des kommerziellen und damit finanziellen Erfolgs, der Wirtschaftlichkeit, und damit verbunden um die Existenz. Zudem gibt es einen Ruf zu verlieren. Sicherer fühlen sich die traditionellen Institutionen auf den gewohnten Pfaden. Es ist ein strukturelles Problem, das neue Wege der Zusammenarbeit, wie den Co-Creation-Prozess, ausbremst.

> „Das Museum hat sich in seiner kurzen Geschichte immer wieder geändert. Das Museum ist schließlich auch nicht anders, als die Gesellschaft, die es trägt."[127] – Hans Belting.

Die Zeichen stehen auf Veränderung, und die Gesellschaft verlangt neue Varianten des Museums. Trotzdem: Die Unbeweglichkeit der Museen, die sich „nicht allein durch die Variation der subjektiven Möglichkeiten lösen lässt"[128], ist nicht nutzenbringend. Deswegen ist es wichtig, dass der Wille zur Änderung von innen heraus besteht[129] und durch neue Formen der Zusammenarbeit zu einem vielfältigeren Abbild der Gesellschaft im Museum führt. Neue Organisations- und Kommunikationsstrukturen können die Mitarbeiter*innen aktiv in Prozesse miteinbeziehen und fördern eine interdisziplinäre Zusammenarbeit. Die Konzeption und Realisierung von Ausstellungen erfordern eben nicht nur die Perspektive der wissenschaftlichen Referent*innen, die meistens für den Inhalt verantwortlich sind, sondern eben auch viele andere Perspektiven aus den Bereichen des Museums, wie

z. B. Restauration, Technik, Montage, Service. Solche Projektgruppen erreichen Synergien gerade durch die unterschiedlichen Perspektiven, Herangehensweisen und Aufgabenfelder der Mitglieder. Nicht zuletzt stärken sie das Wir-Gefühl, den Teamgeist und schaffen eine Identifikation mit dem Haus und seinen Aufgaben.

3.8 Neues Verständnis von Museen: als Labor, als Forum – für alle!

Durch die neuen Formen der Zusammenarbeit ergibt sich auch ein neues Verständnis des Ortes Museum: als fluider Ort, in dem Teilhabende dazu eingeladen sind, Ideen gemeinsam zu erarbeiten, zu präsentieren, zu diskutieren und infrage zu stellen, in dem aber auch die Mitarbeiter*innen in neue Rollen schlüpfen und in einem gleichberechtigten Umfeld arbeiten können. Eine Umgebung, die verschiedene Nutzer*innen miteinander verbindet, die als Konzepter*innen, Gestalter*innen, Konsument*innen und Kritiker*innen Inhalte erforschen, weiterentwickeln und schließlich vermitteln. Ein sozialer Interaktionsraum, der es den Nutzer*innen ermöglicht, die Kompetenz für diese Formen der Zusammenarbeit zu entwickeln bzw. zu professionalisieren. In diesem Sinne wäre das Museum als eine Art transdisziplinäres Labor zu verstehen, eine Idee von Sabine Jank, die längst nicht neu, aber immer noch äußerst relevant ist. Labore dienen der mitunter praktischen Entwicklung von Innovationen, sie dienen der Forschung und sind Experimentierfelder utopischen Denkens. „Eine bloße Hands-on- oder Mitmachphilosophie wird ihnen daher nicht gerecht[130] [...] Lassen sich solche oder ähnliche Teilhabeformate nicht auch auf Besucher*innen übertragen? Sind im Museum Labore denkbar, die sowohl der individuellen als auch der kollaborativen Forschung dienen, Labore, in denen gemeinsam Konzepte, Produkte oder Prozessabläufe für die Gesellschaft des 21. Jahrhunderts entwickelt werden?[131]“ – Viele Häuser haben das schon verstanden, für Science-Center ist ein hauseigener *MakerSpace* obligatorisch, wie z. B. im größten Mitmach-Museum Deutschlands, der *experimenta* in Heilbronn. Hier spielen außerdem gemeinsames Arbeiten, Entwickeln und Tüfteln eine immens relevante Rolle für das Museumsleben, Citizen Science legt hier einen Grundstein für Museumsexperience und Wissensvermittlung. Auch das „FabLab3" im Ars Electronica Center in Linz ist Teil des Museumskonzepts „Partizipation statt Interaktion":

> „[d]as in den 1990er Jahren bahnbrechende Prinzip der Interaktion wurde zur umfassenden Partizipation erweitert. Das eigene Erleben, Ausprobieren und Experimentieren der Besucher*innen ist zentrales Anliegen eines Museums, das längst nichts mehr ‚ausstellt', sondern sich mit seinen offenen Schwerpunktlabors und interaktiven Szenarien als eine Infrastruktur für Neugierige versteht."[132]

Ein Labor, das als Plattform, mitunter wegweisend fungieren könnte, welche sich die Teilhabenden aneignen und nach ihren Bedürfnissen anpassen[133]; ein Ort zivilgesellschaftlichen Austauschs.

Über die „kongeniale Einbindung von Außenstehenden"[134] entwickeln sich zudem zusätzliche kollaborative Arbeitsweisen, die sowohl den offenen Austausch von Mitgliedern der Gemeinschaft mit Museumsmitarbeiter*innen motivieren als auch die Kommunikation zwischen und innerhalb der Museen fördern könnten. Dafür braucht es schon jetzt neue und ungewohnte Partnerschaften. Die Zeiten von strikt getrennten Zuständigkeiten und exklusiver Arbeit gehören der Vergangenheit an und sind nicht zeitgemäß: „Nirgendwo steht geschrieben, dass die Museen weiterhin nach Prinzipien zu differenzieren sind, die aus dem 19. Jahrhundert stammen."[135] Weiterhin bemerkt Daniel Tyradellis, Philosoph und Kurator, „Ausstellungen sind oftmals so ermüdend, WEIL [sic] sie so professionell gemacht sind"[136].

Sabine Jank bemerkt, dass der Ort Museum auch als Forum verstanden werden muss. Wenn das Museum nur als Labor verstanden wird, bleibt es in seiner ausschließenden Form bestehen. In ihrer Bezeichnung werden „Labore" als exklusiver Ort für Wissenschaftler*innen missverstanden. Deswegen muss auch ein unverbindlicher und unvoreingenommener Austausch mit der Zivilgesellschaft garantiert werden, um multiperspektivisch handlungsfähig sein zu können. Das *Museum für Kunst und Gewerbe* in Hamburg hat den Trend hin zur offenen gemeingesellschaftlichen Nutzung und Identifikation erkannt und bereits trotz der pandemischen Umstände umgesetzt: Mit dem im September 2020 eröffneten „Freiraum" im Untergeschoss des Museums, dem neuen Pausen-, Begegnungs- und Projektraum, wurde ein einzigartiges offenes Raumformat im Museumskontext geschaffen. Nutzer*innen, Nachbar*innen, Besucher*innen und Mitarbeitende sind eingeladen, während der Öffnungszeiten des Museums kostenfrei zu verweilen, zu lesen, zu arbeiten und zu diskutieren. Damit wird die soziale Funktion des Museums prominent ins Zentrum der Arbeit gestellt. Im „Freiraum" wird dynamisch offen auf die Bedürfnisse der Besucher*innen und aktuelle Themen der Stadtgesellschaft reagiert[137].

3.9 Die Transformation der tradierten Museumsarbeit

Gefordert ist eine echte Bereitschaft der Institutionen und deren Mitarbeitenden, partizipative Museums- bzw. Ausstellungsarbeit zu leisten, die der Zielsetzung folgt, den Besucher*innen gleichberechtigt zu begegnen und mit ihnen gemeinsam Programm und Angebote zu entwickeln. Konkret formuliert bedeutet das: Eine der wichtigsten Sichtweisen ist Offenheit. Offenheit, das tradierte Rollenverständnis neu zu definieren und neue Konstellationen zuzulassen. Um Konzepte partizipativer, offener Museen zu denken und zu realisieren, müssen Kurator*innen, Publikum und Institution gemeinsam Vorstellungen eines Zusammenwirkens entwickeln, um in einem zweiten Schritt Veränderungsprozesse in Gang zu setzen[138], denn in einem partizipativen Museum geht es darum, dass in der Partizipation des Publikums alle einen Mehrwert sehen. Es geht darum, das Museum vom Monolog zum Dialog hin zu öffnen, um aktuelle gesellschaftliche Entwicklungen aufzugreifen und sie auf interdisziplinärem, diskursivem Weg weiterzuentwickeln, um neue Denkweisen zu etablieren. Sabine Jank meint hierzu, arbeitsperspektivisch gesehen wären die dafür notwendigen infrastrukturellen Veränderungen in kleinen, überschaubaren Schritten zu tätigen – es ginge darum, zunächst partizipative Formate in die gewohnte museale Arbeit zu integrieren und diese perspektivisch auszubauen[139]. Dabei sei es wichtig, einen offen zugänglichen Bereich im Museum zu etablieren, einen transdisziplinären Möglichkeitsraum, der „von Prozesshaftigkeit geprägt ist"[140] und in dem „kollaborativ verschiedene Formen partizipativer Praktiken"[141] erarbeitet und ausprobiert werden können.

130 Jank (2012), S. 148 f.
131 Ebd.
132 Ars Electronica Center (o. J.): „Compass–Navigating the Future", AEC: http://www.aec.at/ center/ [letzter Zugriff am 13. 07. 2021].
133 Vgl. Jank (2012), S. 151.
134 Ebd.
135 Tyradellis (2014), S. 61.
136 Ebd., S. 24.
137 Vgl. Museum für Kunst und Gewerbe Hamburg (o. J.): „Freiraum": https://www.mkghamburg. de/de/besuch/ freiraum.html [letzter Zugriff am 18. 08. 2021].
138 Vgl. Jank (2012), S. 153.
139 Vgl. ebd.
140 Ebd., S. 154.
141 Ebd.

Angelika Doppelbauer sieht folgende ideelle Grund-
prinzipien als Voraussetzung für eine erfolgreiche
Transformation zur kollaborativen internen wie externen Zusammenarbeit:

- Es geht nicht um Outreach aus einer institutions-
  zentrierten Sicht, sondern um echte, sozial nachhaltige Partnerschaft.
- Arbeit mit der Öffentlichkeit muss ein Anliegen
  der ganzen Institution sein und darf sich nicht
  auf eine Abteilung, zum Beispiel die Vermittlung,
  beschränken.
- Partizipation sollte nicht nur in einzelnen Projekten
  umgesetzt werden, sondern sich auch auf innere
  Prozesse und Politiken der Organisation auswirken.
- Community-Engagement, die Zusammenarbeit mit
  diversen Öffentlichkeiten, darf nicht aus dem Bauch
  heraus erfolgen, sondern durch professionelle, gut
  geschulte Mitarbeiter*innen.[142]

„Für mich ist ungewöhnlich, dass in einer Stadt so viel Manpower und so viel Geld integrativer Bestandteil ist."

Elke P.

3.10 „Was sollen wir denn noch alles können?"[143]

Es geht nicht darum, den Institutionen mit erhobenem Zeigefinger zu zeigen, was sie alles ändern sollen, sondern darum, den institutionell-individuellen Erwartungshorizont zu bestimmen und darauf basierend eine gemeinsame Vision zu entwickeln, die dann wiederum dauerhaft in die Strukturen der Museumsarbeit implementiert wird. Voraussetzung ist also ein grundsätzlich offenes Ideal, Mut zur Transformation und eine immerwährende Motivation, sich nicht von den alten Bequemlichkeiten bestimmen zu lassen. Stattfinden muss ein Umdenken, das sich weg von althergebrachten Strukturen und Modi hin zum Experimentieren bewegt. Es gilt konkret ein Bild, eine Haltung nach außen zu zeigen, die ehrliches Interesse bekundet und einlädt. Mitarbeiter*innen sollten nicht darüber nachdenken, was gesellschaftliche Gruppen, die ihnen nicht vertraut sind, brauchen könnten, sondern diese fragen, sie kennenlernen, ihnen zuhören und von ihnen lernen. Es geht nicht darum, die anderen Ziele des Museums zu vernachlässigen oder sich institutionell zu verbiegen, sondern um eine veränderte Sicht auf die Gesellschaft außerhalb des Museums und die Haltung ihr gegenüber. Die Institution des Museums muss demokratisiert werden. Die zentrale Herausforderung liegt hierbei darin, die etablierten Machtbeziehungen des Expert*innenwissens zu modifizieren. Sabine Jank fragt hierbei essenziell:

„Ist es denkbar, dass die Kurator*innen der Zukunft sich von dem Gedanken lösen, die alleinigen Expert*innen für ein bestimmtes Thema zu sein, um auf diese Weise einen authentischen, auf Augenhöhe geführten Dialog mit den Besucher*innen zu gewährleisten? Ist es ferner vorstellbar, dass das partizipative Museum seine Aufgabe darin sieht, eine Architektur des Wissens, einen Ort zu schaffen, der kontinuierlich Impulse gibt und für Provokationen sorgt, um so einen nachhaltigen Diskurs und Dialog mit dem Publikum in Gang zu bringen?"[144]

3.11 Co-Creation als Methode der Zusammenarbeit im Museum

Die bisherigen geschilderten Forderungen nach Partizipation, Transformation des Selbstverständnisses der Museen und Rollenverständnisses der Museumsmitarbeiter*innen lassen auf aktuell geringe Bereitschaft und fehlenden Tatendrang schließen. Es ist viel zu tun und eine Grundhaltung zu ändern, das verlangt neben systematischen Faktoren (zeitliche, wirtschaftliche und machtpolitische) auch Einiges an Motivation. Diese muss generiert werden und dazu braucht es geschultes Personal und eine offene Einstellung. Das Ideal der Offenheit muss verstanden und verinnerlicht sein, diese Haltung muss das Personal mitbringen bzw. muss sie vorhanden sein. Das mag desillusionierend und demotivierend klingen; nichtsdestotrotz ist der Wille nach Veränderung in den Institutionen zu spüren und, wie bereits mehrfach erwähnt, ohnehin obligatorisch, da gesellschaftlich verlangt. Rudolf Schnellbach schreibt in den 1950er-Jahren über die Intention seiner Neueinrichtung des *Karlsruher Schlosses* nach dem Krieg:

„Man kann ein Museum nicht neu aufstellen, in dem man nur davon ausgeht, was einmal war. Die Modernität einer künftigen Ausstellung wird keine tote Welt der Vergangenheit zeigen, sondern versuchen, zur Lösung der Fragen unserer Gegenwart beizutragen und das Belehrende unterhaltsam darzustellen."[145]

Der Fortschritt muss endlich in die Museen einziehen. Seit den 1970er-Jahren gilt die ICOM-Definition als Standard, sie bildet das „Rückgrat des Museums" und bestimmt dessen Selbstverständnis. 2016 hat der ICOM Weltverband eine Überarbeitung der Museumsdefinition eingeleitet, ein Prozess, der eine lebhafte und kontroverse Diskussion ausgelöst hat. Bei Fragen wie: „Was ist (k)ein Museum?" wird es kompliziert. Das Museum befindet sich derzeit in einer existenziellen Überprüfung: „Die Frage nach der Definition umfasst deutlich mehr Aufgabenfelder als je zuvor: Sie dient der Sichtbarmachung und Stärkung einer globalisierten

142 Doppelbauer, A. (2021): „Wer hat Angst vor Partizipation? Nina Simons ChangeManagement für Museen" in: neues museum, Ausgabe 21- 1/2 (2021), S. 10-12, https://www. museumsbund. at/ uploads/neues_ museum_ archiv/ nm_21_1_2.pdf [letzter Zugriff am 18. 01. 2022].

143 Christian Sichau, Bereichsleiter Pädagogik II/ Ausstellungen der experimenta Heilbronn GmbH, während des Kongresses „inter. aktion" am 08.07.2021 am Bildungscampus Heilbronn.

144 Jank (2012), S. 153.

145 Siebenmorgen, H. (2008): „Abschied von Illusionen.- die Voraussetzung für Museen neu denken", in: Hartmut, J. & Dauschek, A. (Hrsg.), „Museen neu denken. Perspektiven der Kulturvermittlung und Zielgruppenarbeit", Berlin. S. 275 (204). doi: 10.14361/ 9783839408025-018.

Museumsgemeinschaft, in der Aspekte der Nachhaltigkeit, des Klimawandels, der historischen Aufarbeitung in der Provenienzforschung, der Restitution und des Kolonialismus, aber auch der Gendergerechtigkeit, der diversen Gesellschaften sowie der Transformation in digitale Formate vordringlich sind"[146], erklärt Beate Reifenscheid, Präsidentin von ICOM-Deutschland.

Co-Kreation als Methode der Zusammenarbeit im Museum für Ausstellungen setzt voraus, dass sich alle beteiligten Parteien von den konventionellen, altmodischen Strukturen verabschieden, offen für Neues sind und die Motivation zur Veränderung mitbringen. Wichtige Maßnahmen einer solchen internen Zusammenarbeit, die die innere Organisationsstruktur stärken und Projekte vitalisieren, sind sogenannte Workshops während der Vorbereitungszeit eines Projektes, auch unter Einbeziehung externer Berater*innen. Sowohl bei Ausstellungsprojekten als auch in der internen Arbeit haben diese Strategien in einigen Museen positive Ergebnisse gebracht[147]. Im Sinne der institutionellen

Transformation könnte die Bereitschaft zur Co-Kreation beispielsweise in einer gemeinsamen Vision des Museums verankert werden. Ursprünglich ein Konzept kommerziell orientierter Unternehmen, fördert die Erarbeitung eines Leitbildes die Entwicklung einer gemeinsamen Idee, schafft perspektivische Absichten und klärt die strategischen Ziele der Institution. Eine kollaborative Erarbeitung fördert die Orientierung und damit die Fokussierung der Mitarbeiter*innen und schärft das Profil, mit dem sich das Museum als Institution nach außen hin akzentuiert. Neue Zugänge dürfen nicht als unüberwindbare Hürden gesehen werden, sondern als zu bewältigende Herausforderungen und Chance. Der erste Schritt wäre also erst einmal, im Museumsteam das entsprechende offene und motivierte Mindset zu implementieren. Dann muss der Blick weiter geöffnet werden. Wie schon mehrmals erwähnt, ist die Aufgabe des Museums unter anderem, im Dienste der Gesellschaft zu stehen. Darunter versteht sich eine nachhaltig-partizipative Einbindung der Besuchenden und der (lokalen) Community.

146 ICOM Deutschland e.V. (2021): „Wie definieren sich Museen im 21. Jahrhundert", ICOM Deutschland, Pressemitteilung, https://icom-deutschland.de/de/nachrichten/31-museumsdefinition/312- pressemitteilung-wie-definieren-sich-museen-im-21-jahrhundert.html 16735 [letzter Zugriff 09.07.2021].

147 LWL (2007): „Das Museum im Aufbruch: Tagung in Münster zur Zukunft der Museen im 21. Jahrhundert" Presseinfos der LWL (2007), https://www.lwl.org/pressemitteilungen/ mitteilung.php?urlID=16735 [letzter Zugriff 20. 12. 2021].

4. Über Co-Creation als Gestaltungstool für Co-Experience-Formate zur Besucher*innenzentrierung

Die Forschung dieser Arbeit zeigt, dass hinsichtlich der Themengebiete der Co-Creation und sozialen Interaktion im Museumskontext noch Forschungsbedarf besteht, die Themen selbst aber höchst aktuell sind und in den nächsten Jahren im Museumsdialog mehr an Bedeutung gewinnen werden. Interaktive soziale Erlebnisse, speziell Co-Experiences, sind ein nicht zu unterschätzender Teil von Ausstellungen und müssen daher als aktiv zu gestaltendes Element anerkannt werden. Positive Museumserlebnisse tragen zur Publikumsbindung bei und bieten die Grundlage für Partizipation. Durch die co-kreative Einbindung von Besuchenden in frühe Stadien eines Gestaltungsprozesses kann die Ausstellung mehr an die Bedürfnisse des Publikums angepasst werden (Besucher*innen-Fokussierung). Gleichzeitig verstärkt sie die Partizipation im Museum insgesamt und kann nachhaltig als wichtiger Museumsgrundstein implementiert werden. Besuchende in den Kreativprozess einzubeziehen, erhöht die Bindung ans Museum und den Willen, auch später mit dem Museum in Austausch zu treten und somit sozial zu interagieren. Wenn das Museum aktiv auf Menschen zugeht, kann es ein Publikum erreichen, das möglicherweise zuvor wenig Bezug zum Museum hatte und damit zu einer transformativen Wissenslandschaft beitragen. Wichtig sind hierbei eine aufrichtige Bereitschaft seitens der Museumsbeteiligten und der Wille, echte, sozial nachhaltige Partnerschaften aufzubauen. Partizipation, und damit ist auch der co-kreative Arbeitsprozess an einer Ausstellung gemeint, soll nicht nur für einzelne Projekte umgesetzt werden, sondern sich auch auf die innere Organisationspolitik auswirken. Die Methodik kann helfen, die internen Prozesse synergetischer und ideenreicher zu gestalten. Strukturelle Hierarchen und traditionelles Denken werden aufgebrochen. Das schafft und führt zu Innovation und gleichzeitig Verbundenheit (Wir-Gefühl) und stärkt den Teamgeist. Die Ausweitung des kreativen Teams um Mitglieder mit multidisziplinärem Fachwissen bereichert den Design- und Produktionsprozess, gleichzeitig ist ein hohes Maß an organisatorischem Weitblick und Geschick erforderlich, diese Teams zu managen.

Voraussetzung ist außerdem, dass das Ziel, die Vision (die Schaffung eines Erlebnisses, das die

Besucher*innen zufriedenstellt) für alle Beteiligten Antrieb ist. In der Tat konnten Carrozzino und Bergamasco einen Mangel an Entwicklungswerkzeugen in multidisziplinären Teams als ausschlaggebend identifizieren, was dazu führt, dass der Designprozess zeit-, ressourcenaufwändiger und unübersichtlich wird[148]. Hinzu kommt, dass Ausstellungsdesign eine interdisziplinäre Praxis ist, die eine Reihe von Fachleuten einbezieht, zur Verflechtung von physischen und virtuellen Räumen, Inhalten, Objekten, Besucher*innen und Informationen unter Beibehaltung des Auftrags und der Eigenschaften des Museums[149]. Auch hierbei würde die Methode der Co-Creation helfen, inklusiver zu arbeiten.

Zusammenfassend ergibt sich ein akuter Handlungsbedarf. Es braucht ideelle Veränderung, ein gemeinsames Verständnis und fundierte Werkzeuge für Museumsmitarbeiter*innen und Gestalter*innen, die diese bei Transformationsprozessen unterstützen, um die Besucher*innenfokussierung im Ausstellungsprozess fester zu verankern und soziale Interaktion im Museum grundsätzlich relevanter zu positionieren.

148 Vgl. Bergamasco, M., & Carrozzino, M. (2010): „Beyond Virtual Museums: Experiencing Immersive Virtual Reality in Real Museums", in: Journal of Cultural Heritage (2021), S. 452-458.
149 Vgl. ICOM Deutschland e.V. (2020): „Museumsdefinition", https://icom-deutschland.de/de/component/content/article/31-museumsdefinition/147-museumsdefinition.html?Itemid=114 [letzter Zugriff am 13.07.2021].

„Die Stadt ist sehr offen. Auch die Menschen sind äußerst freundlich. Selbst als ich dann hierhergezogen bin, habe ich mich sofort zuhause gefühlt: Weil man einfach so angenommen wird, als Mensch, ganz einfach gesagt. Von daher habe ich mich auch schon als Besucher hier sehr zuhause gefühlt. Sehr willkommen. Es ist für mich natürlich ein Unterschied, ob man sich nur als Gast oder irgendwie daheim fühlt."

Marianne O.

5. Das BETTER TOGETHER TOOLKIT für professional Creatives

Im Rahmen der Recherche wurde daher eine Sammlung von Werkzeugen entwickelt, die professionelle Gestalter*innen und Museumsarbeitende unterstützt, besucher*innenzentriert und in co-kreativem Austausch zusammenzuarbeiten und Möglichkeiten externer Zusammenarbeit aufführt, um schließlich kollaborative Arbeitsweisen und soziale Interaktion in Ausstellungen zu festigen.

Um die erforschten Zusammenhänge anwendbar zu machen, wurde ein methodischer Werkzeugkoffer für die besucher*innenzentrierte Praxis an Ausstellungen gestaltet. Dieses Toolkit beinhaltet zum einen den Co-Creations-Canvas, der das Ziel hat, co-kreative Gestaltungswerkzeuge und Arbeitsweisen aufzuzeigen. Der Canvas besteht aus einem fünfstufigen, zirkulär verlaufenden Projektablaufplan mit Fokus auf Besucher*inneneinbindung in den Phasen Prototyping und Evaluation, Karten mit relevanten Stakeholder*innen, welche in den Gestaltungsprozess miteinbezogen werden sollen, sowie arbeitsmethodische Co-Creation-Karten. Alle Elemente können flexibel und individuell an das jeweilige Projekt angepasst werden.

Im Toolkit befindet sich außerdem ein Co-Experience-Guide, der während der Designphase den Blick auf Co-Experience lenken soll. Er umfasst ein Informationsposter und ein Booklet mit strategischen Designüberlegungen, welche die soziale Interaktion zwischen Besuchenden fördern. Dabei werden unterschiedliche Aspekte vor, nach und während dem Museumsbesuch abgedeckt, von der Architektur bis hin zur inhaltlichen Aufbereitung von Ausstellungselementen.

Beide Gegenstände, der Co-Creation-Canvas und der Co-Experience-Guide fungieren zusammen als Toolkit für besucher*innenzentrierten Ausstellungsgestaltung, das vor allem von professionellen Kreativen und im Museumsbereich eingesetzt werden soll, dafür wurde auch eine digitale Version des Toolkits über die Plattform Miro zugänglich gemacht.

[9]

[9] Better Together Toolkit (Foto: Julia
     Hendrysiak). Abb. modifiziert.

6. Literaturverzeichnis

Addis, Michaela, & Podestà, Stefano (2006): „Converging Industries trough Experience", in: Caru, Antonella, & Cova Bernard (Hrsg.), „Consuming Experience", London. Routledge, London. S. 139-144, doi: 10.4324/9780203390498.

Aksakal, Nalan (2015): „Theoretical View to The Approach of The Edutainment", in: „Procedia - Social and Behavioral Sciences", Elsevier, München. Nr. 186, S. 1233 f., doi: 10.1016/j.sbspro.2015.04.081.

Antón, Carmen, Camarero, Carmen, & Garrido, Maria-José (2018): „Exploring the Experience Value of Museum Visitors as a Co-creation Process", in: „Current Issues in Tourism", Taylor and Francis Group, London. 21(12), doi: 10.1080/ 13683500.2017.1373753.

Ars Electronica Center (o. J.): „Compass – Navigating the Future", AEC , http://www.aec.at/ center/ [letzter Zugriff am 13.07.2021].Batterbee, Katja (2003): „Co-experience: The Social User Experience", in: CHI EA '03: „CHI '03 Extended Abstracts on Human Factors in Computing Systems", Association for Computing Machinery, New York. S. 730-731, doi:10.1145/765891.765956.

Batterbee, K. (2004): „Co-Experience. Understanding user experiences in social interaction", University of Art and Design Helsinki (Hrsg.), University of Art and Design Helsinki.

Belting, Hans (2001): „Orte der Reflexion oder Orte der Sensation?" in: Noever, Peter, & Museum für Angewandte Kunst Österreich (Hrsg.), Das diskursive Museum, Ostfildern: Hatje Cantz.

Bergamasco, M., & Carrozzino, M. (2010): „Beyond Virtual Museums: Experiencing Immersive Virtual Reality in Real Museums", in: Journal of Cultural Heritage (2021), Elsevier, München. S. 452-458.

Boswijk, Albert, Peelen, Eduard, & Olthof, Steven (2013): „Economy of Experiences", European Centre for the Experience and Transformation Economy (Hrsg.), Dritte Auflage, European Centre for the Experience and Transformation Economy, Amsterdam.

Campos, Ana Cláudia, Mendes, Júlio, Oom do Valle, Patrícia, & Scott, Noel (2015): „Co-creation experiences: A literature review", in: Current Issues in Tourism 18, Taylor and Francis Group, London. doi: 10.1080/13683500.2015.1081158.

Co.Create (2019): „The Co-Create Handbook for creative Professionals": http://www.cocreate.training/wp-content/uploads/2019/03/co-design_handbook_FINAL.pdf [letzter Zugriff am 19.08.2021].

Cross, Nigel (1972): „Proceedings of the Design Research Society International Conference: Design Participation": https://dl.design researchsociety.org/ conference-volumes/1 [letzter Zugriff am 12.01.2022].

Derbraix, Maud, & Ponsignon, Frédéric (2020): „The impact of interactive technologies on the social experience: An empirical study in a cultural tourism context", in: „Tourism Management Perspectives", Nr. 35, Juli 2020, doi:10.1016/j.tmp.2020.100723.

Derda, Izabela, & Popoli, Zoi (2021): „Developing experiences: creative process behind the design and production of immersive exhibitions", in: Museum Management and Curatorship, Nr. 36(3), Elsevier, Rotterdam. doi: 10.1080/09647775.2021.1909491.

Derda, Izabela, Russo, Pedro, Popoli, Zoi, & Feustel, Tom (2021): „Co-creating Experiences: Collaborative approaches in edutainment design", doi: 10.13140/RG.2.2.11812.40324.

Designklassiker (o. J.): „Moderne", Designklassiker: https://www.designklassiker.com/Moderne------_site.stilepoche..html_dir._s.4_likecms.html [letzter Zugriff am 20.08.2021].

Dewey, John (1934): „Art as experience." Minton, Balch, & Company, New York.

Dierking, Lynn D. (2013): „Museums as Social Learning Spaces", in: Brændholt Lundgaard, Ida, & Jensen , Jacob Thorek (Hrsg.), „Museums. Social learning spaces and knowledge producing processes", Kulturstyrelsen, Kopenhagen.

Dierking, Lynn D., & Falk, John H. (2013): „The Museum Experience Revisited", New York. Routledge, London. doi: 10.4324/9781315417851.

Doppelbauer, Angelika (2021): „Wer hat Angst vor Partizipation? Nina Simons ChangeManagement für Museen" in: neues museum, Ausgabe 21- 1/2 (2021), S. 10-12: https://www. museumsbund.at/ uploads/neues_ museum_archiv/ nm_21_1_2.pdf [letzter Zugriff am 18. 01. 2022].

Duden (o. J.): „Erfahrung", Duden online: https://www.duden.de/rechtschreibung/Erfahrung [letzter Zugriff am 12.02.2022].

Eckhardt, Jenniffer, Kaletka, Christoph, Krüger, Daniel, Maldonado-Mariscal, Karin, & Schulz, Ann Christin (2021): „Ecosystems of Co-Creation - Frontiers in Sociology", Faculty for Social Sciences, TU Dortmund University, Dortmund. doi: 10.3389/fsoc.2021.642289.

Galvagno, Marco, & Dalli, Danielle (2014): „Theory of value co-creation: a systematic literature review. Managing Service Quality", Emerald Group Publishing, Bingley.

Garmann-Johnsen, Niels-F., Olsen, Dag H., & Eikebrokk, Tom R. (2021): „The Co-creation Canvas", University of Agder, doi: 10.1016/j.procs.2021.01.120.

Geipel, Maria (2021): „Sender-Empfänger-Modell", BR: https://www.br.de/alphalernen/faecher/deutsch/2- kommunikation-sender-empfaenger-modell102.html [letzter Zugriff am 12.01.2022].

GISA (2019): „Human-centered Design Teil 2: Die iterativen Phasen", GISA: https://www.gisa.de/human-centered-design-teil-2-die-iterativen-phasen/ [letzer Zugriff am 12.01.2022].

Glauser, Sarah (2021): „Von Spielenden und Mitspielenden. Of Players and Co-Players", in: Groenlandbasel (Hrsg.), „Spaces and Stories. Co-Creating Scenography", AV Edition GmbH, Stuttgart.

Goldman, Kate-Haley, & Gonzales, Jessica (2014): „Open Exhibits Research Report: General Table Use": http://openexhibits. org/wp-content/uploads/papers/Open%20 Exhibits%20General%20 Table%20Use%20Findings. pdf [letzter Zugriff am 10. 01. 2022].

Gumpelmaier-Mach, Wolfgang (2019a): „Was ist Co-Design? Einführung in kollaboratives Gestalten", Creative Region Linz: https://creativeregion.org/2019/03/was-ist-co-design-einfuehrung-in-kollaboratives-gestalten/ [letzter Zugriff am 31.12.2021].

Gumpelmaier-Mach, Wolfgang (2019b): „Drei Beispiele für den Einsatz von Co-Creation, Weiterbildung und Wissenstransfer", Creative Region Linz: https://creativeregion.org/2019/04/drei-beispiele-fuer-den-einsatz-von-co-creation/ [letzter Zugriff am 18.09.2021].

Hammedi, Waffa, Leclercq, Thomas, & Poncin; Ingrid (2016): „Ten years of value cocreation: An integrative review" in: Recherche et Applications en Marketing. doi: 10.1177/2051570716650172

Han, Xiliang, & Radder, Laetitia (2015): „An Examination Of The Museum Experience Based On Pine And Gilmore's Experience Economy Realms", in: „The Journal of Applied Business Research" – März/ April 2015, 31(2), S. 455-470 doi: 10.19030/jabr.v31i2.9129.

Heath, Christian, & vom Lehn, Dirk (2009): „Interactivity and Collaboration: new forms of participation in museums, galleries and science centres", in: Parry, Ross (Hrsg.), „Museums in a Digital Age", Routledge, London.

Henkel, Matthias (2021): „Shutdown vs. Kickoff? Museen neu denken im Zeitalter von COVID 19". KULTURELLE BILDUNG ONLINE: https://www.kubi-online.de/artikel/shutdown-vs-kickoff-museen-neu-denken-zeitalter-covid-19 [letzter Zugriff am 18.07.2021]. doi: 10.25529/c9ph-9v19.

Historisches Museum Frankfurt (o. J.): „Was ist das Stadtlabor?", Historisches Museum Frankfurt: https:// historisches-museum-frankfurt.de/de/stadtlabor [letzter Zugriff am 19.08.2021].

Hornecker, Eva, & Stifter, Matthias (2006): „Learning from Interactive Museum Installations About Interaction Design for Public Settings", doi: 10.1145/1228175.1228201.

ICOM Deutschland e.V. (2020): „Museumsdefinition": https://icom-deutschland.de/de/component/content/ article/31-museumsdefinition/147-museumsdefinition.html?Itemid=114 [letzter Zugriff am 13.07.2021].

ICOM Deutschland e.V. (2021): „Wie definieren sich Museen im 21. Jahrhundert", ICOM Deutschland, Pressemitteilung: https://icom-deutschland.de/de/nachrichten/31-museumsdefinition/312- pressemitteilung-wie-definieren-sich-museen-im-21-jahrhundert.html [letzter Zugriff am 09.07.2021].

Interaction Design Foundation (2021): „What are the stages of creativity?", Interaction Design Foundation: https://www.interaction-design.org/literature/article/what-are-the-stages-of-creativity [letzter Zugriff am 10.01.2022].

Jank, Sabine (2012): „Strategien der Partizipation" in: Gesser Susanne, Handschin Martin, Jannelli, Angela, Lichtensteiger, Sybille (Hrsg.), „Das partizipative Museum - Zwischen Teilhabe und User Generated Content. Neue Anforderungen an kulturhistorische Ausstellungen", transcript, Bielefeld. ISBN 978-3-8394-4286-9.

Jensen, Thorek Jacob, & Brændholt Lundgaard, Ida. (2013): „User Survey 2012", Danish Agency for Culture (Hrsg.), Kopenhagen.

Kalbach, James (2016): „Mapping Experiences: A Guide to Creating Value Through Journeys, Blueprints and Diagrams", O'Reilly Media Inc., Sebastopol.

Kaul, Helge (2019): „Empirisch begründete Kooperationstypen zur Fundierung der interaktiven Wertschöpfung im Kulturbereich", in: Holst, Christian (Hrsg.), „Kultur in Interaktion. Co-Creation im Kultursektor", Springer Gabler Wiesbaden, Wiesbaden. doi:10.1007/978-3-658-27260-9.

Klinkhammer, Daniel, & Reiterer, Harald (2017)): „Blended Museums", in: Eibl, M.; Gaedke, M. (Hrsg.): „47. Jahrestagung der Gesellschaft für Informatik: Informatik 2017", Bonn: Gesellschaft für Informatik, 2017. - (GI-Edition : Proceedings, Lecture Notes in Informatics; Gesellschaft für Informatik, Bonn. 275), S. 556 doi: 10.18420/in2017_51.

Løvlie, Anders Sundnes, Eklund, Lina, Waern, Annika, Ryding, Karin, & Rajkowska, Paulina (2020): „Designing for interpersonal experiences", o.O.

LWL (2007): „Das Museum im Aufbruch: Tagung in Münster zur Zukunft der Museen im 21. Jahrhundert" Presseinfos der LWL (2007): https://www.lwl.org/pressemitteilungen/mitteilung.php?urlID=16735 [letzter Zugriff am 20.12.2021].

Markgraf, Daniel (2018): „Crowdsourcing", Gabler Wirtschaftslexikon: https://wirtschaftslexikon.gabler.de/ definition/crowdsourcing-51787 [letzter Zugriff am 15.01.2021].

Meer, Julia (2021): „Messy History" in: „Neue Typen! 16 Seiten feministisches Design", Missy Magazine 03/2021: https://missy-magazine.de/blog/2021/05/10/messy-history/ [letzter Zugriff am 20.12.2021].

Minkiewicz, Joana, Evans, Jody, & Bridson, Kerrie (2014): „How do consumers co-create their experiences? An exploration in the heritage sector", in: Journal of Marketing Management, 30(12). doi: 10.1080/0267257X.2013.800899.

Museum für Kommunikation Bern (2017): „Kommunikator_innen im Museum für Kommunikation", Museum für Kommunikation Bern (Hrsg.), Bern.

Museum für Kunst und Gewerbe Hamburg (o. J.): „Freiraum": https:// www.mkg-hamburg.de/de/besuch/ freiraum.html [letzter Zugriff am 18.08.2021].

Norman, Don (1988): „The Design of Everyday Things", MIT Press, Cambridge, Massachusetts..

Otto, Elisabeth (2021): „Queere Menschen wurden zu einem gewissen Grad aus der Bauhaus-Geschichte gelöscht", bauhaus kooperation: https://www.bauhauskooperation.de/kooperation/ jubilaeumsarchiv/magazin/entdecke-das-bauhaus/queere-menschen-wurden-zu-einem-gewissen-grad-aus-der-bauhaus-geschichte-geloescht/ [letzter Zugriff am 18.09.2022].

Pazzini, Karl-Josef (2021): „Die Zukunft der Museen ist Vergangenheit. Museum und Katastrophen. Ad Pomian" in: Museumsbund Österreich (Hrsg.), „Das Museum am Ende der Zeit? Covid-19 – Die Schliessung der Museen. Ein Jahr dannach", neuesmuseum 21-3.

Pine, John B., & Gilmore, James H. (1998): „Welcome to the Experience Economy", Harvard Business Magazine (Juli/ August 1998): https://hbr.org/1998/07/welcome-to-the-experience-economy [letzter Zugriff am 16.07.2021].

Piontek, Anja (2017): „Museum und Partizipation - Theorie und Praxis kooperativer Ausstellungsprojekte und Beteiligungsangebote", transcript, Bielefeld.

Pomian, Krzysztof (2021): „Wie schlecht steht es wirklich um die Zukunft der Museen" in: Museumsbund Österreich (Hrsg.), „Das Museum am Ende der Zeit? Covid-19 – Die Schliessung der Museen. Ein Jahr dannach", neuesmuseum 21-3.

Prebensen, Nina, Woo, Eunju, & Uysal, Muzaffer (2014): „Experience value. Antecedents and consequences", in: Current Issues in Tourism, Nr. 17(10), doi: 10.1080/13683500.2013.770451.

Ramaswamy, Venkatram, & Ozcan Kerimcan (2018): „What is co-creation? An interactional creation framework and its implications for value creation", in: Journal of Business Research. Science Direct, Elsevier, München.

Rometsch, Claudia (2018): „Speed-Dating im Museum – das neue Angebot für Berufstätige", Handelsblatt: https://www.handelsblatt.com/arts_und_style/kunstmarkt/kunst-und-stulle-speed-dating-im-museum-das-neue-angebot-fuer-berufstaetige/23120694.html [letzter Zugriff am 12.12.2021].

Ruhe, Arne Hendrik (2016): „Usability in digitalen Kooperationsnetzwerken Nutzertests und Logfile-Analyse als kombinierte Methode", o. O.

Sadler-Smith, Eugene (2015): „Wallas' Four-Stage Model of the Creative Process: More Than Meets the Eye?" in: Creativity Research Journal, 27/4, S. 342 – 352.

Sanders, Elizabeth B.-N., & Stappers, Pieter Jan (2008): „Co-creation and the new landscapes of design" in: Co-Design, International Journal of CoCreation in Design and the Arts, 4:1, doi: 10.1080/15710880701875068.

Sanders, Elizabeth B.-N., & Stappers, Pieter Jan (2014): „Cover Story: From Designing to Co-Designing to collective dreaming: Three slices in time", Interactions, November-Dezember: https://interactions.acm.org/archive/view/november-december-2014/from-designing-to-co-designing-to-collective-dreaming-three-slices-in-time [letzter Zugriff am. 10.12.2022].

Siebenmorgen, Harald (2008): „Abschied von Illusionen.- die Voraussetzung für Museen neu denken", in: Hartmut, John, Dauschek, Anja (Hrsg.), „Museen neu denken. Perspektiven der Kulturvermittlung und Zielgruppenarbeit", Berlin. doi: 10.14361/9783839408025-018.

Simon, Nina (2010): „The Participatory Museum", S.281: http://www.participatory museum.org/read/ [letzter Zugriff am 02.01.2022].

Simonsen, Jesper, & Robertson, Toni (2013): „Routledge International Handbook of Participatory Design", Routledge, New York. ISBN 9780415720212.

Snel, Johanna M. C. (2011): „For the love of experience: changing the experience economy discourse", University of Amsterdam, Amsterdam.

Statistik Austria (2021): „Kulturstatistik Wien 2019", Statistik Austria (Hrsg.), Wien: https://www.statistik.at /web_de/services/ publikationen/1/inde.html?includePage =detailedView&sectionName =Kultur&pubId=599 [letzter Zugriff am 12.01.2022].

Sundbo, Jon (2021): „Advanced Introduction to the Experience Economy", Edward Elgar Publishing, Cheltenham.

The Audience Agency (2018): „Museums Audience Report. What Audience Finder says about audiences for Museums." The audience agency (Hrsg.), London.

Trainingsmanufaktur (o. J.): „Co-Creation": https://trainingsmanufaktur.de/lexikon/co-creation/ [letzter Zugriff am 31.12.2021].

Tyradellis, Daniel (2014): „Müde Museen oder: Wie Ausstellungen unser Denken verändern können", Körber Stiftung, Hamburg. ISBN 978-3-896684-153-7.

UID (2016): „Design Thinking – die neue alte Kreativität", UID: https://www.uid.com/ de/aktuelles/hcddesign-thinking [letzter Zugriff am 12.01.2022].

Usability.de (o.J): „UX Design (User-Centered Design)", Usability.de: https://www.usability.de/leistungen/ ux-design.html?gclid=CjwKCAiAlfqOBhAeEiwAYi43F6iY1WhPmo-R93OvXW07FF99Ng5Zio5biR1RMYAyGA 0Mhc_OyyPIUZBo-Cr4QQAvD_BwE [letzter Zugriff am 12.01.2022].

Walhimer, Mark (2021): „Designing Museum Experiences", ePub, Rowman & Littlefield, Lanham.

Wohlfromm, Anja (2002): „Museum als Medium – Neue Medien in Museen, Überlegungen zu Strategien kultureller Repräsentation und ihre Beeinflussung durch digitale Medien", Herbert von Halem Verlag, Köln.

Zukunftsinstitut (o. J.): „Megatrend Konnektivität", Zukunftsinstitut: https://www.zukunftsinstitut.de/ dossier/megatrend-konnektivitaet/ [letzter Zugriff am 14.01.2022].

„Es ist ein guter und interessanter Tipp, wohin man in der Stadt gehen kann. Und toll ist, dass das Besucherzentrum kostenlos zugänglich ist."

Nikola Š.

Biografien

Daniel Fabry, DI (FH), arbeitet, lehrt und forscht im Bereich der Interaktions- und Mediengestaltung. Seit 2018 leitet er den Masterstudiengang Kommunikations-, Medien-, Sound- und Interaktionsdesign an der FH JOANNEUM – University of Applied Sciences in Graz. Als Designer und Entwickler baut er mediendidaktische, interaktive Installationen für Ausstellungen, Museen und Science Center.

Susanne Hauer, M. A., Germanistik, Politologie. Stellv. Leitung Welterbekoordination Stadt Regensburg. Presse- und Öffentlichkeitsarbeit, Vermittlung, Training. Social Media Manager. Heritage Interpretation Specialist.

Julia Hendrysiak, M. A., studierte Freie Kunst an der AdBK Nürnberg, Kommunikationsdesign an der TH Nürnberg und bis 2022 Ausstellungsdesign an der FH JOANNEUM in Graz. Seit 2015 ist sie als selbstständige Designerin im Bereich Ausstellungsdesign, Konzeption und Raumgestaltung tätig. Als Teil des URBAN LAB in Nürnberg beschäftigt sie sich seit 2017 mit partizipativer Stadtentwicklung. Dabei kümmert sie sich vor allem um Konzepte und Gestaltung im urbanen Raum unter Einsatz von co-kreativer Methodik.

Vanessa Kleinitz, M. A., „Public History und Kulturvermittlung". Studentin im Masterstudiengang „Geschichte" an der Universität Regensburg.

Anika Kronberger, DI(FH), M. A., ist Interaktions- und Mediendesignerin und als Lehrende am Institut für Design und Kommunikation der FH JOANNEUM – University of Applied Sciences in Graz beschäftigt. Seit 2020 leitet sie die Vertiefungsrichtung Interaction Design und ist am Institut in Forschungs- und Auftragsprojekten des Research and Design Labs tätig. Zu ihren Forschungsschwerpunkten und Tätigkeitsbereichen zählen Informationsdesign in Medien- und Interaktionsräumen, E-Learning, Content Strategie und Mixed Reality. Seit 2004 betreibt sie ein Designstudio im Bereich Grafik-, Interaktions- und Ausstellungsdesign.

Matthias Ripp, PhD (Heritage Studies) und Dipl. Geogr. (Univ.) in historischer Geographie, Welterbekoordinator der UNESCO-Welterbestätte Altstadt Regensburg mit Stadtamhof, Regionalkoordinator der Region Nordwest Europa und Nord Amerika der Organisation of World Heritage Cities (OWHC), berufenes Mitglied im European

Heritage Panel, Vorsitzender der AG UNESCO-Welterbe Altstädte in deutschen Städtetag, validierter URBACT Experte, ICOMOS-Mitglied, Lehrbeauftragter an verschiedenen Hochschulen und Universitäten, Trainer, Moderator und Berater.

Pille Runnel, Dr., ist Forschungsdirektorin des Estnischen Nationalmuseums. Ihre Forschungsschwerpunkte sind Museumskommunikation und Audience Studies. Sie ist verantwortlich für die Forschungsagenda des Estnischen Nationalmuseums und war federführend für die Implementierung der nach neuesten wissenschaftlichen Erkenntnissen konzipierten Dauerausstellungen des Museums verantwortlich. Das Museum wurde 2016 eröffnet.

Michaela Stauber, B. A., Geschichte, Germanistik, Vergleichende Kulturwissenschaft. Studentin im Masterstudiengang „Public History und Kulturvermittlung" an der Universität Regensburg.

Theresa Steiner, M. A., absolvierte zunächst den Bachelorstudiengang Design und Produktmanagement an der Fachhochschule Salzburg und anschließend den Masterstudiengang Ausstellungsdesign an der FH JOANNEUM in Graz. Seit 2018 ist sie als Ausstellungsgestalterin tätig. Schwerpunkte ihrer Arbeit sind unter anderem nachhaltige und soziale Gestaltung sowie User-Experiences in Ausstellungen und Branded Spaces.

Karl Stocker, Dr. phil., Univ.-Prof. am Institut für Geschichte der Universität Graz, bis 2021 Leiter der Studiengänge Informationsdesign und Ausstellungsdesign an der FH JOANNEUM – University of Applied Sciences in Graz, derzeit als Consultant, Vortragender und Netzwerker im Kultur- und Designbereich sowie international im universitären Bereich als Vortragender, Supervisor und Berater tätig. Botschafter von Graz – UNESCO City of Design.

Elisa Wüntscher, B.A., arbeitet als freischaffende Fotografin. Im Anschluss an das Kolleg für Fine Art Photography und Multimedia Art an der Ortweinschule Graz absolvierte sie den Bachelor in Informationsdesign an der FH JOANNEUM – University of Applied Sciences in Graz. Zurzeit finalisiert sie ihr Masterstudium für Ausstellungsdesign.

Impressum

STADT REGENSBURG

Matthias Ripp und Karl Stocker (Hrsg.)

Dr. Matthias Ripp, Stadt Regensburg,
Welterbekoordination, Rathausplatz 4
www.regensburg.de/welterbe
welterbe@regensburg.de

Besucherzentrum Welterbe Regensburg

Weiße-Lamm Gasse 1
93047 Regensburg

April bis September:
Mo bis So täglich von 11.00 bis 19.00 Uhr

Oktober bis März:
Mo. bis So. von 11.00 bis 16.00 Uhr

besucherzentrum.welterbe@regensburg.de
Tel. +49 507-4451
www.regensburg.de/welterbe/besucherzentrum

Prof. Dr. Karl Stocker
Grüne Gasse 39A,
8010 Graz (Austria)
www.karlstocker.com

Gedruckt mit freundlicher Unterstützung von

Stadt Regensburg
Amt für Archiv und Denkmalpflege
Welterbekoordination
Rathausplatz 4
93047 Regensburg

Mit Beiträgen von

Daniel Fabry, Susanne Hauer, Julia Hendrysiak,
Vanessa Kleinitz, Anika Kronberger, Pille Runnel,
Matthias Ripp, Michaela Stauber, Theresa Steiner,
Karl Stocker und Elisa Wüntscher

Koordination

Susanne Hauer

Konzept

Institut für Design und Kommunikation, FH JOANNEUM Graz

Acquisitions Editor

David Marold, Birkhäuser Verlag, Wien

Content & Production Editor

Bettina R. Algieri, Birkhäuser Verlag, Wien

Layout, Covergestaltung und Satz

Kerstin Harrer, Emma Jongsma

Litho

Pixelstorm, Wien

Druck

Holzhausen, die Buchmarke der Gerin Druck GmbH, A-Wolkersdorf

Papier

Condat matt Périgord 135 g/m²

Schrift

Neue Haas Grotesk, Migra

Library of Congress Control Number: 2022936072

Bibliografische Information der Deutschen Nationalbibliothek
Die Deutsche Nationalbibliothek verzeichnet diese Publikation in der Deutschen Nationalbibliografie; detaillierte bibliografische Daten sind im Internet über http://dnb.dnb.de abrufbar.

ISBN 978-3-0356-2589-9
e-ISBN (PDF) 978-3-0356-2590-5

© 2022 Birkhäuser Verlag GmbH, Basel
Postfach 44, 4009 Basel, Schweiz
Ein Unternehmen der Walter de Gruyter GmbH, Berlin/Boston

9 8 7 6 5 4 3 2 1

www.birkhauser.com

„Für mich ist das Donaurauschen einer der prägnantesten Sounds in Regensburg, den kann man auch so rhythmisch loopen."

Benedikt C.